朝鲜半岛青铜武器

成璟瑭 著

上海古籍出版社

本书为

国家社科基金青年项目（13CKG007）成果

吉林大学考古学院"双一流"学科建设经费资助出版

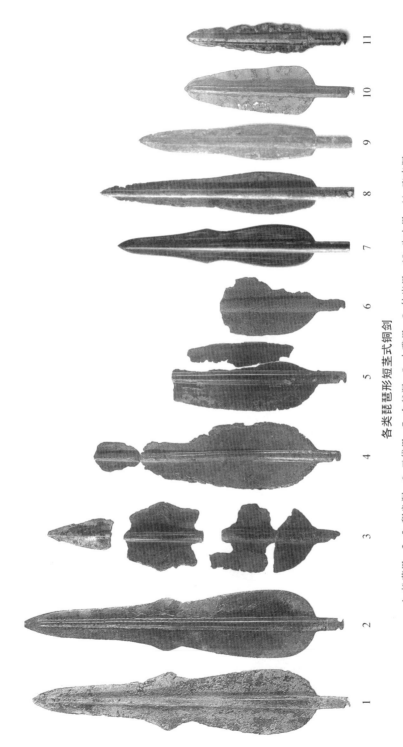

各类琵琶形短茎式铜剑

1. 松菊里 2~5. 积良洞 6. 云岱里 7. 金谷洞 8. 大雅里 9. 仙岩里 10. 牛山里 11. 飞来洞

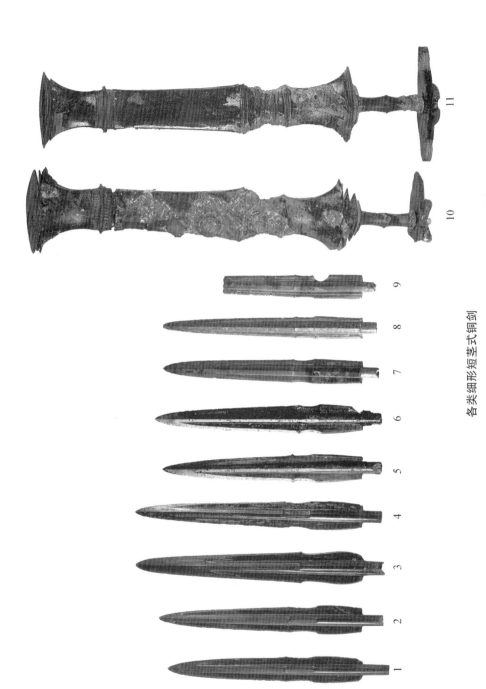

各类细形短茎式铜剑

1、3. 东西里　2. 南城里　4. 讲林里　5、6. 大谷里　7~9. 晚村洞　10、11. 茶户里

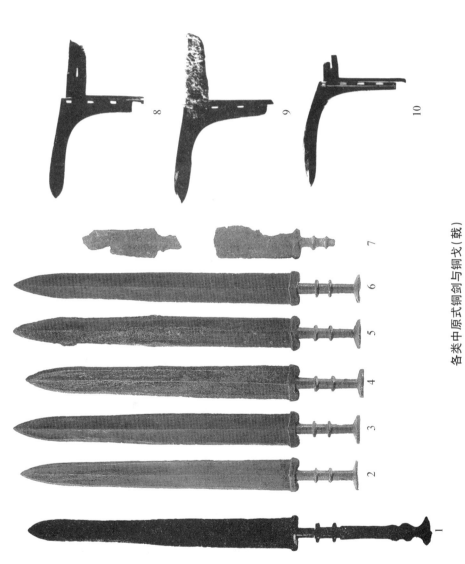

各类中原式铜剑与铜戈(载)

1. 石岩里　2~6. 上林里　7. 草浦里　8. 石岩里　9. 平壤附近　10. 江界

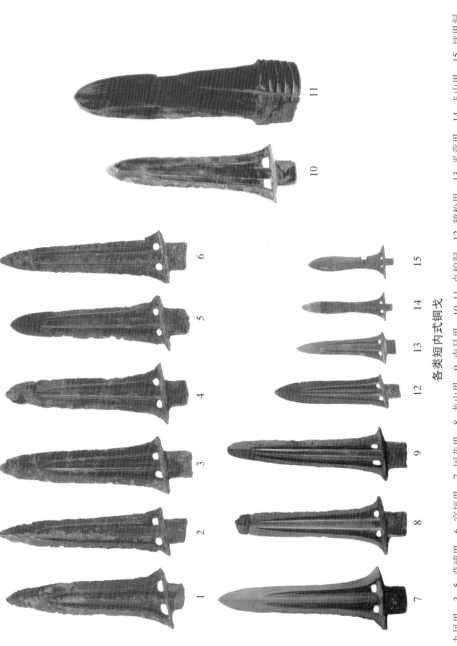

各类短内式铜戈

1,2. 九凤里　3~5. 草浦里　6. 宫坪里　7. 国花里　8. 龙山里　9. 南昌里　10,11. 贞柏洞　12. 鹤松里　13. 平章里　14. 飞山里　15. 坪里洞

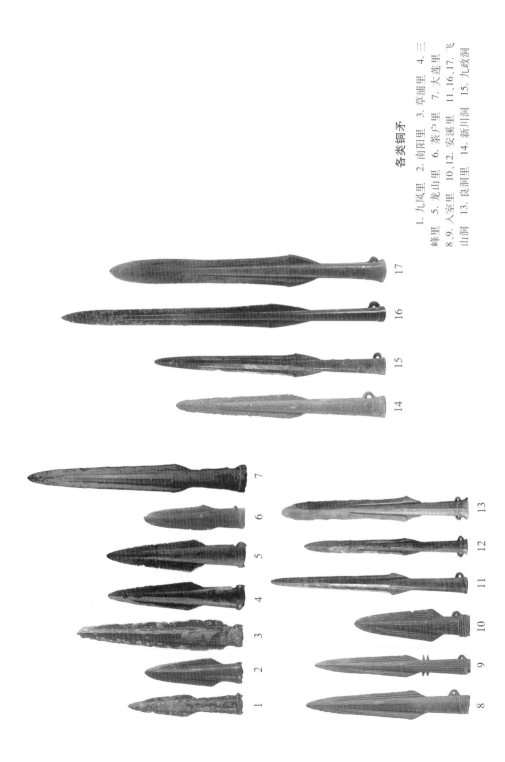

各类铜矛

1. 九凤里　2. 南阳里　3. 草浦里　4. 三峰里　5. 龙山里　6. 茶户里　7. 大连里　8,9. 入室里　10,12. 安溪里　11,16,17. 飞山洞　13. 良洞里　14. 新川洞　15. 九政洞

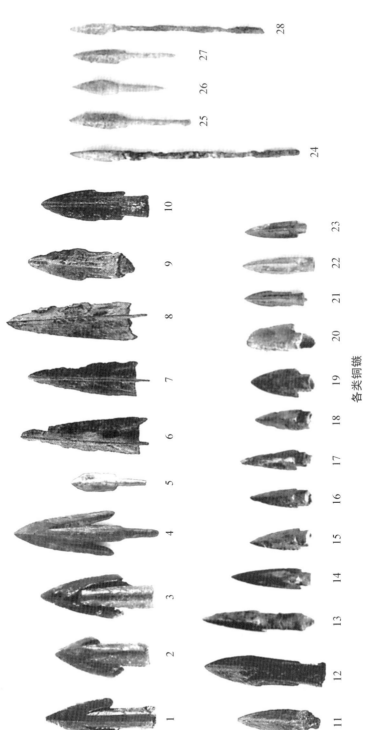

各类铜镞

1~3. 葛洞　4. 大雅里　5. 鹅州洞　6~12. 梨岘洞　13~20. 贞柏洞　21~28. 土城洞

全罗南道务安郡平林支石墓遗址发掘现场(2004 年 11 月;后排左起:李廷珉、成璟瑭;前排左起:李花英、许真雅、黄在勳)

全罗南道和顺郡大谷里积石木棺墓遗址发掘现场(2008 年 2 月;右一作者)

田野考古发掘

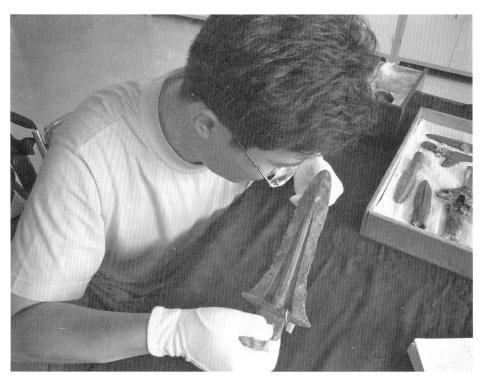

河北省文物研究所观摩燕下都 M30 出土遗物（2006 年 7 月）

辽宁省北票市文管所调研（2007 年 11 月；左起：成璟瑭、姜洪军）

各地资料调研

中日韩青铜器时代学习研究小组（2009 年 9 月；左起：成璟瑭、李成载、中村大介、崔庆淑、金美京、罗建柱）

高丽大学校考古美术史学科结课留念（2010 年 6 月；前排左三为作者）

科研教学

与林永珍教授合影(2009 年 8 月)

获得学位

序　言

　　本书是在成璟瑭于 2009 年 8 月通过的博士学位论文(《朝鲜半岛青铜武器研究——与中国东北地区的比较》)基础上,修改补充而成的。成璟瑭于 2003 年 3 月来韩国国立全南大学校人类学科留学,经过六年半的时间,先后取得了硕士学位、博士学位。他不仅是我们学科自 1992 年 3 月创立、2000 年取得博士学位授予权以来,第一位获得博士学位的学生,也是以朝鲜半岛考古学为主题,在韩国取得博士学位的第一位中国汉族学生,意义非同寻常。

　　成璟瑭在全南大学校留学期间,先后完成了硕士学位八门课程,博士学位十二门课程的学习,与此同时,分别在中国及韩国的学术刊物上,发表了八篇论文与四篇译文。2005 年 3 月,他提交了硕士学位请求论文,主题是关于韩国青铜器时代支石墓出土磨制石剑的研究,经过答辩后于 2005 年 8 月取得硕士学位。进入博士研究生阶段后,他又经扎实的现场调查,于 2009 年完成了有关青铜武器的博士学位论文。成璟瑭的博士论文主要深入讨论了短茎式铜剑的起源与发展问题,短内式铜戈的发生与传播问题,以及朝鲜半岛青铜文化与中国东北地区青铜文化的交流等。2008 年,他撰写的有关燕下都的论文获得了第一届全南大学校社会科学学院学生学术论坛优秀奖。

　　在韩国留学期间,成璟瑭不仅出色完成了学校既定的学业与研究任务,还积极参与了大量田野考古发掘、博物馆资料整理、考古专题考察以及各种学术翻译(含口译)等工作,仅田野考古发掘的时间累计就超过 16 个月。其中,他参与了全罗南道罗州市新村里土城、光州广域市龙头洞以及高兴郡吉头里雁洞古坟等遗址的田野考古发掘与室内资料整理工作。这几处遗址在韩国学界意义重大,这些经验对他今后的学术成长也产生了重要影响。

　　成璟瑭取得博士学位之后,我又通过时任首尔大学博物馆馆长的宋基豪教授,推荐他去首尔大学博物馆以客座研究员的身份继续从事博士后研究工作。这其间受高丽大学、汉阳大学以及忠北大学等邀请,他在这些学校先后开设六门课程,以东北亚古代文化交流为主题,为上述大学的本科生以及研究生用韩国语授课。

2010年成璟瑭回到他本科时的母校,成为吉林大学的教授,现在经过长时间的材料补充与完善,准备在中国出版他的博士论文。作为当年他在全南大学校留学时的指导教授,我感到由衷的高兴,借此序言向他表示诚挚的祝贺。同时,我想当年成璟瑭博士学位请求论文的审查委员——忠南大学李康承教授(现已退休)、庆熙大学姜仁旭教授(当时为釜庆大学教授)、全南大学校赵镇先教授与金民玖教授都与我现在的心情一样。

成璟瑭的博士论文题目简单明了,就是研究朝鲜半岛的青铜武器,并与中国东北地区的相关材料做比较研究。不仅是韩国,包括中国以及日本学术界以往有关青铜武器的研究都是围绕青铜短剑展开的,很少涉及铜戈、铜矛等的研究。因此,成璟瑭的博士论文将这些青铜武器做整体研究实属不易,并且可喜的是,在这次论文修改中,他还增加了有关铜镞的研究。虽然文中有些观点还不太成熟,有些还有进一步分析讨论的必要,但他坚持从"考古遗存"组合的视角分析研究,其思路非常可取。此外,在讨论中国东北地区与朝鲜半岛青铜武器的互动关系时,无论是时空框架还是交流内容,学者之间都有不同的观点与主张,成璟瑭的博士论文也有对学界既存观点的分析与批判。这也是他博士论文的主要学术目标。

有关朝鲜半岛青铜武器文化的展开过程,成璟瑭将其分为起源、发展与衰退三个阶段,并围绕青铜武器讨论了其与中国东北地区的交流关系,主要内容如下:

朝鲜半岛青铜武器的起源与中国东北地区密切相关,且经过两个阶段,通过两条途径进行传播。第一阶段是在公元前9世纪末,从辽东北部地区出发,经辽阳、大连、旅顺一带,沿海路传入朝鲜半岛中部偏西的锦江流域。第二阶段大约是在公元前8世纪末,从以朝阳为中心的辽西地区经辽东地区,沿陆路传入以大同江流域为中心的朝鲜半岛西北部,然后由北向南在朝鲜半岛扩散。到了公元前300年左右的发展阶段,短茎式琵琶形铜剑逐渐发展为短茎式细形铜剑。同时,短内式铜戈与细形铜矛等,也从中国辽西地区出发,经辽东北部传播到朝鲜半岛西北部地区并全域扩散。他也认识到,在中国东北地区,也有琵琶形铜剑发展为细形铜剑的线索,但由于受中原文化的强烈影响,铜剑细长化的同时,抉入部与节带等细形铜剑的元素消失了。随着燕将秦开进入东北以及秦汉郡县制的设立,中原系铁器文化迅速扩张,朝鲜半岛的青铜武器逐渐走向衰落,直至灭亡。

　　事实上,自石器时代以来,中国东北地区与朝鲜半岛的文化交流十分密切,对不同时代、不同地区、不同内容的研究都很多。成璟瑭的博士学位论文中,有关朝鲜半岛青铜武器文化的起源等的研究,虽与东北亚学术界的主流观点基本一致,但他对一些细节问题的分析提出了很多新的主张,希望其可以有更深入的研究。

　　同时,我希望成璟瑭不要满足于已获得的成果,而要进一步更为全面、系统地分析两个地区的文化交流关系,取得更多收获。

　　再次祝贺成璟瑭博士论文的加强版出版发行。

林永珍　于韩国全南大学校研究室

二〇一九年六月

目　　录

图 表 目 录

第一章 绪 论

第一节 问题缘起

在东北亚青铜时代的研究中,学者们很早就注意到以青铜短剑为代表的青铜武器具有鲜明的地方特色与时代特征,是解读东北亚青铜时代发展历程的重要钥匙。经过半个多世纪的研究,学界已经在青铜武器的研究方面积累了丰硕的学术成果。同时,我们通过《左传》中"国之大事,在祀与戎"的记录,了解到祭祀与战争在当时的社会中非常重要。青铜武器与战争紧密相关,其研究的重要性由此也可见一斑。

虽然《左传》反映的是中国的情况,但与中国海陆相连的朝鲜半岛的情况也大抵相同。青铜武器的发展可以体现当时当地社会的尖端科学技术。我们通过各地区之间青铜武器的比较与联系,还可以了解当时各人群集团之间的技术交流、文化传播以及人群移动。

根据各种史料记载以及目前大量的考古发现证实,中国中原地区的夏至早商阶段,东北地区的社会面貌发生了巨大变化。通过对辽河流域的夏家店下层文化、高台山文化、双坨子文化、马城子文化,松嫩平原的小拉哈文化以及图们江流域的兴城文化等的考察,我们可以了解到土著文化自身的发展和外来文化的介入共同导致了东北地区文化面貌的变化①。

此时稍后,朝鲜半岛的考古学文化面貌也发生着根本性的变革。大约在公元前 15 世纪,首先是大量素面陶器的盛行,与之前新石器时代的"栉纹陶器"形

---

① 赵宾福:《中国东北地区夏至战国时期的考古学文化研究》,科学出版社,2009 年。

成鲜明的对比,随之而来的是磨制石器的普遍使用、农业经济的扩散、石构墓葬的出现以及青铜器的使用等①,种种迹象表明朝鲜半岛的古代文化也进入了一个新的阶段。需要说明的是,以上社会现象的出现并不是完全同步的,青铜短剑、铜矛等青铜武器的使用阶段比素面陶器大量使用的阶段晚 500 年左右,甚至更长。而之前,极为零星的铜刀、铜环等青铜制品,因为没有明确的生产证据,目前推测很有可能为外地输入,朝鲜半岛青铜器普及的标志还应该是以青铜短剑为代表的青铜武器的大量出现与使用。

大量考古材料表明,朝鲜半岛的青铜武器主要有剑、戈、矛三类,暂不论其具体功能可能还有一些差别与例外,但至少在形态上都是武器形。另外,以往我们考虑到新石器时代的石镞大量是用来狩猎的,不曾将铜镞归为青铜武器。近年来,随着考古工作的不断深入,发现和报道的青铜镞的数量不断增加,并且也有一些重要证据提示我们,铜镞直接作为武器使用的可能性更大。因此,我对本书的研究对象进行调整,将以青铜短剑、铜戈、铜矛以及铜镞为主。

朝鲜半岛的这四类青铜武器大多为"东北系青铜武器"②,其中青铜短剑出土数量最多,型式也比较丰富,与之相关的研究开展时间很长,成果也最为丰硕。铜戈、铜矛的出土数量与铜剑相比相对较少,专题研究也不太多③。铜镞的研究近年有所增加④,但主要还是以与周边地区比较为主。

总体来看,学术界主要还是对朝鲜半岛单类青铜武器或者特定地域进行研究,目前还未有纵观朝鲜半岛的青铜武器综合研究。而由于这些青铜武器经常同存共出,甚至有学者指出"从细形铜剑发展Ⅰ期开始,细形铜剑与铜戈、铜矛、铜铃以及中国式铜剑等共存现象非常普遍,这一时期也是细纹铜镜流行的时期"⑤,因此有关青铜武器的综合研究势在必行,同时还应注意对与之共存的其他遗物的综合考察。

---

① 朴淳发:(韩)《汉江流域的青铜器、初期铁器文化》,《汉江流域史》,民音社,1993 年。
② 成璟瑭:《东北系青铜武器初步研究》,《鄂尔多斯青铜器文化国际学术会议论文集》,科学出版社,2009 年。
③ 崔梦龙:(韩)《有关韩国铜戈——以型式分类为中心》,《首尔大文理大学报》18,首尔大学校,1972 年;李健茂:(韩)《有纹铜戈考》,《震檀学报》71、72,1991 年;李健茂:(韩)《有关辽宁式铜矛》,《李基白先生古稀纪念韩国史学论丛》,日潮阁,1994 年;林昭延:(韩)《弁、辰韩地域出土铜矛研究》,釜山大学校大学院硕士学位论文,2006 年;许俊亮:(韩)《有关韩国东南部地域有纹铜戈的研究》,庆州大学校大学院硕士学位论文,2008 年。
④ 韩修英:(韩)《青铜镞小考》,《湖南文化研究》4,湖南文化财研究院,2004 年。
⑤ 赵镇先:(韩)《细形铜剑文化的研究》,学研文化社,2005 年。

已有的研究表明,朝鲜半岛的青铜武器文化与中国东北地区密切相关①,这一点基本成为学界共识。当然,对于两个地区考古学文化之间的关系以及具体年代问题,学界还存在不同意见。本书将从整个东北亚的视野出发,结合大量新近发掘出土的资料,重新梳理朝鲜半岛青铜武器的变化发展脉络。

在朝鲜半岛除了有地域特色鲜明的"东北系青铜武器"之外,还有中国中原式青铜武器的出土,其中数量比较多的是中原式铜剑和铜戈。这些中原式青铜武器虽然数量不多,但从青铜武器整体考虑,也可作为本书的研究对象,尤其着重考察这些中原式青铜武器的出现背景②。

综合以上,只有将朝鲜半岛出土的青铜武器整体置于东北亚青铜时代发展的大背景中审视考察,才有可能厘清这些青铜武器的起源、发展以及衰退的过程。在此基础上,结合历史文献以及其他参考资料,才有可能探寻这些物质文化资料变化的社会背景与历史意义。

第二节　研　究　述　评

一、青铜短剑

朝鲜半岛出土的青铜武器中,最早引起学术界关注的是青铜短剑,所以目前有关短剑的研究成果最多,研究角度也很多样。结合青铜短剑研究的方法与内容,我们将有关青铜短剑的研究大致分为四个阶段。

第一阶段(1930 年代到 1970 年代末)

这一阶段主要以遗物介绍与初步研究为主。研究对象也是以青铜短剑中的细形铜剑为主,代表研究者有金元龙、郑燦永、尹武炳等。最早研究朝鲜半岛青铜短剑的应该是日本学者有光教一,他在 1938 年介绍了朝鲜半岛发现的包括青铜短剑在内的青铜时代重要遗物③。1960 年,金元龙作为研究朝鲜半岛青铜武

---

① 李康承:(韩)《辽宁地方的青铜器文化——通过青铜遗物对辽宁铜剑文化与夏家店上层文化的比较研究》,《韩国考古学报》6,1978 年;李健茂:(韩)《韩国的辽宁式铜剑文化》,《韩国的青铜器文化特别展》,汎友社,1992 年。

② 赵镇先著,成璟瑭译:《中国式铜剑在朝鲜半岛出现的背景》,《边疆考古研究》5,科学出版社,2006 年。

③ 有光教一:(日)《朝鲜扶余新发现石剑、铜剑、铜矛》,《考古学杂志》28 - 1 号,1938 年。

器的第一位韩国学者,简单介绍了全罗南道灵岩郡出土的铜矛、铜剑把头饰等①。但他真正开始深入研究朝鲜半岛青铜武器是在1961年。他通过介绍中国辽宁省朝阳市十二台营子遗址②出土的青铜短剑等资料,提出了朝鲜半岛的青铜短剑可能起源于中国辽西地区的观点③。虽然在这篇文章中,金元龙并没有注意到十二台营子遗址出土的这种"琵琶形铜剑"与朝鲜半岛的"细形铜剑"存在的本质区别,但他敏锐地指出,十二台营子遗址出土的这种"上半部较窄、下半部肥大"的青铜短剑很可能是朝鲜半岛以及日本列岛发现的大量细形铜剑的前身,从类型学角度阐明了十二台营子出土的铜剑与细形铜剑的型式发展演变关系。此外,金元龙还介绍了俄罗斯沿海州地区、中国辽宁省沈阳市郑家洼子遗址出土的青铜武器,并对全罗北道茂朱郡出土的青铜武器进行了研究④。

朝鲜方面,第一位系统研究青铜武器的是郑灿永。1962年,他集中研究了细形铜剑,并将脊棱线的长度设定为短剑分类的重要标准,除此之外的分类标准还有剑身长度、锋部长度等。他指出细形铜剑应起源于琵琶形铜剑,其在朝鲜半岛出现的背景可能与燕文化进入辽宁地区有关⑤。

1966年,韩国学者尹武炳首次对朝鲜半岛出土的全部青铜短剑做了系统研究⑥。按照他的分类方案,剑身中央柱脊明显,剑身下段相对肥硕的铜剑属于第一类,这类铜剑就是目前学术界所谓的"琵琶形铜剑"。第二类与第三类铜剑的形态基本相同,差异点主要在于脊棱线的终止位置,脊棱线结束于抉入部之前的型式为第二类,延长至抉入部之后结束的铜剑为第三类。他还根据锋部长度将第二类与第三类铜剑细分为锋部较短的a式与锋部较长的b式。尹武炳以上述分类方案为基础,阐明了青铜短剑由琵琶形铜剑发展为细形铜剑的过程,其也是脊棱线的长度与锋部长度逐渐增加变长的过程。在后期其他论文中,尹武炳基本坚持这一分类方案。而事实上,1966年他与金载元一起介绍大邱晚村洞遗址出土的铜剑与铜戈时,已经对朝鲜半岛出土的青铜短剑发展过程有了初步的判

① 金元龙:(韩)《灵岩出土的铜矛、铜制剑把头饰》,《考古美术》4,1960年。
② 朱贵:《辽宁朝阳十二台营子青铜短剑墓》,《考古学报》1960年第1期。
③ 金元龙:(韩)《十二台营子的青铜短剑墓》,《历史学报》16,1961年。
④ 金元龙:(韩)《沿海州出土的铜剑与细纹镜》,《文化财》3,文化财管理局,1967年;金元龙:(韩)《鸟形触角式细形铜剑的问题》,《白山学报》8,1970年;金元龙:(韩)《对于传茂朱出土的辽宁式铜剑》,《震檀学报》38,1974年;金元龙:(韩)《沈阳郑家洼子青铜时代墓与副葬品》,《东洋学》6,1976年。
⑤ 郑灿永:(朝)《细形铜剑的形态及其变迁》,《文化遗产》3,1962年。
⑥ 尹武炳:(韩)《韩国青铜短剑型式分类》,《震檀学报》29、30,1966年。

断与认识①。

除郑燦永外,朝鲜学者金用玕与黄基德也对青铜短剑做了系统研究,并且还推测青铜短剑文化的人群可能与古朝鲜有关②。

这一阶段,包括青铜短剑在内的青铜武器在朝鲜和韩国时有出土,以这些新发现为契机,学术界有关青铜武器的研究逐渐活跃起来。李殷昌介绍了大田槐亭洞石棺墓出土的青铜遗物,并对青铜短剑做了初步研究③;金贞培与金廷鹤对朝鲜半岛的青铜文化做了系统研究,并分析了青铜文化的起源、传播、年代以及族属问题等④。全荣来主要介绍了全罗北道的青铜时代文化,并着重介绍了在全罗北道完州郡上林里遗址发现的26把中国中原式铜剑,并考察了这些中原式青铜武器出现在朝鲜半岛的历史背景⑤。李康承系统研究了中国辽宁地区的铜剑文化与夏家店上层文化出土的青铜遗物,系统分析了朝鲜半岛青铜武器的起源、发展等问题⑥。

第二阶段(1980年代到1990年代末)

这一阶段的背景主要是以韩国大规模的国土开发以及经济建设为契机,包括青铜武器在内的青铜遗物被大量发现,而在朝鲜则主要是结合历史文献的综合研究。这一阶段对青铜武器的研究不仅限于类型学的型式分类,还对其开展系统的起源及发展过程、文化传播及族属等相关研究,并对青铜武器的概念术语进行了讨论,代表研究者有李清圭、朴晋煜、李健茂、李荣文等。

---

① 尹武炳:(韩)《韩国青铜遗物研究》,《白山学报》12,1972年;尹武炳:(韩)《韩国青铜器时代的文化》,《考古美术》129、130,1976年;金载元、尹武炳:(韩)《大邱晚村洞出土的铜戈、铜剑》,《震檀学报》29、30,1966年。

② 金用玕:(朝)《关于我国青铜器时代的年代轮及若干问题》,《考古民俗》2,1964年;金用玕、黄基德:(朝)《公元前一千纪前半期的古朝鲜文化》,《考古民俗》2,1967年。

③ 李殷昌:(韩)《大田槐亭洞青铜器文化的研究》,《亚细亚史学》30,1968年。

④ 金贞培:(韩)《韩国青铜器文化史的考察》,《韩国史研究》6,1971年;金贞培:(韩)《关于韩国青铜器文化起源的小考》,《古文化》17,1979年;金廷鹤:(韩)《古朝鲜的青铜器文化》,《韩国史》2,1977年;金廷鹤:(韩)《青铜器文化的编年》,《韩国考古学报》5,1978年。

⑤ 全荣来:(韩)《益山咸悦面多松里青铜遗物出土墓》,《全北遗址调查报告》5,1976年;全荣来:(韩)《关于完州上林里出土的中国式铜剑——春秋末战国初中国青铜器文化的南韩流入问题》,《全北遗址调查报告》5,1976年;全荣来:(韩)《韩国青铜器文化的系谱与编年——以多钮镜的变迁为中心》,《全北遗址调查报告》7,1976年;全荣来:(韩)《高敞松龙里出土铜剑一例》,《全北遗址调查报告》10,1979年。

⑥ 李康承:(韩)《辽宁地方的青铜器文化——通过青铜遗物对辽宁铜剑文化与夏家店上层文化的比较研究》,《韩国考古学报》6,1978年。

　　李清圭主要以细形铜剑为研究对象,对其做了全面研究,并指出朝鲜西北部与朝鲜半岛南部的铜剑存在型式上的差异①。他认为能反映细形铜剑因时间推移而导致形态发生变化的属性包括脊棱线长度、剑身下部形态、剑身宽度、抉入部的形态以及血沟的有无等,其中剑身下部形态、抉入部形态以及血沟的有无属于非连续性属性,其余属于连续性属性。脊棱线的长度是型式分类的第一标准,剑身下半部形态与血沟的有无是分类的第二标准,以此为基准,将 A 型铜剑(琵琶形铜剑)以外的铜剑分为 BⅠ式、BⅡ式、BⅢ式、BⅢ′式与 BⅣ式。

　　朴晋煜以剑身形态、剑身长度、剑把手材质为标准,将琵琶形铜剑分为 3 类②。第 1 类剑身相对较短,隆起部与突起部比较明显,锋部较短,有血槽,没有把手(可能是木质等有机质已腐朽不存),这种型式的铜剑与美松里式陶器共存。第 2 类铜剑的隆起部与突起部也比较明显,相对于第 1 类铜剑剑身较长,血槽的位置也比较靠后。第 3 类铜剑的隆起部与突起部不甚明显,血槽的位置大幅靠后,并大多有剑把手共存。

　　1992 年,韩国国立中央博物馆举办了"韩国的青铜器文化"特别展,李健茂为这个展览撰写了有关"辽宁式铜剑"、"韩国式铜剑"以及"铜剑制作技术"的三篇文章③。按照地理位置辽宁式铜剑大致可以区分为"辽西地区的夏家店上层文化"、"辽东地区的辽宁式铜剑文化"、"吉林长春地区的西团山文化"以及"朝鲜半岛的辽宁式铜剑文化"四个文化圈。朝鲜半岛的辽宁式铜剑文化具有非常明显的地域特色:一是墓葬形式,与辽宁式铜剑文化有关的墓葬形式丰富多样,但在朝鲜半岛,辽宁式铜剑文化的墓葬形式主要是支石墓;二是铜剑形态,在朝鲜半岛南部出土的辽宁式铜剑,铜剑茎部多有一豁口,可称为"有沟式铜剑",这也是朝鲜半岛辽宁式铜剑文化的特征,在其他地区暂无此类发现。韩国式铜剑文化大体可以分为 3 期,共存的铜矛、铜戈、多钮铜镜、礼仪类铜器等是其分期的标准。他还认为,相对于朝鲜半岛的辽宁式铜剑文化,该地区的韩国式铜剑文化与中国辽西地区辽宁式铜剑文化的关系更为密切。包括青铜短剑在内的朝鲜半岛的青铜武器大部分为石范合铸而成,从其合金比例来看,与中国中原地区的青铜器不太一致。

---

　　① 李清圭:(韩)《关于细形铜剑的型式分类及其变迁》,《韩国考古学报》13,1982 年。

　　② 朴晋煜:(朝)《关于琵琶形铜剑的发源地与创造者》,《关于琵琶形铜剑文化的研究》,科学百科事典出版社,1987 年。

　　③ 李健茂:(韩)《韩国的辽宁式铜剑文化》,《韩国的青铜器文化特别展》,汎友社,1992 年;李健茂:(韩)《韩国式铜剑文化》,《韩国的青铜器文化特别展》,汎友社,1992 年;李健茂:(韩)《韩国青铜器的制作技术》,《韩国的青铜器文化特别展》,汎友社,1992 年。

李荣文先后在 1991 年和 1998 年发表了两篇与琵琶形铜剑有关的论文①。他以铜剑剑身形态作为第一分类标准,将铜剑分为典型琵琶形铜剑与变形琵琶形铜剑;以柱脊的剖面形态、突起角与剑身基部角的差异作为第二标准,又将两大类琵琶形铜剑各分了三小类,其中典型Ⅰ式琵琶形铜剑根据茎部是否存在小豁口,再进一步细分为典型Ⅰa式与典型Ⅰb式,其中具有小豁口的典型Ⅰa式是朝鲜半岛铜剑独具的器形。他还将部分琵琶形铜剑特征不明显同时也不具备细形铜剑特征的铜剑,单独区分为异形铜剑。

在这一阶段,朝鲜的学者们热衷于有关使用青铜短剑的人群集团的研究,大部分学者主张青铜短剑是古朝鲜居民的物质文化产物②,部分韩国学者也认同这种推断③。

第三阶段(1990 年代到 2003 年前后)

这一阶段除了传统的型式分类、年代问题等基本研究之外,还有铜剑的成分分析、铸造技术、使用方法等方面的内容,不少学者试图采用统计分析的方法,增强研究的说服力。这一阶段的代表研究者有姜仁旭、赵镇先、郑仁盛等。

姜仁旭先后在 1996 年与 2005 年分别以辽宁地区的琵琶形铜剑与朝鲜半岛的琵琶形铜剑为对象做了系统研究④。他利用统计学的方法将辽宁地区的琵琶形铜剑分为七个类型,并指出琵琶形铜剑起源于辽西地区的十二台营子文化。他认为十二台营子文化的年代为公元前 10 世纪左右,早于辽东地区的琵琶形铜剑文化,因此还批判了琵琶形铜剑辽东起源说。朝鲜半岛的琵琶形铜剑大致可以分为西浦洞式、仙岩里式以及礼田洞式三个类型,对照辽宁地区的琵琶形铜剑文化,姜仁旭推测了琵琶形铜剑文化由中国辽宁地区向朝鲜半岛传播的路线。西浦洞式铜剑主要分布在朝鲜半岛西北部,是琵琶形铜剑文化经丹东地区的渤海湾传入的;仙岩里式铜剑是受当地角形陶器文化中有茎式石剑的影响而形成

---

① 李荣文:(韩)《韩半岛出土琵琶形铜剑型式分类试论》,檀国大学校《博物馆纪要》7,1991 年;李荣文:(韩)《对韩国琵琶形铜剑文化的考察》,《韩国考古学报》38,1998 年。

② 朴晋煜:(朝)《关于琵琶形铜剑的发源地与创造者》,《关于琵琶形铜剑文化的研究》,科学百科事典出版社,1987 年;黄基德:(朝)《辽西地方的琵琶形铜剑文化及其居住民》,《关于琵琶形铜剑文化的研究》,科学百科事典出版社,1987 年。

③ 金廷鹤:(韩)《考古学上所见的古朝鲜》,《韩国上古史的诸问题》,韩国精神文化研究院,1987 年。

④ 姜仁旭:(韩)《对辽宁地域琵琶形铜剑的考察》,《韩国上古史学报》21,1996 年;姜仁旭:(韩)《对于朝鲜半岛出土琵琶形铜剑的登场与地域性》,《韩国上古史学报》49,2005 年。

的;礼田洞式铜剑则是辽西地区的琵琶形铜剑文化经辽东地区传入朝鲜半岛的。

　　赵镇先自 1997 年开始研究朝鲜半岛的青铜短剑文化,在细形铜剑与琵琶形铜剑文化的关系、细形铜剑的制作技术、朝鲜半岛北部地区的细形铜剑文化等方面均有论述,近年来又对铜矛的制作技术、铜剑的使用方法以及青铜短剑文化与古朝鲜的关系等方面做了研究[①]。他认为琵琶形铜剑文化与细形铜剑文化在韩国存续的时间虽有不同,但二者在不同地区长时间并存的可能性很大。他将细形铜剑的属性区分为铸造属性与研磨属性,在后期使用过程中,铸造属性基本变化不大,而研磨属性则可能发生较大的形态变化,并以此为基础对细形铜剑进行分类研究。他主张整个细形铜剑的发展过程就是研磨方法的不断改善与铸造技术不断进步的过程,这个过程通过对铸范的研究也能得到验证。

　　郑仁盛主要研究了朝鲜半岛东南部洛东江流域的细形铜剑文化,并推测其年代范围是公元前 3 世纪初到公元前 1 世纪左右[②]。洛东江流域的细形铜剑文化可以分为四个发展阶段:第一阶段主要与圆形粘土带陶器共存,第二阶段主要与三角形粘土带陶器共存,第三阶段开始出现铁器,第四阶段粘土带陶器消亡。

　　朝鲜学者朴晋煜在这一阶段仍然主要围绕琵琶形铜剑的发源地与中心地展开研究[③],但他的研究逐渐趋于主观化,并伴有强烈的民族主义倾向。他认为琵琶形铜剑文化的发源地与中心地并不是以往推测的中国辽东地区,而是以平壤为中心的西北朝鲜一带,其年代是古朝鲜建国前后的公元前 3000 年左右,细形铜剑大约在公元前 2000 年后半出现,并与琵琶形铜剑文化长期并存。

　　第四阶段(2003 年起至今)

　　划分这一阶段的契机是因为 2003 年日本国立历史民俗博物馆公布了一项

---

　　①　赵镇先:(韩)《对韩国琵琶形铜剑与细形铜剑的关系考察》,全北大学校大学院硕士学位论文,1997 年;赵镇先:(韩)《细形铜剑的制作与机能变迁》,《湖南考古学报》13,2001 年;赵镇先:(韩)《细形铜剑的型式变迁及意义》,《韩国考古学报》45,2001 年;赵镇先:(韩)《北韩地域细形铜剑文化的发展与性格》,《韩国上古史学报》47,2005 年;赵镇先:(韩)《细形铜剑文化研究》,学研文化社,2005 年;赵镇先:(韩)《完州葛洞遗址出土镕范的铜剑与铜戈》,《湖南文化研究》6,2006 年;赵镇先:(韩)《韩国式铜戈的登场背景与辛庄头 30 号墓》,《湖南考古学报》32,2009 年;赵镇先等:(韩)《铜矛铸范的复原制作及铸造实验——角闪石岩与滑石岩铸范的比较研究》,《湖南考古学报》48,2014 年;赵镇先:(韩)《中国东北地域的青铜器文化与古朝鲜的位置变动》,《东洋学》56,2014 年;赵镇先:(韩)《细形铜剑的机能及其意义》,《韩国考古学报》105,2017 年。

　　②　郑仁盛:(韩)《洛东江流域圈的细形铜剑文化》,《岭南考古学》22,1998 年。

　　③　朴晋煜:(朝)《关于古朝鲜的琵琶形铜剑文化的再检讨》,《朝鲜考古研究》2,1995 年;朴晋煜:(朝)《关于古朝鲜的细形铜剑文化的再检讨》,《朝鲜考古研究》2,1996 年。

科研成果。该馆的研究人员通过 AMS①的研究方法,将以往学术界认定的日本弥生时代的开始年代提前了 500 年,这样一来,包括日本、朝鲜半岛以及中国东北地区在内的整个东北亚青铜时代年代观发生了颠覆性的变化。有学者据此将朝鲜半岛青铜时代的开始年代,特别是琵琶形铜剑的开始年代也随之往提前了500 年左右,持这一观点的代表性学者有宫本一夫②和庄田慎矢③。宫本一夫是第一位根据日本国立历史民俗博物馆的研究成果将朝鲜半岛的青铜时代提前的学者,他认为日本的弥生时代开始于公元前 5 世纪左右,朝鲜半岛青铜短剑文化的年代大致为公元前 9 世纪,甚至更早,接近中国辽西地区琵琶形铜剑文化的年代。他在 2008 年的文章中还对自己以往的观点进行了批判。庄田慎矢则指出大田飞来洞支石墓中出土的长约 16.9 厘米的青铜短剑是韩国最早的青铜短剑,并以与这把铜剑共存的红色磨光陶器为依据,将其编年为青铜时代前期的第Ⅲ阶段,绝对年代大约为公元前 9 世纪中叶到公元前 8 世纪前叶,约相当于中国的西周晚期到春秋早期阶段。在中国东北地区,青铜短剑大概起源于西周晚期④,但是在中国东北地区发现的早期琵琶形铜剑中,并不曾发现有类似飞来洞支石墓中出土的这种铜剑型式。

当然,这一阶段并不是所有的学者都主张年代提前的观点,甚至还有部分学者提出了相反的编年方案。金邱军在其硕士论文中,全面考察了中国东北地区以及朝鲜半岛的青铜短剑。他认为辽东地区的青铜短剑最早,其开始年代大约为公元前 7 世纪后半到公元前 6 世纪前半,约相当于中国的春秋中期以后,其次才是辽西地区和朝鲜半岛的青铜短剑,年代约为公元前 6 世纪后半到公元前 5 世纪末,约相当于春秋晚期阶段⑤。

除了年代问题,近年来学者们对朝鲜半岛青铜短剑的研究还主要集中在两个方面,一是与青铜短剑的制作与使用有关的研究,二是与历史文献结合,对青铜短剑使用人群族属的研究。代表研究者除了前文介绍的赵镇先之外,还有朴峻亨⑥、

① AMS,即 Accelerator Mass Spectrometry,加速器质谱技术。
② 宫本一夫:(日)《青铜器与弥生时代的历年代(纪年)》,《通过碳素 14 年代看弥生时代的实年代》,学生社,2004 年;宫本一夫:(日)《从辽东的辽宁式铜剑看弥生的年代》,《史渊》450,九州大学人文科学研究院,2008 年。
③ 庄田慎矢:(韩)《湖西地域出土琵琶形铜剑与弥生时代开始年代》,《湖西考古学报》12,2005 年。
④ 详见本书第三章。
⑤ 金邱军:(韩)《对于辽宁式铜剑的研究》,庆北大学校大学院硕士学位论文,2006 年。
⑥ 朴峻亨:(韩)《关于古朝鲜的成立与发展的研究》,延世大学校大学院博士学位论文,2012 年。

金东一①、李厚锡②等。需要说明的是,近年来朝鲜有关青铜短剑的发现较少,研究也基本处于停滞状态。

从以上内容可以看出,以往学术界对青铜短剑的研究主要集中在型式分类、概念术语、起源发展、族属集团、制作使用等方面。其中,年代问题与起源问题一直是争论的焦点,形成争论的原因可能还是与学者们研究的出发点以及落脚点有关。众所周知,青铜时代是东北亚地区国家形成的重要阶段,受复杂的政治环境以及人文背景的影响,东北亚地区的文化传播以及人群流动相当活跃,我们需要在大的历史背景以及整个东北亚广阔的视野下,通过对青铜武器的整体研究,才能厘清这些变化的脉络。但同时,由于这一时期,包括中国东北地区在内的各个地区,存世而可靠的历史文献相对较少,有些与历史文献密切相关的诸如族属问题等,可能一时还得不到圆满解决。林沄根据青铜短剑的分布范围,曾指出青铜短剑可能是汉代涉貊、真番、朝鲜等族的祖先所共有的一种遗物③,我们认为如果充分考虑朝鲜半岛南部的考古发现,这些古代民族中可能还应该包括三韩(马韩、弁韩、辰韩)的祖先。

二、青铜戈

有关朝鲜半岛青铜戈的研究相对较少,1972 年崔梦龙发表了第一篇有关专门研究铜戈的文章,到目前的研究者不过数人,他们是崔梦龙、李健茂、赵镇先、许俊亮、李阳洙等,均为韩国学者,暂时没有看到朝鲜学者对铜戈的专门研究。崔梦龙通过铜戈援部的血槽与援部柱脊的关系将其分为三个类型④,第Ⅰ类铜戈援部有两条与中央柱脊平行的血槽,中央柱脊一直到戈援锋部尖端,在铸造后通过研磨形成脊棱线;第Ⅱ类铜戈的柱脊与血槽在锋部合并,只在锋部可以观察到脊棱线;第Ⅲ类铜戈与第Ⅱ类铜戈基本相同,只是戈援的长宽比相对小一些,整个铜戈更为宽大。第Ⅰ类铜戈与第Ⅱ类铜戈按照锋部长度还可以进一步细分为长锋型与短锋型,分别将其命名为 a 式与 b 式。朝鲜半岛出土铜戈的祖型是中国中原地区西周时期的铜戈,其年代范围大约为公元前 2 世纪到公元 1 世纪或者更晚。

①　金东一：(韩)《关于青铜短剑的剑身、剑柄组合方式的研究》,岭南大学校大学院硕士学位论文,2012 年。

②　李厚锡：(韩)《辽宁式细形铜剑文化与古朝鲜的变迁》,崇实大学校大学院博士学位论文,2016 年。

③　林沄：《中国东北系铜剑初论》,《考古学报》1980 年第 2 期。

④　崔梦龙：(韩)《有关韩国铜戈——以型式分类为中心》,《首尔大文理大学报》18,首尔大学校,1972 年。

李健茂在 1991 年对朝鲜半岛出土的有纹铜戈进行了系统研究①。从铜戈血槽内施纹的纹样来看,他认为有纹铜戈可能与细纹铜镜有密切的关系。因此,这种铜戈也有可能是一种礼仪用器。该戈主要分布在忠南、庆北、庆南等朝鲜半岛南部地区,虽晚于细形铜剑而出现,但也是首先出现在细形铜剑的发源地忠南、全北一带,然后向周边地区传播的。此外,李健茂还分析了梨花女子大学校博物馆收藏的一件无血槽铜戈,认为它的年代大致处于细形铜剑文化第 2 期到第 3 期之间②。

赵镇先考察了全罗北道完州郡葛洞遗址出土的细形铜剑与铜戈的铸范。通过对铸范设计形式的分析,他认为这种铸范的年代位于在全罗南道灵岩郡采集铸范与平壤长川里遗址出土铸范之间,并以此为依据,判断完州郡葛洞遗址的年代大约为细形铜剑发展 I 期到衰退期之间,即公元前 2~前 1 世纪③。

许俊亮以朝鲜半岛东南部发现的 16 件有纹铜戈为对象进行了专题研究④。根据这些铜戈的锋部形态将其分为三类,又根据铜戈的内部大小将其分为两小类,最后根据血槽内的纹样图案将其分为五大类九小类。以这种分类方案为基础,推测有纹铜戈经历了五个发展阶段,其上限年代为公元前 300 年前后。此外,他还指出,从有纹铜戈的整体形态来看,这种铜戈更有可能属于祭祀、礼仪用具,而非实用武器。

李阳洙以韩国、中国、日本三国出土的短茎式铜戈为对象,对其进行了综合编年研究⑤。他将这三个国家的铜戈细分为辽宁式铜戈与韩国式铜戈两大类,并主张这两大类之间很可能不存在直接的联系。辽宁式铜戈的上限年代不会超过公元前 5 世纪,韩国式铜戈最早的型式为忠清南道扶余郡九凤里遗址的出土品,其上限年代大约为公元前 4 世纪前半,而中国燕下都辛庄头 30 号墓葬中出土短内式铜戈的年代约为公元前 250 年前后。他还指出,这三个国家的短内式铜戈的用途可能也不尽相同,中国铜戈主要用于远距离的车马战,朝鲜半岛的铜戈主要用于近距离的战斗,而日本的铜戈过于宽大化,其功能很可能已经演化为礼仪用品。

三、青铜矛

关于朝鲜半岛铜矛的研究就更少了,目前只有李健茂与林昭延做过专题研

① 李健茂:(韩)《有纹铜戈考》,《震檀学报》71、72,1991 年。
② 李健茂:(韩)《关于梨花女子大学校博物馆收藏的异形铜戈》,《韩国古代史与考古学》,学研文化社,2000 年。
③ 赵镇先:(韩)《完州葛洞遗址出土镕范的铜剑与铜戈》,《湖南文化研究》6,2006 年。
④ 许俊亮:(韩)《有关韩国东南部地域有纹铜戈的研究》,庆州大学校大学院硕士学位论文,2008 年。
⑤ 李阳洙:(韩)《通过韩国式铜戈看韩、中、日三国的交叉编年》,《第 32 回韩国考古学会全国大会发表要旨》,2008 年。

究。李健茂主要研究辽宁式铜矛①。他根据矛头形态将其分为三类,第一类铜矛矛头相对较窄,而銎部则相对较长,第二类铜矛的矛头相对较宽,第三类铜矛刃部趋于平直。他还指出,朝鲜半岛出土的铜矛,从地理位置角度考虑的话,可能与吉长地区出土的铜矛有密切的关系。

林昭延主要研究了弁韩、辰韩地区,也就是韩国东南部地区的铜矛②。她以连续性属性铜矛的全长,非连续性属性柱脊的有无、血槽的有无及数量、銎口形态、耳部形态、孔部形态、节带与突带的形态、纹样的有无等为分类标准,对铜矛进行了类型研究。这些铜矛分别出土于墓葬、窖藏性遗迹以及贝塚中,墓葬又可细分为积石木棺墓、木棺墓、木椁墓等形式。通过对与铜矛共存的铜剑、铜戈以及陶器组合等的综合考察,对各类铜矛进行编年研究。她认为弁韩、辰韩地区铜矛的上限年代为公元前 3 世纪,下限年代约为公元 3 世纪,可细分为 5 个发展阶段,而且这些铜矛的性质很可能也是礼仪用品,并非完全是武器。

四、青铜镞

有关朝鲜半岛铜镞的研究,目前只有韩修英做过系统研究③,后来她在博士论文中也有专门章节予以讨论④。此外,郑仁盛之前曾用日文发表过朝鲜半岛北部乐浪地区铜镞的研究文章⑤。韩修英首先按照铜镞茎部的形态将其分为有茎式、无茎式两大类,然后按照铜镞的平面形态将其分为两翼形、三翼形、三棱形、四棱形、三角形五种型式,并讨论了辽宁式铜剑文化期、细形铜剑文化-乐浪前期、铁器时代三个阶段各型式铜镞的发展脉络,与笔者对辽宁建昌东大杖子墓地出土铜镞的研究结果基本吻合⑥,不同型式铜镞在各阶段均有共存,具体结果可参考后文分析。

通过以上对朝鲜半岛出土各类青铜武器研究的整理,我们可以看出,除青铜短剑外,铜戈、铜矛、铜镞的研究相对薄弱,有关这些青铜武器整体的研究更为贫乏,目前还有许多学术问题有待解决。虽然朝鲜半岛铜戈、铜矛以及铜镞出土的数量有限,但结合中国东北地区发现的相关材料,在东北亚地区的视野内考察青

---

① 李健茂:(韩)《有关辽宁式铜矛》,《李基白先生古稀纪念韩国史学论丛》,日潮阁,1994 年。

② 林昭延:(韩)《弁、辰韩地域出土铜矛研究》,釜山大学校大学院硕士学位论文,2006 年。

③ 韩修英:(韩)《青铜镞小考》,《湖南文化研究》4,湖南文化财研究院,2004 年。

④ 韩修英:(韩)《全北地域初期铁器时代墓葬研究》,全北大学校大学院博士学位论文,2015 年。

⑤ 郑仁盛:(日)《乐浪土城的青铜镞》,《东京大学考古学研究室研究纪要》17,2002 年。

⑥ 成璟瑭、徐韶钢:《东大杖子墓地出土铜镞研究》,《边疆考古研究》21,科学出版社,2017 年。

铜武器文化的整体发展演变与衰退消亡过程,学术意义非常重大。

第三节 概念及时空范围的界定

一、概念用语

本书以朝鲜半岛青铜文化的标志性遗物——青铜武器为研究对象,首先对概念用语进行整理分析。以往学者们从不同的角度出发,对同一类遗物多有不同的命名,而这些基本概念用语的混乱,也一定程度上造成了学术交流的障碍。为了更科学地整理朝鲜半岛青铜武器的用语,我们将从更为广阔的中国东北地区出发,通盘考虑,整体命名,尽量统一不同地区、不同学者之间用语的混乱状态,最大限度地克服由于用语问题造成的研究混乱。

鉴于以往的研究大部分是对单一遗物或单一地区材料的整理,我们首先解决的是不同地区之间的概念用语差别,因此,本书不建议对青铜武器采用地域命名的方式,而是从其形态特征方面考虑。

关于青铜短剑,以往学术界有以分布地域特征命名的"辽宁式铜剑"与"韩国式铜剑"、"满洲式铜剑"、"东北系青铜短剑"、"东北亚系青铜短剑"、"中国北方青铜短剑东群"等名称,也有以形态特征命名的"琵琶形铜剑"与"细形铜剑"、"曲刃青铜短剑"、"短铤式铜剑"、"丁字形铜柄曲刃剑"等名称。笔者曾对以上名称进行了充分的讨论,考虑到整个东北亚视野内这种遗存的分布以及不同形制短剑之间的发展演变关系,曾建议将这种基本为分体铸造、组合成型的短剑称为"短茎式铜剑",如果再进一步按照形态细分,则短茎式铜剑包括"曲刃短茎式铜剑"与"细形短茎式铜剑"两大类[1]。需要说明的是,早在 20 世纪 80 年代,朱永刚就曾提到过"短茎式曲刃铜剑"的名称[2],主要指分布于中国东北地区夏家店上层文化以东的文化遗存。由于该文以夏家店上层文化为主要研究内容,短茎式铜剑的命名并没有引起学术界及时的关注与讨论,即使后来又多次提到[3],也未引起重视。

此外,东周时期与东北亚地区"短茎式铜剑"长期并存的还有中国中原地区

---

① 成璟瑭:《中、朝、韩对短茎式青铜剑研究的检视与比较》,《边疆考古研究》6,科学出版社,2007 年。
② 朱永刚:《夏家店上层文化的初步研究》,《考古学文化论集》1,文物出版社,1987 年。
③ 朱永刚:(韩)《东北青铜时代区系考古学文化论纲》,《湖西考古学》21,2009 年;同文刊在《中国考古学会第十二次年会论文集》,文物出版社,2010 年。

的"中原式铜剑"（日韩学者称其为"桃氏剑"、"中国式铜剑"①）、中国北方鄂尔多斯地区的"匕首式铜剑"以及努鲁尔虎山以西地区夏家店上层文化的"銎柄式铜剑"。这几种铜剑均为剑身、剑把一次铸造成型，成为与短茎式铜剑在铸造组合方式上最大的区别。当然，着眼于短茎式铜剑的分布范围，着重强调其与中国北方地区以及中原地区的文化背景差异，称其为"东北亚系铜剑"或"东北系铜剑"也可理解。同时，本书对东周时期中原地区流行的铜剑采用"中原式铜剑"的名称，并不代表笔者主张这种铜剑起源于中原地区②，仅是为了行文方便。

分布于东北亚地区的"短茎式铜剑"还有一个特点，就是剑身铸有柱脊，以减少短剑使用过程中折损的几率。因此，这种短剑与中国西南地区发现的"扁茎短剑"也不尽相同，不是同一历史文化背景的产物。

关于铜戈，学术界的用语也是混乱的。王成生考察了辽宁地区出土的铜戈，将这种特殊形制的铜戈分别称为"双胡戈"与"胡刺戈"；③郭大顺认为这种铜戈与中原地区东周时期典型的铜戈形态差异较大，称其为"异形戈"④；井中伟参考了笔者的意见⑤，采用"柱脊短内戈"的名称⑥。而在日韩学术界，这种戈的名称更为复杂。有学者考虑这种铜戈的分布地域，强调中国东北地区与朝鲜半岛的区别，称这种铜戈为"辽宁式铜戈"与"韩国式铜戈"⑦，还有日本学者称其为"辽西式铜戈"与"朝鲜式铜戈"⑧；包括朝鲜在内的大部分学者考虑铜戈的形态，称其为"细形铜戈"，与之相应，日本出土的援部较为肥硕的铜戈则称为"中细形铜戈"、"中广形铜戈"等⑨。

从以上情况来看，铜戈的命名依然是分为以地域命名和以形态命名两大类。考虑到这种铜戈的分布地域还不完全确实，其形态方面与中原地区的铜戈相比

① 赵镇先（著），成璟瑭（译）：《中国式铜剑在朝鲜半岛出现的背景》，《边疆考古研究》5，科学出版社，2006 年。

② 李伯谦：《中原地区东周铜剑渊源试探》，《文物》1982 年第 1 期。

③ 王成生：《辽宁出土铜戈及相关问题研究》，《辽宁考古文集》，辽宁民族出版社，2003 年。

④ 郭大顺：《"异形戈"寻踪——兼谈从文化发展大趋势看辽宁式铜剑的起源》，《辽宁省博物馆馆刊》1，辽海出版社，2006 年。

⑤ 成璟瑭：《关于燕下都短内戈的几个问题》，《文物春秋》2009 年第 3 期。

⑥ 井中伟：《早期中国青铜戈、戟研究》，科学出版社，2011 年。

⑦ 李阳洙：（韩）《通过韩国式铜戈看韩、中、日三国的交叉编年》，《第 32 回韩国考古学会全国大会发表要旨》，2008 年。

⑧ 小林青树、石川岳彦、宫本一夫、春成秀尔：（日）《辽西式铜戈与朝鲜式铜戈的起源》，《中国考古学》7，2007 年。

⑨ 朴晋煜：（朝）《咸镜南道一带的古代遗址调查报告》，《考古学资料集》4，科学院出版社，1974；赵镇先：（韩）《细形铜剑文化研究》，学研文化社，2005 年。

又具有明显的特色,而单纯的"异形戈"又不能体现这种特色,"双胡戈"与"胡刺戈"的名称均略失精当。鉴于此,笔者自 2009 年以来,多次提出并强调短内式铜戈的命名,这既是对这种铜戈典型特征的精准概括,又是与"短茎式铜剑"相关联的系列命名,而作为"东北系青铜武器"的重要组成部分①,也可以称之为"东北系铜戈"。

关于"双胡戈"与"胡刺戈"为略失精当的表述,有必要再补充几点。《说文解字》中有关"胡"的解释为"牛颈垂也";《铜戈辩》中也有"援之下如磬折,稍刊而渐直,若牛颈之垂胡者,所谓胡也;胡之旁有可接秘之迹者,所谓内也"的记录②。从这两条记录中我们可以看出,铜戈中的"胡"源于状如牛颈下垂的形象表述,因此,短内式铜戈中与胡对称而上扬的部分就不宜再以"胡"来称呼。笔者建议短内式铜戈中可用"翼"来代替"胡",翼的变化恰恰体现了短内式铜戈的型式发展演变。

"援阑角"与"内阑角"是笔者 2007 年研究东北地区及朝鲜半岛发现的中原式铜戈时提出的属性用语,并以此二者角度的变化判断该地区中原式铜戈的发展演变③。现在来看,这两个角度在短内式铜戈中也有重要的时间意义,所以,可以在朝鲜半岛短内式铜戈的研究中直接采用。

关于铜矛,目前学术界有"琵琶形铜矛"与"细形铜矛"两种概念,我们同意这种以形态命名的原则。如果考虑两种铜矛的共性,并结合其他地区的发现与研究④,笔者认为也可以称其为柱骹(透尖)铜矛或东北系铜矛⑤。

铜镞的名称相对简单,学术界的命名混乱也较少。除了为了和铜剑以及石镞的名称保持一致,笔者将部分学者指称的"铤部"称呼为"茎部"之外,其余名称均与学术界保持一致,具体部分名称示意从略。

以上我们梳理了朝鲜半岛发现的各类青铜武器的命名,具体到各类青铜武器的局部名称,可以参考图一。

---

① 成璟瑭:《关于燕下都短内戈的几个问题》,《文物春秋》2009 年第 3 期;成璟瑭:《东北系青铜武器初步研究》,《鄂尔多斯青铜器文化国际学术会议论文集》,科学出版社,2009 年;成璟瑭:《关于短内式铜戈相关问题的再检讨》,《边疆考古研究》11,科学出版社,2012 年。
② 黄伯思:《铜戈辩》,《东观余论》,人民美术出版社,2010 年。
③ 赵镇先、成璟瑭:《关于中国东北地区和朝鲜半岛铜戈的考察——以中原式铜戈为中心》,《内蒙古文物考古》2007 年第 2 期。
④ 李刚:《中西青铜矛比较研究》,《中国历史文物》2005 年第 6 期。
⑤ 成璟瑭:《东北系青铜武器初步研究》,《鄂尔多斯青铜器文化国际学术会议论文集》,科学出版社,2009 年。

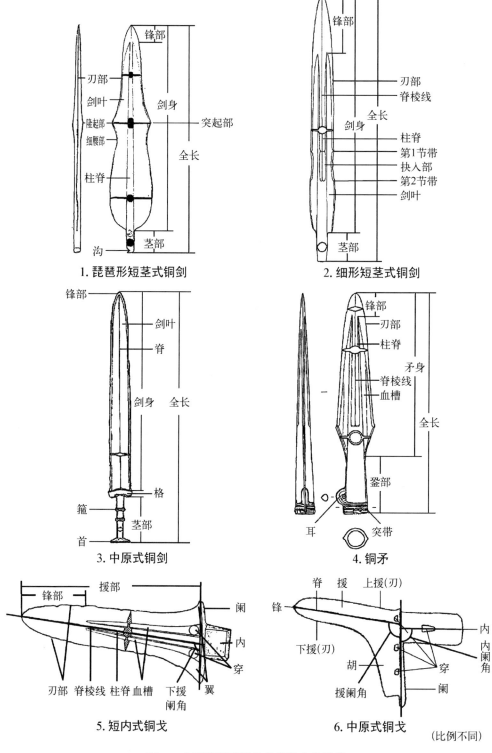

图一　主要青铜武器的各部位名称示意

二、时空范围

本书将涉及大量时间用语,虽然我们研究的地域是朝鲜半岛,但也与中国中原地区密切相关。中原地区的历史概念适用于本书①,只是在战国晚期的分期区间上,本书认为以与东北亚地区关系比较密切的燕昭王即位看作战国晚期的开始,即公元前312年前后。另外,由于秦代的时间较短,本书以秦汉统称,不再单列。

关于朝鲜半岛地理单元的划分,以往的研究多有阐述,本书以自然地理环境为依据,采用基本的区域设置。只是在朝鲜半岛中部由于南北停战线的人为设置,划分为同一文化圈在研究时多有不便,暂时将其分为北部与中部两个区域,等以后南北材料丰富后,再做统一。

按照我们的区域设置方案,鸭绿江以南的清川江、大同江流域为朝鲜半岛西北部区域,图们江以南的盖马高原为朝鲜半岛东北部区域,黄海道地区的载宁江、礼成江一线暂设为朝鲜半岛北部区域,临津江、汉滩江以及汉江流域暂设为朝鲜半岛中部区域,锦江流域为朝鲜半岛西部区域,以荣山江、蟾津江流域为中心的西南部区域与以洛东江流域为中心的东南部区域共同构成朝鲜半岛南部区域。朝鲜半岛的北部地区与中部地区应该是同一地理单元,受目前行政区划设置的影响,只能划为两个区域。

---

① 井中伟、王立新:《夏商周考古学》,科学出版社,2013年。

第二章 朝鲜半岛青铜武器的 发现与类型编年研究

第一节 考 古 发 现

按照我们的区域划分,从目前的情况来看,朝鲜半岛全域均有青铜武器的发现,只是不同区域发现青铜武器的种类与数量有所区别。为了阅读方便,我们将前面的地理单元设置再与行政区划做一简单对应。朝鲜半岛的西北部地区包括平安北道、平安南道、慈江道以及平壤市;朝鲜半岛东北部地区主要包括咸镜北道、咸镜南道以及两江道;朝鲜半岛的北部地区主要包括黄海北道、黄海南道以及位于朝鲜境内的江原道地区;朝鲜半岛中部地区包括京畿道、首尔市以及位于韩国境内的江原道地区;朝鲜半岛西部地区主要包括忠清南道、忠清北道以及世宗市;朝鲜半岛西南部地区主要包括全罗北道、全罗南道以及济州岛;朝鲜半岛东南部地区主要包括庆尚北道、庆尚南道。从地形上来看,西北部主要是鸭绿江、清川江、大同江流域;东北部主要是图们江流域及盖马高原;北部地区主要是大同江以南、汉江以北的区域;中部地区则是汉江流域;西部地区主要是锦江流域;西南部主要是荣山江流域;东南部主要是洛东江流域。

以下为分地区介绍。

一、朝鲜半岛西北部地区

1. 平安南道价川郡龙兴里遗址[1]

1939 年,该遗址由平安南道价川郡中西面龙兴里居住的李氏发现,后作为

---

[1] 韩炳三:(韩)《价川龙兴里出土青铜剑与伴出遗物》,《考古学》1,1968 年。

文物申报,准确的出土位置、出土遗迹以及出土状况无从得知。这些遗物包括琵琶形短茎式铜剑1件,半月形曲玉1件以及石斧等。

2. 平安南道大同郡砚谷里遗址①

砚谷里遗址位于平安南道大同郡砚谷里所在地向西约1千米处,具体的遗迹已经无法确认,只在此清理采集1件曲刃短茎式铜剑。另,在此位置西北约70米的位置,也曾清理采集细形短茎式铜剑与铜矛各1件,遗憾的是遗迹状况也无法确认。

3. 平安南道大同郡(现隶属平壤市)美林里遗址②

美林里遗址位于平安南道大同郡(现隶属平壤市)美林里,在平壤方向流经美林里的大同江畔。该遗址周边还有大量其他时代的遗迹,包括乐浪时代的古坟等。美林里遗址出土的遗物包括细形短茎式铜剑4件(其中2件为一套,一起出土),铜环2件,铜镜1枚等,后来又在该遗址附近采集细形短茎式铜剑2件,铜环3件,剑把头饰1件以及青铜车马器等。

4. 平安南道大同郡上里遗址③

1932年12月,在平安南道大同郡龙跃面上里一带进行工程建设时,发现了包括青铜武器在内的一系列遗物。该遗址位于平壤市东北方向,是大同江流域由平原地形向丘陵地形过渡的地带。推测遗迹应为木椁墓,具体的规模无从查实。该遗址出土的遗物包括细形短茎式铜剑2件,剑把头饰,铜铎、铜车马器、圆锥形铜制品、铁剑、铁矛、铁戟、铁斧与陶器等。

5. 平安南道平原郡新松里遗址④

新松里遗址位于西海岸边的低矮丘陵上,东南距平安南道平原郡新松里所在地约4.5千米。遗物主要出土于直径1.5米左右的范围内,据此推测原遗迹应是墓葬。在此收集的遗物有细形短茎式铜剑1套(铜剑剑身、剑把头饰、加重器),铜铇1件,中原式铜剑1件(残损严重,无法确认形态),铜环1件,陶器4件。

6. 平安南道成川郡百源劳动者区域遗址⑤

百源劳动者区域9号支石墓东北距平安南道成川郡百源劳动者区域所在地约1千米左右,整个遗址位于海拔100米左右的天池峰峰顶西部的缓坡上。该支石墓的盖石以及4块壁石等地上露出部分已经遗失,只剩下地下部分。地下

① 宋纯卓(音译):(朝)《新所知的古代时期遗物》,《朝鲜考古研究》104,1997年。
② 梅原末治、藤田亮策:(日)《朝鲜古文化综鉴》(第一卷),养德社,1947年。
③ 梅原末治、藤田亮策:(日)《朝鲜古文化综鉴》(第一卷),养德社,1947年。
④ 宋纯卓(音译):(朝)《新所知的古代时期遗物》,《朝鲜考古研究》104,1997年。
⑤ 成铁(音译):(朝)《百源劳动者区域9号支石墓发掘报告》,《朝鲜考古研究》132,2004年。

部分长约 180、宽约 130、距地表约 35 厘米。该墓葬出土的遗物有细形短茎式铜剑 1 件,铜铊 1 件,铜泡 1 件及陶器 1 件。

7. 平安南道江西郡台城里遗址①

台城里遗址位于平安南道江西郡台城里(现属南浦市)一带,东北距平壤市约 32 千米。该遗址分布于台城里汉井部落(音译)以北 750 米,标高为 92 米的高地处。遗址范围是一处边长大约 600 米的正三角形区域。该区域的地形整体呈从低矮的丘陵出发沿山脊缓慢向小丘陵过渡的波涛状。

该遗址共发现支石墓 2 座、石棺墓 2 座、土圹墓 12 座、瓮棺墓 5 座、木椁墓 1 座、砖室墓 1 座、石室墓 5 座,共计墓葬 28 座。第 10 号墓葬为土圹墓,由两座土圹组成,位于比较突出的丘陵地带,两座土圹的长轴方向均为南北向,分东西排列。西边土圹南北长约 320、东西宽约 155、深约 330 厘米,长轴方向为北偏东 10°左右。东边土圹南北长约 315、东西宽约 130 厘米,因其长轴方向为正南北,与西边土圹不是完全平行。两座土圹内可见木棺痕迹,周边散布有大量遗物。西边土圹里出土有漆鞘的细形短茎式铜剑 1 套,铜矛 1 件,"乙"字形铜器 1 组,笠头形铜器 2 件,笠头圆筒形器 2 件,车辖𫐄 2 件,伞骨 3 件,铜环 3 件,铜钵残片若干,铁矛、铁凿、铁镰、铁斧与陶器等。东边土圹里出土有铜板 1 件,车辖𫐄 2 件,伞骨 20 件,银戒指,小玉环,玉环,玉管,玉节和陶器等。

8. 平壤市湖南里标台(音译)遗址②

标台遗址位于平壤市三石区域湖南里,整个遗址依据遗物散布范围推测有 15 万平方米,其中试掘与发掘的面积约为 5 000 平方米,共确认房址 30 座左右。该遗址第 10 号房址出土铜矛 1 件,其他遗迹中还有美松里式陶壶等大量遗物。

9. 平壤市乐浪区域土城洞遗址③

土城洞 4 号墓位于平壤市乐浪区域土城洞的东北方向,具体位置为土城洞与贞柏洞的交界区域的丘陵斜面上。该墓葬曾于 1969 年 6 月发掘清理 4 号墓,确认其为长 365、宽 187 厘米的长方形土圹木椁墓。墓中出土武器类、车马器类、甲胄以及陶器等大量遗物,其中,武器类包括细形短茎式铜剑 1 套(剑身与剑

---

① 田畴浓(音译):(朝)《台城里蓄水池建设场发现遗迹的整理概报(1)》,《文化遗产》1,1958 年;考古学及民俗学研究所考古学研究室:(朝)《台城里古坟群发掘报告》(遗址发掘报告 5),科学院出版社,1958 年。

② 金宗赫(音译):(朝)《关于标台(音译)部落的遗址》,《朝鲜考古研究》99,1996 年。

③ 金宗赫(音译):(朝)《土城洞 M4 发掘报告》,《考古学资料集》4,科学院出版社,1974 年;尹光洙(音译):(朝)《土城洞 486 号木椁墓发掘报告》,《朝鲜考古研究》4,1994 年。

把头饰),银质剑鞘 1 件,铁剑 1 件,鎏金铜环 1 件,箭筒 1 件以及铜镞 20 枚。

土城洞 486 号墓葬位于统一大街中心大路与平开(平壤—开城)高速公路交叉点往南方向约 500 米处较小的丘陵上东侧,墓葬以北约 200 米处为土城址,再往北为大同江。该墓葬为木椁墓,规模为 300×240×80 厘米,墓葬的长轴方向基本为东西向,土圹与木椁之间空约 60 厘米。该墓葬内出土细形短茎式铜剑 7 件,短内式铜戈 1 件,铜镜 2 件,铜镞 17 件,铜碗 3 件,铜匙 1 件,铜铎 3 件,铁弩、铁矛、铁剑、铁刀、铁斧、铁凿、铁镦、石镞、玉珠、玉璧以及其他石器等。

10. 平壤市乐浪区域贞柏洞遗址①

贞柏洞遗址是平壤市一带相对较早发掘清理的重要墓葬,位于平壤市乐浪区域,出土青铜武器的墓葬 10 座左右。大部分墓葬是土圹墓,随葬大量遗物。遗物有青铜武器、铁质武器、青铜工具、铁制工具、车马器、礼仪用器、陶器等。青铜武器有细形短茎式铜剑 12 件,短内式铜戈 2 套(戈、戈鞘),铜矛 10 件等,除此之外还有铜镞 48 件、铜铃、铜铎、铁剑、铁弩、车衡、鎏金马面等。

11. 平壤市乐浪区域乐浪洞遗址②

乐浪洞遗址坐落于平壤市乐浪区域乐浪洞以南 330 米的位置附近,该遗址由 3 个地点组成。第 1 地点收集的遗物有细形短茎式铜剑 1 件,笠形铜器 1 件,花盆形陶器与鼓腹陶器各 1 件。在第 2 地点采集有细形短茎式铜剑 1 件,铜矛 1 件与鼓腹罐 1 件。在第 3 地点采集有细形短茎式铜剑 1 件,木端装饰 1 件与车轴装饰 1 件。

12. 平壤市石岩里遗址③

石岩里遗址位于平壤市,在此遗址发掘墓葬 1 座。这座墓葬里出土中原式铜戈 1 件,鎏金铜柄的中原式铜剑 1 件。

1962 年 7 月,又在此清理 1 座土圹墓,其长轴方向基本为东北—西南向,遗迹规模已无法准确确认,残存长约 50、宽约 20 厘米。该墓中出土细形短茎式铜剑 1 件,此外还有一些马具类遗物。

13. 平壤市兄弟山区域西浦洞遗址④

1965 年春,在平壤西浦洞到顺川的铁道与到新义州方向的大公路交汇地点

① 社会科学院考古研究所:(朝)《乐浪区域一带的古坟发掘报告》,《考古学资料集》6,科学百科事典出版社,1983 年。

② 宋纯卓(音译):(朝)《新所知的古代时期遗物》,《朝鲜考古研究》104,1997 年。

③ 梅原末治、藤田亮策(日)《朝鲜古文化综鉴》(第一卷),养德社,1947 年;白连亨(音译):(朝)《石岩里出土的古朝鲜遗物》,《考古民俗》4,1965 年。

④ 黄基德:(朝)《最近新见的琵琶形短剑与细形铜剑相关的遗址与遗物》,《考古学资料集》4,科学院出版社,1974 年。

往北 200~300 米左右的位置发现该遗址。具体遗迹已经无法确认,在腐质土中发现了遗物,其中包括 1 件琵琶形短茎式铜剑。

14. 平壤市夫祖岁君(夫祖岁君)墓①

夫祖岁君墓于 1958 年 11 月发现,具体位置在平壤市乐浪洞区域戊辰川河口位置的贞梧大桥以西,沿往猿岩方向的道路前行 500 米左右,南侧上坡路尽头的右侧斜面上。该墓葬周边有很多墓葬,夫祖岁君的坟丘已经不存。墓葬仅残留局部。通过残存的状态可以推测,该墓葬应为长方形土圹木椁墓,但其规模已经无法确认。该墓出土大量遗物,主要包括武器类、生产工具类、车马器类、陶器类以及 1 枚图章(报告中,印文释读为"夫祖岁君";也有学者解读为"夭祖岁君②")等。武器类包括细形短茎式铜剑 1 件,铜矛 1 件,铜镞 15 枚以及弩机 2 件等。

二、朝鲜半岛东北部地区

1. 咸镜南道咸兴市梨花洞墓葬③

梨花洞墓葬于 1965 年 7 月发掘。该墓葬位于咸镜南道咸兴市会上区域梨花洞一带,具体位置为盘龙山主峰驰马台向南折弯的小台地边缘。据发掘结果,该墓南北长约 220、东西宽约 70 厘米。大部分遗物出土于墓底的青灰色土层中,包括细形短茎式铜剑 2 件,剑把头饰,铜矛 2 件,短内式铜戈 1 件,细纹铜镜,铁斧、陶器(底部片)等。

2. 咸镜南道咸兴市驰马洞遗址④

驰马洞遗址位于梨花洞墓葬往西约 500~800 米一带的范围内,隶属盘龙山以南会上区域驰马洞。该遗址所在区域长期被用作公共墓地。1964 年 8 月,在该遗址发现了一批青铜器,但遗迹的形态与规模已经无法确认。出土遗物中包括细形短茎式铜剑 1 件与短内式铜戈 1 件。

3. 咸镜南道咸兴市湖上洞遗址⑤

湖上洞遗址位于咸镜南道咸兴市以南约 4 千米的咸兴平原东端。1953 年 9 月,一名学生在此偶然发现 1 件短茎式铜剑(只残存上半部)。1958 年 11 月,在此地点以东 200 米左右的位置进行水利工程作业时,虽没有发现特殊遗迹,但采

① 李淳镇:(朝)《夫祖岁君墓发掘报告》,《考古学资料集》4,科学院出版社,1974 年。
② 林沄:《说貊》,《史学集刊》4,1999 年。
③ 朴镇煜:(朝)《咸镜南道一带的古代遗址调查报告》,《考古学资料集》4,科学院出版社,1974 年。
④ 朴镇煜:(朝)《咸镜南道一带的古代遗址调查报告》,《考古学资料集》4,科学院出版社,1974 年。
⑤ 朴镇煜:(朝)《咸镜南道一带的古代遗址调查报告》,《考古学资料集》4,科学院出版社,1974 年。

集到 1 件细形短茎式铜剑。

4. 咸镜南道退潮郡松海里遗址①

松海里遗址位于咸镜南道咸兴市退潮区域(旧属咸兴市退潮郡)松海里三湖水产事业所以东约 6 千米处。1960 年在该遗址采集到基本完整的短内式铜戈 1 件。

5. 咸镜南道北青郡下细洞里遗址②

下细洞里遗址位于咸镜南道北青郡(旧属新昌郡)东北石梅峰以北约 330 米处。该遗址是在修建水利灌溉管道时发现的,局部已经遭到破坏。推测应为土圹墓,坟丘不存,墓底也没发现特殊设施。在该墓中出土细形短茎式铜剑 1 件,短内式铜戈 1 件,铜矛 1 件以及铜铃等。

6. 咸镜南道北青郡青海土城遗址③

1945 年前,曾在北青郡青海土城发现 1 件细形短茎式铜剑。

7. 咸镜南道金野郡龙山里遗址④

龙山里遗址位于咸镜南道金野郡(旧称仁兴郡)龙山里西北约 500 米处。1962 年,在此附近的斜面开垦梯田时发现,并出土了一批青铜器。依据当时调查清理的结果,推测该墓葬为土圹墓,墓圹全长约 210、残存宽约 10 厘米。该墓葬出土短内式铜戈与铜矛各 1 件。

之后,在该墓葬附近还有两处地点出土与青铜武器有关的遗物。这两个地点位于前述的墓葬沿山脊到达山顶后,再往南约 25 米缓降的位置,其中一个地点在往南 4~5 米处,另一个地点在往西 7~8 米处。这两个地点的遗迹性质已经无法准确判断。在第一地点的土层中发现有细形短茎式铜剑与铜矛各 1 件。在第二地点的腐殖土层中有 1 件细形短茎式铜剑与铜镜等出土。

8. 咸镜南道金野郡莲洞里遗址⑤

1961 年发现,遗迹已经无法确认,采集有 1 件细形短茎式铜剑。

9. 咸镜南道咸州郡大成里遗址⑥

大成里遗址位于咸镜南道咸州郡咸兴平原西北端,距咸兴大约 8 千米。

①　朴镇煜:(朝)《咸镜南道一带的古代遗址调查报告》,《考古学资料集》4,科学院出版社,1974 年。
②　朴镇煜:(朝)《咸镜南道一带的古代遗址调查报告》,《考古学资料集》4,科学院出版社,1974 年。
③　朴镇煜:(朝)《咸镜南道一带的古代遗址调查报告》,《考古学资料集》4,科学院出版社,1974 年。
④　朴镇煜:(朝)《咸镜南道一带的古代遗址调查报告》,《考古学资料集》4,科学院出版社,1974 年。
⑤　朴镇煜:(朝)《咸镜南道一带的古代遗址调查报告》,《考古学资料集》4,科学院出版社,1974 年。
⑥　朴镇煜:(朝)《咸镜南道一带的古代遗址调查报告》,《考古学资料集》4,科学院出版社,1974 年。

1952 年 11 月,在咸兴平原边缘的低山上发现,遗迹状态已经无法确认。该遗址采集细形短茎式铜剑 1 把,除此之外,1945 年前还在此处发现短内式铜戈 2 件。

三、朝鲜半岛北部地区

1. 黄海北道瑞兴郡泉谷里遗址①

泉谷里遗址位于黄海北道瑞兴郡瑞兴邑以东 30 里左右的瑞兴江上游一带。该遗址发现有 1 座石棺墓。石棺的平面形态是长方形,规模为 210×64 厘米左右。该墓中出土细形短茎式铜剑 1 套与石镞。

2. 黄海北道黄州郡天柱里遗址②

天柱里遗址位于黄海北道黄州郡东北约 12 千米的天柱里大田谷以北约150 米的位置。由于破坏比较严重,遗迹已经无法判断,根据残存情况,推测有可能是土圹墓。1957 年 6 月,黄州第七中学在此采集一批遗物,包括细形短茎式铜剑 1 件,车马器 2 件,其他各种铜器 6 件,鎏金铜环 1 件,铁壶 1 件,铁斧片 1件以及陶器 1 件。

3. 黄海北道黄州郡黑桥里遗址③

黑桥里遗址发现于 1915 年,位于黄海北道黄州郡黑桥面黑桥站附近。报告中主要介绍了出土遗物,对遗迹情况则语焉不详。出土遗物包括细形短茎式铜剑 1 套(剑身+剑把头饰),铜矛 1 件,五铢钱 1 枚,铜铊 1 件,此外还有一些其他种类的青铜器。

1907 年也在此附近收集一批青铜遗物,包括细形短茎式铜剑 1 件,铜矛 1件,剑把头饰 1 件,五铢钱,笠形铜器等。笔者怀疑这两批资料或为一批,或有所关联。

4. 黄海北道黄州郡金石里遗址④

金石里遗址位于黄海北道黄州郡金石里,1981 年由当地村民偶然发现并报告。虽然遗迹的形态已经无法准确判断,但从残留痕迹来看,应该是 1 座大型木棺墓,并出土有大量的青铜器、铁器、陶器等。出土遗物中,青铜武器包括 1 件细

---

① 白莲源(音译):《泉谷里石棺墓》,《文化遗产》1,1966 年。
② 科学院考古学及民俗学研究所:(朝)《黄海北道黄州郡土圹墓调查报告》,《考古学资料集》,科学院出版社,1959 年。
③ 梅原末治、藤田亮策:(日)《朝鲜古文化综鉴》(第一卷),养德社,1947 年。
④ 科学院考古学及民俗学研究所:(朝)《各地古代遗址调查报告》,《考古学资料集》6,科学百科事典出版社,1983 年。

形短茎式铜剑,除此之外还有弩机,伞骨等其他类青铜器。

5. 黄海北道银波葛岘里遗址①

葛岘里土圹墓位于黄海北道银波郡葛岘里下石洞,1956 年 7 月首次有遗物出土,1957 年 3 月对该遗址再次进行调查清理。通过现场清理材料可知,该遗迹为土圹墓,东西长约 260、南北宽约 250、深约 110 厘米。没有发现木棺之类的葬具,但在墓葬的腐殖土层中可以确认木棺的痕迹,所以推测该墓葬还应该是木棺墓。出土遗物中有细形短茎式铜剑 1 套,圆形剑把头器 1 件,铜矛 1 件,手枪形铜器 2 件,铜环 3 件,笠形筒铜器 3 件,铜环 3 件,带钩 1 件,铁制弩机 1 件,铁剑、铁矛、铁片、铁衔、铁钉等大量铁器与花盆形陶器 1 件、琉璃珠 3 件、琉璃玉管 4 件等。

6. 黄海北道凤山郡松山里松山谷遗址②

松山里松山谷遗址位于黄海北道凤山郡松山站西北约 2 千米处,1957 年 11 月对该遗址进行清理。推测遗迹为石椁(棺)墓,并带有龛室。遗迹主体为长方形,长约 230、宽约 100、深约 20 厘米。在该墓葬中出土细形短茎式铜剑 1 件,细纹铜镜 1 枚,铜凿 1 件,在龛室中出土有铜斧 2 件,铜凿 2 件,铜铊 1 件与铁斧 1 件。

7. 黄海北道载宁郡富德里水驿洞遗址③

水驿洞土圹墓位于黄海北道载宁郡西南约 3 千米的水驿洞西北的山脚下,地形相对平坦,该墓葬以南 200 米处还有 2 座砖室墓。水驿洞土圹墓的长轴方向为西南—东北向,由于破坏严重,无法了解其整体规模。该墓葬出土细形短茎式铜剑 1 件,铜矛 1 件,管形铜器 1 件,铜车马器 1 件,铁剑 1 件,铁矛 1 件,铁斧、铁凿等。

8. 黄海北道载宁郡孤山里城隍洞遗址④

孤山里位于黄海北道载宁郡内信川—寺里院之间的林木平原中心地带,城隍洞位于孤山里村前月眉山的山脊上。遗迹已经无法确认,遗物出土在地表以下 50~60 厘米的红色粘土中。这一批遗物包括细形短茎式铜剑 1 套(剑身+剑

① 科学院考古学及民俗学研究所:(朝)《黄海北道银波郡葛岘里下石洞土圹墓遗址调查报告》,《考古学资料集》1,科学院出版社,1958 年。

② 黄基德:(朝)《黄海北道凤山郡松山里松山谷石棺墓》,《考古学资料集》3,科学院出版社,1963 年。

③ 李淳镇:(朝)《载宁郡富德里水驿洞土圹墓》,《考古学资料集》3,科学院出版社,1963 年。

④ 黄基德:(朝)《最近新见的琵琶形短剑与细形铜剑相关的遗址与遗物》,《考古学资料集》4,科学院出版社,1974 年。

把头饰),中原式铜剑 2 件,铜斧 1 件。

9. 黄海北道新溪郡丁峰里遗址①

丁峰里遗址位于黄海北道新溪郡丁峰里以东大约 5 千米的元坪村(音译)果树作业班办公室西边约 200 米处。虽然遗迹已经基本被破坏完,但根据村民的描述,推测应为石椁墓,并且在石椁内还有类似木棺的腐朽痕迹。该墓葬的长轴方向为南北向,长约 330、宽约 180、深约 210 厘米。出土遗物包括细形短茎式铜剑 1 件,铜矛 1 件,铜斧 1 件以及 6 枚石镞。

10. 黄海北道新坪郡仙岩里遗址②

仙岩里遗址位于黄海北道新坪郡以北约 14 千米处,大同江上游的支流南江流经遗址北部。在这个遗址一共调查清理了两座石棺墓,1 号石棺墓的长轴方向为南北向,长约 140、宽 50~60、深约 60 厘米,该墓发现有人骨。2 号墓葬与 1 号墓葬基本相似,长约 138、宽约 50、深约 50 厘米。1 号墓葬中出土琵琶形短茎式铜剑 1 件,石镞 5 件,石珠 2 件;2 号墓葬中只出土 4 枚石镞。

11. 黄海北道陛户郡矿井里遗址③

朝鲜社科院考古研究所在对矿井里一带进行遗址调查时收集有细形短茎式铜剑。矿井里位于陛户郡东北约 1.5 千米,周边分布有大量五德型的支石墓。该细形短茎式铜剑除两侧刃部略有破损之外,其余基本完好。

12. 黄海南道殷栗郡云城里遗址④

云城里遗址位于黄海南道殷栗郡以西约 4 千米的云城里一带,这一带分布着大约 100 座左右的新石器时代与青铜时代的墓葬。从 1954 年开始到 1966 年 11 月共进行了 5 次发掘,之后 1975 年与 1978 年还有两次补充发掘⑤。其中属于青铜时代的墓葬共有两座,1 号墓的长轴方向为南北向,长约 297、宽约 130 厘米;9 号墓葬的长轴方向为略偏东的南北向,长约 335、宽约 160、深约 170 厘米。出土的遗物非常丰富,与青铜武器有关的遗物有细形短茎式铜剑 1 套(剑身+加

① 科学院考古学及民俗学研究所考古学研究室:(朝)《各地古代遗址调查报告》,《考古学资料集》6,科学百科事典出版社,1983 年。

② 郑龙基:(朝)《新坪郡仙岩里石棺墓》,《考古学资料集》6,科学百科事典出版社,1983 年。

③ 李明哲(音译):《黄海北道陛户郡矿井里新发现的细形铜剑》,《朝鲜考古研究》105,2016 年。

④ 科学院考古学及民俗学研究所考古学研究室:(朝)《黄海南道殷栗郡云城里土圹墓发掘报告》,《考古学资料集》1,1958 年;李淳镇:(朝)《云城里遗址发掘报告》,《考古学资料集》4,科学院出版社,1974 年。

⑤ 李圭泰(音译):(朝)《殷栗郡云城里木椁墓与独木墓》,《考古学资料集》6,科学百科事典出版社,1983 年。

重器)，铜矛1件以及车马器、铜铎等。

13. 黄海南道延安郡复兴里金谷洞遗址①

金谷洞遗址位于黄海南道延安郡天台里站以西约3千米处，遗迹的性质以及规模已经无法判断，但在泥炭层中收集了一批出土遗物。包括琵琶形短茎式铜剑1件，铜矛1件，石斧2件等。

14. 黄海南道延安郡延安邑遗址②

延安邑遗址位于黄海南道延安郡，遗迹已经无法确认，遗物大致散落在200×80厘米的范围内，包括细形短茎式铜剑1件与铜矛1件。

15. 黄海南道白川郡石山里遗址③

石山里遗址位于黄海南道白川郡东北15千米的礼成江右岸，1963年在石山里村村后发现。遗迹已经无法确认，只采集到细形短茎式铜剑1套(剑身+剑把头饰)，短内式铜戈1件与铁斧1件。

16. 黄海南道白川郡大雅里遗址④

大雅里遗址位于黄海南道白川郡西北约20千米的大雅里所在地，具体位置在沿去往平川郡的道路约1.5千米处的东西向低矮山坡上。1967年4月调查清理了该遗址，确认其为由石板砌成的石棺墓。该墓葬的长轴方向为东西向，长约160、宽约60厘米。墓中出土琵琶形短茎式铜剑1件，铜镞1枚，石镞10枚以及小珠1件。

17. 黄海南道信川郡青山里一带⑤

青山里一带曾采集到2件细形短茎式铜剑。其中1件是在青山土城附近发现的，具体遗迹已无从得知；另1件是1967年在日出洞发现的，同样也是遗迹无从查考。

18. 黄海南道信川郡龙山里遗址⑥

龙山里遗址位于黄海南道信川郡。推测遗迹为带盖石的石椁木棺墓，木棺

---

① 黄基德：(朝)《最近新见的琵琶形短剑与细形铜剑相关的遗址与遗物》，《考古学资料集》4，科学院出版社，1974年。

② 李圭泰(音译)：(朝)《最近在黄海南道发现的与细形短剑有关的遗物》，《朝鲜考古研究》75，1990年。

③ 黄基德：(朝)《最近新见的琵琶形短剑与细形铜剑相关的遗址与遗物》，《考古学资料集》4，科学院出版社，1974年。

④ 李圭泰(音译)：(朝)《白川郡大雅里石棺墓》，《考古学资料集》6，科学百科事典出版社，1983年。

⑤ 黄基德：(朝)《最近新见的琵琶形短剑与细形铜剑相关的遗址与遗物》，《考古学资料集》4，科学院出版社，1974年。

⑥ 李圭泰(音译)：(朝)《最近在黄海南道发现的与细形短剑有关的遗物》，《朝鲜考古研究》75，1990年。

内出土一批遗物。石椁长约 130、宽约 50、深约 50 厘米。遗物中包括细形短茎式铜剑 3 件与细纹铜镜 1 件。

19. 黄海南道信川郡石塘里遗址①

石塘里遗址位于黄海南道信川郡,具体的遗迹形态已无从得知。在该遗址采集锋部略有缺失的细形短茎式铜剑 1 件与短内式铜戈 1 件。

20. 江原道文川郡南昌里遗址②

南昌里遗址位于朝鲜江原道文川郡西北约 4 千米处文川江的支流南昌江流经处再折 4 千米左右的西侧,背向道场山的山脚下,逐渐向平原过渡的山坡末端。1965 年对其进行清理调查,虽无法确认遗迹形态及性质,但在红褐色土层下发现一批遗物。这批遗物包括细形短茎式铜剑 1 件与短内式铜戈 1 件。此前,在该遗址附近曾采集短内式铜戈 1 件,其形态与仁兴郡龙山里遗址出土的铜戈比较相似。

四、朝鲜半岛中部地区

1. 京畿道杨平郡上紫浦里遗址③

杨坪上紫浦里遗址位于杨坪站沿通往骊州市的公路 8 千米左右的南汉江边上的堆积层上面,遗址周边都是改造的水田。在该遗址一共发现并清理了 5 座支石墓,其中 1 座支石墓内出土 1 件细形短茎式铜剑。

2. 京畿道安城市万井里新基(音译)遗址④

万井里新基遗址位于京畿道安城市孔道邑万井里 391－1 番地一带,行政区域属于万井里新基与新洞 2 里,在牙山湾广域开发事业推进过程中发现并进行了发掘工作。该遗址按照遗迹的分布情况大致分为 6 个地点,共发现旧石器时代到朝鲜时代各类遗迹 465 处,其中在第 2 地点、第 4 地点、第 6 地点各发现 1 座初期铁器时代的土圹墓。在第 2 地点的土圹墓中,发现 2 件铜镞,腐蚀严重,基本不可辨其形态与特征;在第 4 地点的土圹墓中,出土有细形短茎式铜剑 1 件

① 李圭泰(音译):(朝)《最近在黄海南道发现的与细形短剑有关的遗物》,《朝鲜考古研究》75,1990 年。

② 科学院考古学及民俗学研究所考古学研究室:(朝)《各地古代遗址调查报告》,《考古学资料集》6,科学百科事典出版社,1983 年。

③ 秦弘燮、崔淑卿:(韩)《杨平郡上紫浦里支石墓》,《八堂、昭阳水库水没地区遗址发掘综合调查报告》,文化财管理局,1974 年。

④ 金盛泰(音译)等,(韩)《安城万井里新基遗址》,京畿文化财团、京畿文化财研究院、京畿都市公社,2009 年。

（已断为两截,仅存锋部与下端部,剑身部分缺失）;第 6 地点的土圹墓中只出土陶器,不见铜器。

3. 京畿道广州市驿洞遗址①

驿洞遗址位于京畿道广州市驿洞山 10 番地一带(面积约 48 703 平方米),遗迹集中分布于山的南斜面上。2010 年该区域因进行住宅开发而发现并发掘。经确认,该遗址共有遗迹近 60 处,其中一处为青铜器时代的墓葬。在该墓葬中,发现一具腐朽严重的人骨,并有琵琶形短茎式铜剑 1 件(腐朽严重,剑身基本缺失,只残留有柱脊),并出土 1 件“C”形铜器,此外还有 3 件扁平状琉璃珠以及 13 件石镞出土。

4. 京畿道乌山市水清洞遗址②

水清洞遗址是一处以百济墓葬为主体的墓地,位于京畿道乌山市水清洞、锦岩洞一带,遗址东侧为半月峰,西侧为如鸡山,南侧为东西流向并与乌山川交汇的小锦岩川。该遗址为韩国土地住宅公社待建的住宅开发预定区域,2005 ~ 2010 年,京畿文化财团等单位对该遗址进行了全面发掘,按照遗址的分布情况,分为 5 个地点,其中第 5 地点又分为 5 - 1 地点至 5 - 5 地点,仅第 5 地点就确认各类遗迹 530 余处。在 5 - 1 地点发现并发掘的第 32 号土圹墓中,发现铜矛 1 件,铁矛 1 件,此外还有 2 件陶器,年代稍晚。

5. 京畿道坡州云井遗址③

京畿道坡州云井遗址位于京畿道坡州市交河邑南部一带,按照地形地貌分为云井 1 地区(面积: 4 893 000 平方米)与云井 2 地区(面积: 4 385 000 平方米)。2002 年延世大学校博物馆对该区域做了地表调查,2004 ~ 2006 年京畿文化财研究院对该区域做了试掘与发掘,共确认从旧石器时代开始的各时期各类遗迹 400 余处。该遗址第 36 号调查地点位于整个调查区域的东南部,面积约 89 500 平方米,发掘者在该地点共布设四条探沟进行试掘。在第 3 号探沟表土层内采集琵琶形短茎式铜剑 1 件,锋部较短,两侧刃部有残缺,脊突与节尖不甚明显,此外表土层中还有部分打制石器以及近现代瓷器出土。

① 朴川泽(音译)等,(韩)《广州驿洞遗址》,宇宙文化遗产研究院,2012 年。
② 金盛泰(音译)等,(韩)《乌山水清洞百济坟墓群——乌山细桥宅地开发地区内文化遗址(4、5 地点)发掘调查报告书 I 》,《乌山水清洞百济坟墓群——乌山细桥宅地开发地区内文化遗址(4、5 地点)发掘调查报告书 V》(全 5 卷),京畿文化财团、京畿文化财研究院、京畿都市公社,2012 年。
③ 金恩贞(音译)等:(韩)《坡州云井(1)宅地开发地区文化遗址试掘调查报告书》,京畿文化财研究院、大韩住宅公社,2009 年。

6. 京畿道坡州市云井新都市遗址①

坡州云井新都市遗址位于京畿道坡州市交河邑多栗里、木洞里、瓦洞里、东牌里、野塘里、上支石里一带,整个遗址为低矮丘陵地区,西侧为汉江,东侧与北侧为谷陵江。云井新都市遗址于2006~2007年间进行了考古发掘,根据遗迹的分布情况,大体分为15个地点,共发现旧石器时代以来各时期的各类遗迹287处,其中包括初期铁器时代到朝鲜时代的土圹墓180座。属于初期铁器时代的1号土圹墓位于整个遗址的西北侧,周边都是高丽时代以后的遗迹。1号土圹墓中出土中间部位缺失的细形短茎式铜剑1件(仅存锋部与下端部),石质剑把头饰1件,夹砂长颈壶2件。

7. 江原道春川市牛头洞遗址②

牛头洞遗址位于江原道春川市牛头洞77番地一带,2003年地方道路扩建时发现并发掘,共确认新石器时代到朝鲜时代各类遗迹164处,其中包括青铜器时代石棺墓1座。该石棺墓位于整个遗址中央偏西位置,发掘前部分壁石已经移位、错乱。在该墓葬中出土细形短茎式铜剑1件,有茎式两刃铜镞1件以及两刃铜镞残件1件,此外还出土柳叶式石镞9件,曲玉1件。

8. 江原道横城郡讲林里遗址③

讲林里遗址位于江原道横城郡安兴面讲林里,具体位置在从横城郡屯内面出发的南汉江支流流经此地的相对较低地方。遗迹构造以及出土状况完全不知,只采集到一批遗物,其中包括2件细形短茎式铜剑与1件铜镜。

五、朝鲜半岛西部地区

1. 忠清南道牙山郡南城里遗址④

南城里遗址位于忠清南道牙山郡新昌面南城里与实玉里之间标高为30~40米的低矮丘陵上。该遗址原为果树园,由果树园主人发现并上报。经确认,这是一座积石木棺墓,长轴方向大致为东西向。该墓葬在地表大致呈不规则的椭圆形,地表东西长轴约310、南北短轴约180厘米。墓葬主体在地下2米,东西长约280、南北宽约80~90厘米。该墓葬中出土细形短茎式铜剑9件,铜镜2件,剑把头饰

① 赵祥纪等:(韩)《坡州云井(2)宅地开发地区内——坡州云井新都市遗址Ⅰ》,中央文化财研究院、韩国土地公社,2011年。
② 洪周熙(音译):(韩)《春川牛头洞遗址Ⅰ》,江原文化财研究所,2011年。
③ 李康承:(韩)《横城讲林里出土一括遗物》,《考古学》4,1977年。
④ 韩炳三、李健茂:(韩)《南城里石棺墓》,国立中央博物馆,1977年。

3 件,铜斧、铜凿、异形铜器以及玉器、粘土带陶器、黑陶长颈壶等。

2. 忠清南道牙山郡宫坪里遗址①

宫坪里遗址位于忠清南道牙山郡仙掌面宫坪里山 11－1 号,是在当地老乡迁移近代墓葬的过程中发现的。这一带位于牙山郡与唐津郡分界的插桥川的东侧,为海拔不到 30 米的低矮丘陵地带。遗迹已经无法确认,只有一批老乡申报上交的遗物。这批遗物中包括细形短茎式铜剑 1 件,短内式铜戈 1 件,铜镜 1 件以及铜斧 1 件。

3. 忠清南道礼山郡东西里遗址②

东西里遗址位于忠清南道礼山郡大兴面烽燧山东侧山脊上。该遗址的遗迹已经遭到严重破坏,根据残留的痕迹判断可能原为一座积石木棺墓。墓葬主体为长方形,其内部出土有细形短茎式铜剑 9 件,剑把头饰 3 件,喇叭形铜器 2 件,铜镜 5 件,异形铜器以及石镞、玉器、粘土带陶器、黑陶长颈壶等。

4. 忠清南道舒川郡乌石里遗址③

乌石里遗址位于忠清南道舒川郡舒川邑乌石里西北部的丘陵底部,具体位置在与由北向南流的锦江合流的板桥川东侧。该遗址是在大田地方国土管理厅实施道路工程建设过程中发现并确认的,2001 年由中央文化财研究院组织地表调查,2005 年由忠清文化财研究院组织了试掘以及发掘工作。发掘人员根据遗迹的分布情况将该遗址分为 1、2 两个地点,其中第 1 地点位于乌石山西北丘陵的西斜面上,在该地点发现一座周沟石棺墓④,这座石棺墓已遭到一定程度的破坏,但在其石棺内出土有 1 件刃部基本缺失只残留有柱脊的疑似短茎式琵琶形铜剑,此外还出土有玉管、石镞等遗物。

5. 忠清南道瑞山市东门洞遗址⑤

东门洞遗址位于忠清南道瑞山市东门洞 765－1 番地一带,属于该地区住宅开发用地的范围,总发掘面积为 560 平方米。在该遗址南侧丘陵斜面上,发现 1 座土圹木棺墓。该墓葬出土细形短茎式铜剑 1 件,剑把头饰 1 件,短内式铜戈 1 件,此外还有黑陶长颈壶、石镞以及铸造铁斧、铁铇等遗物。

① 李健茂:(韩)《牙山宫坪里出土一括遗物》,《考古学志》1,1989 年。
② 池健吉:(韩)《礼山东西里石棺墓出土青铜一括遗物》,《百济研究》9,1978 年。
③ 朴亨顺:(韩)《舒川乌石里遗址》,忠清文化财研究院,2008 年。
④ 笔者注:是指石棺四周存在与之相关的人工灰沟,是石棺墓的一种形式。
⑤ 忠清文化财研究院:(韩)《东门洞住宅开发用地内遗址发掘略报告书》,忠清南道文化财研究院(内部资料),2015 年。

6. 忠清南道扶余郡莲花里遗址①

莲花里遗址位于忠清南道扶余郡草村面莲花里一带的低矮丘陵。遗迹已经无从确认,根据周边残留的痕迹推测可能为积石木棺墓。在此一带采集到一批遗物,这批遗物包括细形短茎式铜剑 4 件,铜镜 1 件与曲玉等。

7. 忠清南道扶余郡九凤里遗址②

九凤里遗址位于忠清南道扶余郡九龙面九凤里一带,这一带为从朝鲜时代开始沿用至今的公共墓地。1985 年,在掘凿现代墓葬的过程中发现该遗址。遗迹已经遭到严重破坏,根据当地村民描述并结合现场情况推测,该遗迹可能为积石木棺墓。同时,根据作业者描述的情况,推测遗迹规模为 180×100×50 厘米,长轴方向为南北向。该遗址出土细形短茎式铜剑 11 件,短内式铜戈 2 件,铜矛 1件,铜镜 2 件,铜凿、铜铊、磨制石斧、砺石各 1 件以及陶器 2 件。

8. 忠清南道扶余郡合松里遗址③

合松里遗址位于忠清南道扶余郡窥岩面合松 1 区山 4 号的盘山蓄水池西南方向,在标高约 25 米左右的低矮丘陵接近顶部的北斜面上。该遗址为当地村民农耕过程中偶然发现的,遗迹的构造已经无法确认,初步判断是属于由人工小石块垒砌的所谓积石木棺墓系统或是墓圹与木棺之间填充小石块的围石木棺墓。在该遗址中共出土 10 种 20 件遗物,包括村民申报上交的遗物以及工作人员在现场采集的遗物。这批遗物包括细形短茎式铜剑 2 件,短内式铜戈 1 件,铜铎 2 件,异形铜器 1 件,铜器片 2 件以及铁斧、铁凿、玉管、黑陶长颈壶等。

9. 忠清南道扶余郡青松里遗址④

青松里遗址位于忠清南道扶余郡世道面青松里 35 - 42 号,附近工厂在此建造太阳能发电设施时发现,并造成一定的破坏,国立扶余文化财研究所紧急对该遗址进行了清理。因遗址已经遭到破坏,根据残留情况分析,很可能为一座南北向的土圹墓。土圹墓中出土大量遗物,但大部分为事后收集品,出土位置已经无法确认。这些遗物包括细形短茎式铜剑 1 件,铜矛 4 件,铜戈片 1 件,剑把头饰 2

① 金载元:(韩)《扶余、庆州、燕岐出土的青铜遗物》,《震檀学报》25 - 27 合,1964 年。

② 李康承:(韩)《扶余九凤里出土青铜器一括遗物》,《三佛金元龙教授停年退任纪念论丛》,一志社,1987 年。

③ 李健茂:(韩)《扶余合松里遗址出土一括遗物》,《考古学志》2,1990 年。

④ 国立扶余文化财研究所:(韩)《扶余世道面青松里 35 - 42 番地紧急发掘调查略报告书》(内部材料),国立扶余文化财研究所,2015 年。

件,此外还有铜镜、铜凿、扇形铜斧、铜铊、竿头铃等大量铜器以及管玉、石镞等遗物。

10. 忠清南道扶余郡松菊里遗址①

松菊里遗址位于忠清南道扶余郡草村面松菊里标高约 20 米的低矮丘陵顶部,于 1974 年 4 月发现。经发掘确认,该遗迹为石棺墓,墓内出土琵琶形短茎式铜剑 1 件,铜凿 1 件,磨制石剑、磨制石镞以及玉管、曲玉等。

11. 忠清南道唐津郡素素里遗址②

素素里遗址位于忠清南道唐津郡合德面田 64－27 号,从合德邑向西出发约 1 500 米附近。这批遗物是作为收集文物申报的,遗迹构造与出土状态完全无从得知。这批遗物包括细形短茎式铜剑 1 套,铜镜 2 件以及铁斧、玉管、石镞、砺石与黑陶长颈壶等。

12. 忠清南道公州市凤安里遗址③

凤安里遗址位于忠清南道公州市长岐面(现属世宗特别市将军面)凤安里安基村后海拔近 30 米左右的山顶南向位置。该遗址为附近村民掘凿现代墓葬时偶然发现,因破坏严重,遗迹构造已经无从了解,依据现场残留状态推测,很可能为 1 座土圹墓。该墓出土细形短茎式铜剑 1 件与短内式铜戈 1 件。

13. 大田广域市槐亭洞遗址④

槐亭洞遗址位于大田广域市西区槐亭洞,1967 年在丘陵顶部偶然发现后,由国立中央博物馆进行清理调查。土圹长约 250、宽约 70 厘米,土圹内是用自然石围成的长约 220、宽约 50、深约 100 厘米的石椁。石椁内出土细形短茎式铜剑 1 件,多钮铜镜 2 件,小铜铎 2 件,盾形铜器 1 件,盖形铜器 1 件,剑把形铜器 3 件,磨制石镞 3 件,曲玉 2 件以及粘土带陶器 1 件、黑陶长颈壶 1 件。

14. 大田广域市炭坊洞遗址⑤

炭坊洞遗址位于大田广域市西区炭坊洞 191 号,1972 年在农耕作业过程中偶然发现。虽然遗迹形态已经无法准确判断,但根据发现者的描述,这批遗物是在地下 350 厘米左右,一片南北长约 250、宽约 60 厘米的范围内发现的。这批遗

① 韩国考古学会:(韩)《扶余松菊里出土一括遗物》,《考古学》3,1974 年;金永培、安承周:(韩)《扶余松菊里辽宁式铜剑出土石棺墓》,《百济文化》7,8 合,1975 年。
② 李健茂:(韩)《唐津素素里遗址出土一括遗物》,《考古学志》3,1991 年。
③ 安承周:(韩)《公州凤安出土铜剑、铜戈》,《考古美术》136、137 合,1978 年。
④ 李殷昌:(韩)《大田槐亭洞青铜器文化的研究》,《亚细亚研究》30,1968 年;忠清南道大田市:(韩)《大田槐亭洞出土一括遗物》,《考古学》2,1969 年。
⑤ 成周铎:(韩)《大田地方出土青铜遗物》,《百济研究》5,1974 年。

物包括细形短茎式铜剑 1 件,铜矛 1 件,铜凿 1 件。

15. 大田广域市文化洞遗址①

文化洞遗址位于大田广域市中区,1970 年在山脊顶部偶然发现。遗迹状况已经无从确认,但根据发掘者的描述,应该是一座石棺墓。该墓葬的规模也无法确认,一系列遗物是在地下 30 厘米左右的地层中发现的,其中包括 1 件细形短茎式铜剑。

16. 大田广域市飞来洞遗址②

飞来洞遗址位于大田广域市大德区飞来洞 419 - 420 号一带的山谷斜面堆积层与由此相连的山 126 - 6 号一带的海拔 128 米的丘陵顶部。该遗址一共发现 3 座支石墓,其中 1 号与 2 号分布在飞来洞飞来谷村民会馆前面 419 - 420 号一带的山谷斜面上开垦的农田中。1 号支石墓上石 250×180×50 厘米,下部埋藏主体的长轴方向为东北—西南向,规模为 210×70 厘米左右。1 号支石墓的下部埋藏主体出土琵琶形短茎式铜剑 1 件与石镞、红陶等遗物。

六、朝鲜半岛西南部地区

1. 全罗北道长水郡南阳里遗址③

南阳里遗址位于全罗北道长水郡天川面南阳里一带,锦江上游由南向北流经该遗址。1989 年,当地村民偶然在此发现了一批青铜器,国立中央博物馆为了了解该遗址的性质与现状对其进行了试掘,并将试掘的遗迹命名为 1 号。1997 年,全北大学校博物馆对该遗址进行了发掘,并将新发现的遗迹命名为 2 - 5 号。这 5 座墓葬大部分为石椁木棺墓。此遗址出土了细形短茎式铜剑 3 套,铜矛 3 件,铜镜 2 件,石镞 2 件,铁斧 4 件,玉管与黑陶长颈壶等遗物。

2. 全罗北道益山市平章里遗址④

平章里遗址位于全罗北道益山市王宫面平章里关东村(音译)南侧西向丘陵顶部,1987 年 9 月偶然发现。遗迹已经无法确认,仅残留有西北—东南向的土圹底部,出土遗物包括细形短茎式铜剑 2 件,短内式铜戈 1 件,铜矛 1 件与铜镜(汉式镜)碎片等。

---

① 成周铎:(韩)《大田地方出土青铜遗物》,《百济研究》5,1974 年。
② 成正镛:(韩)《大田新岱洞、飞来洞青铜时代遗址》,《湖南考古学的诸问题——第 21 回韩国考古学全国大会发表要旨》,1997 年。
③ 池健吉:(韩)《长水南阳里出土青铜器、铁器一括遗物》,《考古学志》2,1990 年。
④ 全荣来:(韩)《锦江流域青铜器文化圈新资料》,《马韩、百济文化》10,1987 年。

3. 全罗北道益山市新洞里遗址①

新洞里遗址位于全罗北道益山市八峰洞新洞里山 58、山 63、山 63-3 号一带,丘陵顶部以外的区域基本为施工破坏。7 号地区位于丘陵的顶部西南斜面上,集中分布着大量遗迹,经确认其中包含两座初期铁器时代的土圹墓。1 号土圹墓位于 7 号地区中心地带,与其相邻的是 1 号房址。该土圹墓的平面形态为细长方形,长轴方向为略偏东的南北向,与山脊倾斜面相切。1 号土圹墓中出土细形短茎式铜剑 1 套,铁斧以及粘土带陶器等。

4. 全罗北道益山市龟坪里Ⅱ地区遗址②

龟坪里遗址位于全罗北道益山市郎山面龟坪里田 963-12 号一带,在开发益山一般产业用地过程中发现并发掘。Ⅱ地区位于该遗址东北位置,在该区域共发现土圹墓 4 座以及其他时期的陶窑、墓葬等。其中,1 号土圹墓中出土短茎式细形铜剑 1 件以及陶器等。

5. 全罗北道完州郡葛洞遗址③

葛洞遗址位于全罗北道完州郡万顷江比较发达的伊西面盘桥里一带。这一带为低缓丘陵环绕地带,周边分布着大量遗址。因工程施工建设,2003 年以及 2006 年两次对这一带的遗址进行了发掘清理,确认了土圹墓、灰沟等遗迹。共发现了 17 座土圹墓,出土了大量遗物。遗物中包括细形短茎式铜剑与短内式铜戈的正反面合范 2 件,细形短茎式铜剑 1 件,铜镞 3 件,铜矛 1 件,铜镜 2 件以及铜铇片、铜斧片等大量青铜遗物与铁斧、铁镰等铁器,此外还有玉器以及粘土带陶器等。

6. 全罗北道完州郡德洞遗址④

德洞遗址位于全罗北道完州郡伊西面葛山里德洞一带,在 2006 年都市开发过程中发现并确认,2008~2010 年进行了发掘调查。根据遗址所处的地形地貌,大致将其分为 A—G 七个区域,其中 D、F、G 区域发现的初期铁器时代土圹墓出土有青铜武器。具体为:D-1 号中出土细形短茎式铜剑片;F-2 号中出土铜戈

①　崔完奎、赵仙荣、朴祥善:(韩)《益山新洞里遗址(5、6、7 地区)》,圆光大学校博物馆马韩、百济文化研究所,2005 年。

②　金奎正等:(韩)《益山一般产业团地组成敷地内(Ⅱ区域)文化遗址发掘调查报告书》,益山市、全北文化财研究院,2013 年。

③　金建洙、韩修英、陈万江、申元才:(韩)《完州葛洞遗址》,湖南文化财研究院、益山地方国土管理厅,2005 年;湖南文化财研究院:(韩)《完州葛洞遗址发掘调查指导委员会会议资料》,湖南文化财研究院,2007 年;朴秀炫、李真姬:(韩)《完州葛洞遗址Ⅱ》,湖南文化财研究院、益山地方国土管理厅,2009 年。

④　金美兰等:(韩)《完州德洞遗址》,全罗文化财研究院、韩国土地住宅公社,2012 年。

与剑把头饰;G-1地点中出土细形短茎式铜剑;G-2地点中也出土细形短茎式铜剑等遗物。

7. 全罗北道完州郡新丰遗址①

韩国土地住宅公社在全罗北道全州市德津区万成洞与完山区中洞以及完州郡伊西面交接地带推进的全北革新都市开发过程中,发现并发掘了大量古代遗址,其中新丰遗址位于这片开发地带的第Ⅲ区域。根据遗迹分布情况,新丰遗址可以分为甲、乙、丙三个地区,在甲区发现57座土圹墓,乙区发现24座土圹墓,这些墓葬中出土有青铜武器。其中,甲区22号土圹墓中出土短茎式铜剑1件,与铁斧等共存;47号土圹墓中出土短茎式铜剑1件,锈蚀严重,与铁斧共存;53号土圹墓中出土细形短茎式铜剑1件,剑把头饰1件,短内式铜戈1件以及磨制石器、陶器、玉器等;乙区4号土圹墓中出土细形短茎式铜剑1件,与黑陶长颈壶共存;23号土圹墓中出土细形短茎式铜剑1件,剑把头饰1件,短内式铜戈1件,与铜镜、铜斧、铜铊、黑陶长颈壶等共存。

8. 全罗北道全州市孝子洞4号遗址②

孝子洞4号遗址位于全罗北道全州市完山区孝子洞2甲727-7号一带,其周边为冲积地带形成的床状曲缓部。从发掘结果来看,4号地区在以丘陵的平坦区域与缓慢的丘陵斜面为中心的地带分布有青铜时代房址19座,灰坑14座,灰沟1座,瓮棺墓1座,石棺墓2座,初期铁器时代的积石木棺墓1座等。其中,积石木棺墓位于4号遗址Ⅲ地区的顶部,长轴方向为西北—东南向,墓室长约200、宽约70、深约45厘米。该墓葬出土细形短茎式铜剑1件,以及铜镜、玉管、玉环以及琉璃装饰品等。

9. 全罗北道全州市院长洞遗址③

院长洞遗址位于全罗北道全州市西南的德津区院长洞与邻近的完州郡伊西面龙栖里一带,这一带是丘陵与丘陵之间形成的比较发达的冲积地带。2006~2008年对该开发预定区域进行了地表调查,按照遗迹分布情况,将该区域分为院长洞A—G区域与龙栖里A—C区域,2009~2011年对其中的部分区域进行了

---

① 韩修英等:(韩)《完州新丰遗址Ⅰ》,湖南文化财研究院、韩国土地住宅公社,2014年;韩修英等:(韩)《完州新丰遗址Ⅱ》,湖南文化财研究院、韩国土地住宅公社,2014年;韩修英等:(韩)《完州新丰遗址Ⅲ》,湖南文化财研究院、韩国土地住宅公社,2014年。

② 金钟文、金奎正、金大玉:(韩)《全州孝子洞4遗址》,全北文化财研究院、大韩住宅公社全北地域本部,2007年。

③ 金奎正等:(韩)《全州院长洞遗址》,全北文化财研究院、全北开发公司,2013年。

试掘与发掘。其中,院长洞 G 区域内共发掘土圹墓 5 座,1 号土圹墓中出土短内式铜戈、细形短茎式铜剑 5 件、剑把头饰 3 件以及铜镜、铜斧等大量青铜遗物与小型玉器等;2 号土圹墓中出土细形短茎式铜剑 1 件与长颈壶等;3 号土圹墓中出土细形短茎式铜剑 1 件,剑把头饰 1 件以及石镞、长颈壶等;5 号土圹墓中出土细形短茎式铜剑 1 件、铜铊以及黑陶长颈壶等。

10. 全罗北道全州市中仁洞遗址①

中仁洞遗址位于全罗北道全州市完山区 371－1 林、5－2 林一带,是建设全州完山生活体育公园时发现并发掘的。该遗址共发掘 9 座土圹墓,呈 3 列排列。其中 5 号土圹墓内出土短茎式铜剑下端部 1 件,似为细形短茎式铜剑。

11. 全罗北道全州市中华山洞土圹墓②

中华山洞土圹墓位于全罗北道全州市完山区中华山东 2 街 125 号一带,为修建中华山洞公寓而进行发掘。该遗址共发现土圹墓 15 座,但由于农耕作业,大部分土圹墓破坏严重。其中,2 号土圹墓中出土短茎式铜剑锋部片 2 件,残缺严重,无法判断具体尺寸与类型。

12. 全罗南道咸平郡草浦里遗址③

草浦里遗址位于全罗南道咸平郡罗山面草浦里山 383－4 号,这一带是标高为 20~30 米的由平地状丘陵区域向罗州平原过渡的地区,遗址以东为荣山江的支流海保川与早死川合流流向罗山川的交汇点。经发掘确认,该遗址为一座积石木棺墓,由于取土作业,导致墓葬局部遭到破坏。墓葬的平面形态为细长方形,长轴方向为东北—西南向,残存的土圹长约 260、宽约 90 厘米,石椁长约 190、宽约 55 厘米。该墓葬出土细形短茎式铜剑 4 件,剑把头饰 2 件,短内式铜戈 3 件,铜矛 2 件,中原式铜剑 1 件,铜镜 3 件,竿头铃 2 件,双头铃 2 件,柄首铜铃 1 件,铜斧 1 件,铜凿 2 件,铜铊 1 件以及玉管、砺石等遗物。

13. 全罗南道和顺郡大谷里遗址④

大谷里遗址位于全罗南道和顺郡大谷里 198 号具氏老宅北院外侧,大谷里东南侧与飞凤山相连,相当于该村落将飞凤山北侧山脉中断位置。1971 年具氏

①　姜元钟等:(韩)《全州中仁洞遗址》,全北文化财研究院,2008 年。

②　姜元钟等:(韩)《全州中华山洞土圹墓》,全北文化财研究院,2008 年。

③　李健茂、徐声勋:(韩)《咸平草浦里遗址》,国立光州博物馆、全罗南道、咸平郡,1988 年。

④　赵山典:(韩)《全南和顺青铜遗物一括出土遗址》,《尹武炳博士回甲纪念论丛》,尹武炳博士回甲纪念论丛刊行委员会,1984 年;林永珍、赵镇先:(韩)《和顺大谷里遗址》,全南大学校博物馆、和顺郡,2005 年;赵现钟、殷和秀:(韩)《和顺大谷里》,国立光州博物馆、和顺郡,2013 年。

在此修下水道时第一次发现该墓葬,当年 12 月由国立中央博物馆首席学艺官赵由典主持清理工作,2004 年 12 月到 2005 年 3 月由国立全南大学校博物馆组成考古队,对该遗址进行精密测绘以及物理探查,2008 年由国立光州博物馆对该遗址进行解剖清理,再次发现大量遗物。经多次发掘确认,该遗址为一座具有二层台的积石木棺墓,1 层土圹规模为 330×280 厘米,中央埋葬主体部的规模为 233×98 厘米,通过底部痕迹确认,木棺的规模为 180×60 厘米。前后两次发掘,该墓葬共出土细形短茎式铜剑 5 件,铜镜 2 件,八珠铃 2 件,双头铃 2 件,铜斧 1 件,铜铊 1 件。

14. 全罗南道和顺郡白岩里遗址①

白岩里遗址位于全罗南道和顺郡绫州面白岩里田 355 - 3 号一带。2003 年,附近村民在对现代墓葬移葬过程中偶然发现,遂由国立光州博物馆对其进行发掘调查。该墓葬位于低平的丘陵顶部,周边均为水田或旱田等平坦耕地。经发掘确认,该墓葬为积石木棺墓,大部分已经遭到破坏,长轴方向为略偏东的南北向,与这一带的等高线相交。墓葬残存规模为短壁 40、长壁 50、深约 146 厘米。该墓葬出土细形短茎式铜剑 2 件,短内式铜戈 1 件,铜镜 2 件,三角形石镞、玉管以及黑陶片等。

15. 全罗南道灵岩郡长川里遗址②

长川里遗址位于全罗南道灵岩郡西湖面长川里一带,具体位置在西湖面所在地东南约 500 米左右的长川里村前道路西南侧约 60 米的位置。该遗址为支石墓群,周边小山环绕的范围内分布有 5 群 52 座支石墓。1 号支石墓的上石规模为 370×280×80 厘米,下部埋葬主体的规模为 180×44×30 厘米。该支石墓出土细形短茎式铜剑片 1 件,剑把头饰 1 件以及砺石等遗物。

16. 全罗南道灵岩郡新燕里遗址③

新燕里遗址位于全罗南道灵岩郡始终面新燕里小学附近标高为 20~30 米的矮山顶部,1959 年偶然发现。遗迹的构造与规模已经无从得知,出土有铜矛 1 件,铜剑柄部的加重器 1 件。

17. 全罗南道顺天市牛山里内牛遗址④

牛山里内牛支石墓遗址位于全罗南道顺天市(旧属昇州郡)松广面牛山里

① 赵现钟、殷和秀:(韩)《和顺白岩里遗址调查报告》,《考古学志》14,2005 年。
② 崔盛洛:(韩)《灵岩青龙里、长川里支石墓群》,木浦大学校博物馆、灵岩郡,1984 年。
③ 金元龙:(韩)《灵岩出上的铜矛、铜制剑把头饰》,《考古美术》4,1960 年。
④ 宋正炫、李荣文:(韩)《住岩水库水没地域文化遗址发掘调查报告书Ⅱ——牛山里内牛支石墓》,全南大学校博物馆,1988 年。

334-3 号一带,1986 年由于建设住岩水库,在这一带进行考古调查时发现并发掘。在平缓的山坡上有大量支石墓成群分布,根据最终发掘结果,存在下部构造的支石墓共有 58 座。其中 8 号与 38 号支石墓中出土有与青铜武器相关的遗物。8 号支石墓的上石长轴方向为南北向,规模为 310×180×90 厘米,下部为石椁,长轴方向也为南北向,规模为 190×130×70 厘米。该墓葬出土有琵琶形短茎式铜剑 1 件,曲玉,小玉以及素面陶器片等。38 号支石墓上石的长轴方向为南北向,规模为 190×130×70 厘米,下部虽为石椁,但没确认积石与支石,石椁的长轴方向为南北向,规模为 150×43×20 厘米。该墓葬中出土琵琶形短茎式铜剑 1 件。

18. 全罗南道顺天市平中里平地遗址①

平地遗址位于全罗南道顺天市(旧属昇州郡)昇州邑平中里平地村,该遗址分东西两列分布着 10 座支石墓。该支石墓群并未进行过正式的考古发掘。1987 年,在附近一带地表调查时采集细形短茎式铜剑 1 件以及石剑等。

19. 全罗南道丽水市积良洞遗址②

积良洞遗址位于全罗南道丽水市(旧属丽川市)积良洞上积村西的山脊台地上,该遗址周边 1 千米范围内沿山脊有 5 组 114 座支石墓成群分布。这一带为盆地与丘陵地形,主要地貌为沿着山脊的斜面与台地。积良洞遗址共发掘 14 座支石墓(以上石统计)与 26 座石椁形石室,其中 7 座遗迹与青铜武器有关。7 号支石墓上石的长轴方向为东西向,规模为 330×250×160 厘米,该支石墓的下部为石椁,规模为 145×44~45×60 厘米,在石椁中出土琵琶形短茎式铜剑 1 件。2 号仅存石椁形石室,推测其规模为 170(东西)×50×20 厘米,在该石椁中出土琵琶形短茎式铜剑 1 件,铜矛 1 件,玉管 1 件,有沟石斧、砺石以及陶片等。4 号石椁形石室的规模为 160×45~50(南)×28 厘米,在该石椁中出土琵琶形短茎式铜剑 1 件(残),石器片与陶片等。9 号石椁形石室的规模为 145×30~40×24 厘米,在该石椁中出土琵琶形短茎式铜剑 1 件(只留有锋部),素面陶片,红陶片以及石器等。13 号石椁形石室的规模为 175(推测)×45~52(南)×25 厘米,在该石椁中出土琵琶形短茎式铜剑 1 件(只存下段)。21 号石椁形石室的规模为 210(东西)×42×43 厘米,在该石椁中出土琵琶形短茎式铜剑 1 件与陶片等。22 号

①　林永珍、李荣文:(韩)《湖南高速道路扩张预定地域的考古学遗址》,全南大学校博物馆,1992 年。

②　李荣文、郑基镇:(韩)《丽川积良洞上积支石墓》,全南大学校博物馆,1993 年。

围石形石室的规模为 200×200×30 厘米,在该遗迹中出土琵琶形短茎式铜剑
1 件。

20. 全罗南道丽水市凤溪洞遗址[①]

凤溪洞遗址位于全罗南道丽水市(旧属丽川市)凤溪洞,这一带大约分布有 50
余座支石墓。这一带属于朝鲜半岛最南端的丽水半岛凤溪洞田 164 号、田 528 号、
田 537 号,基本都是平原地形。发掘了其中的 14 座支石墓,其中月央地区有 10
座。月央 10 号支石墓的上石可能略有北移,规模为 290(东西)×279×220 厘米,
下面的埋葬主体长轴方向为东西向,规模为 180×45~53(东)×40 厘米。在该墓
葬中出土短茎式铜剑(仅存锋部,剑身形态不详)1 件,以及小玉、玉管等。

21. 全罗南道丽水市五林洞遗址[②]

五林洞遗址位于全罗南道丽水市五林洞村田 103 号、77 号、135 - 2 号,该遗
址一共发掘清理 11 座支石墓,其中 2 座与青铜武器有关。8 号支石墓上石的长
轴方向为东偏南 18°,规模为 246×264×134 厘米,埋葬主体的规模为 160(东
西)×46×36 厘米,出土琵琶形短茎式铜剑 1 件与石镞。5 号石椁的长轴方向为
东偏南 13°,规模为 84×60×30 厘米,石椁内出土琵琶形短茎式铜剑 1 件,以及玉
管、素面陶片等。

22. 全罗南道丽水市禾长洞遗址[③]

禾长洞遗址位于全罗南道丽水市禾长洞大统村(音译)林 118 号一带,大致
是在村口位置的低矮丘陵上。这个遗址进行过 2 次发掘,确认了包括支石墓在
内的众多遗迹。从发掘结果来看,一共清理了 27 座支石墓,其中有一座支石墓
与青铜武器相关。26 号支石墓的上石略向东南移位,目前长轴方向是西北—东
南向,其平面形态为长方形,规模为 135×105×54 厘米。下部埋藏主体为石椁,
东南位置略有缺损,准确的规模已经无从知晓,残存规模为 150×46×20 厘米。
石椁内出土琵琶形短茎式铜剑 1 件(只存有下段),以及石镞、渔网坠、红陶片、
孔列纹陶片等。

23. 全罗南道丽水市平吕洞山本村遗址[④]

平吕洞山本村遗址位于全罗南道丽水市(旧属丽川市)平吕洞 137 号、158
号、197 号三处位置。该区域由邻近光阳湾的山脊附近的四个小村落组成,地形

　　① 李荣文:(韩)《丽川市凤溪洞支石墓》,全南大学校博物馆,1990 年。
　　② 李荣义、郑基镇:(韩)《丽水五林洞支石墓》,全南大学校博物馆,1992 年。
　　③ 崔仁善、李东熙、宋美珍:(韩)《丽水禾长洞遗址》,顺天大学校博物馆,2001 年。
　　④ 李荣文、崔仁善、郑基镇:(韩)《丽水平吕洞山本支石墓》,全南大学校博物馆,1993 年。

基本为盆地形平地、低矮丘陵以及山脊上两侧的斜面及台地。遗址由三个大的群组构成,共有 37 座支石墓。其中第二群的 2 号支石墓上石长轴方向为东西向,规模为 150×130×50 厘米,下部为石椁,长轴方向也为东西向,规模为 150×38×30 厘米,石椁内出土琵琶形短茎式铜剑 1 件。

24. 全罗南道丽水市月内洞上村支石墓群①

上村支石墓群位于全罗南道丽水市月内洞 487 号的林地及耕地一带,是在对丽水工业园区 GS 石油工厂的扩建过程中发现并发掘的。在该遗址共确认 5 个支石墓分布区,大约 231 座支石墓以及 16 座青铜时代的房址。在月内洞上村支石墓群 Ⅱ 区大约发现 60 座支石墓,其中位于该区域中央的 18 号支石墓中出土琵琶形短茎式铜剑 1 件,其他共存遗物不详。Ⅲ 区共发现支石墓 145 座,可以分为 5 个小区域,其中 92 号、115 号、116 号支石墓中均出土有琵琶形短茎式铜剑残件,其中 115 号支石墓出土的铜剑推测为再加工后的形态,与这些青铜武器共存的遗物情况不详。

25. 全罗南道宝城郡德峙里遗址②

德峙里遗址位于全罗南道宝城郡文德面德峙里尺峙村与新基村之间,北距蟾津江约 300 米。该遗址一共确认有 26 座支石墓,大致由南向北呈列状分布。1 号支石墓的上石长轴方向为东西向,平面形态接近椭圆形,长轴长约 300、短轴长约 190、厚约 45 厘米。下部为石椁,长轴方向也为东西向,规模为 150×50×45 厘米。石椁内出土琵琶形短茎式铜剑 1 件与素面陶片,红陶片等。

26. 全罗南道高兴郡云岱里遗址③

云岱里遗址位于全罗南道高兴郡豆原面云岱里林 1129–5 号,现在当地叫作“石脖子”的丘陵底部。1926 年,日本学者曾在此进行发掘调查,出土过包括 1 件琵琶形短茎式铜剑在内的大量遗物④。1999 年,国立光州博物馆再次对这一带进行考古调查,在云岱里共发掘 19 座支石墓,其中一座支石墓出土有青铜武器。13 号支石墓位于整个遗址的中心位置,其上石的平面形态接近椭圆形,长轴方向为东北—西南向,规模为 310×237×73 厘米。下部为石椁,长轴方向也

---

① 李荣文、姜振表:(韩)《新近出土琵琶形铜剑的遗址——以丽水半岛为中心》,《第四届韩国青铜器学术会议论文集》,2010 年。

② 尹德香:(韩)《住岩水库水没地域文化遗址发掘调查报告书Ⅲ——德峙里新基支石墓》,全南大学校博物馆,1988 年。

③ 赵现钟、申相孝、宣在明、尹孝男:(韩)《高兴云岱、安峙支石墓》,国立光州博物馆,2003 年。

④ 小泉显夫:(日)《朝鲜古代遗址的遍历——发掘调查三十年的回想》,六兴出版,1986 年(再引用)。

是东北—西南向,规模为 210×72×65 厘米。该支石墓出土可能为再加工的琵琶形短茎式铜剑 1 件,以及石镞、石刀片、砺石以及素面陶片等。

七、朝鲜半岛东南部地区

1. 庆尚北道庆州市舍罗里遗址①

舍罗里遗址位于庆州盆地西部地区,行政区域上属于庆尚北道庆州市西面舍罗里 578 - 3 号一带,遗址分布于这一带高矮不等的丘陵上,包括原三国时代、三国时代的大规模墓葬等。因建筑施工不少遗迹已经遭到破坏。从发掘调查结果来看,该遗址确认有青铜时代房址 5 座,原三国时代木棺墓 7 座。其中 130 号墓葬位于遗址范围内最后一座丘陵的南侧斜面上的中间位置,海拔约 42.5 米。该墓葬与其他遗迹并没有发生叠压打破关系,独立位于这片范围内。墓葬的平面形态为圆角方形,长轴方向为北偏西 68°,与丘陵等高线平行。墓圹的规模为 332×230×100 厘米,内设的木棺规模为 205×80 厘米。该墓葬坟丘内出土有陶器、铁器以及马具类遗物;墓葬填土内出土有铁斧与陶器;木棺与土圹之间出土有铜镜(仿制镜)、圆形铜器、铁镞、铁镰、铁斧以及陶器等;木棺内出土有细形短茎式铜剑 2 套(漆鞘、剑身、盘部、剑把及把头饰等),铜柄铁剑 1 套,青铜装饰刀 3 件,小刀 1 件,铜钏 12 件,虎形带钩 2 件,铜泡 2 件,铜环 1 件,铁斧 61 件以及大量陶器类遗物。

2. 庆尚北道庆州市入室里遗址②

入室里遗址位于庆尚北道庆州市(旧属庆州郡)外东面入室里一带,1920 年 8 月修建庆州—蔚山间的铁路时偶然发现。遗迹的形态与规模已经无从确认,但出土了一批包括青铜武器在内的大量重要遗物。这一批遗物包括细形短茎式铜剑 5 件,铜矛 1 件,以及铜铎、柄部铜铃、铁斧与陶器等。

3. 庆尚北道庆州市塔洞 21 - 3、4 番地遗址③

塔洞 21 - 3、4 番地遗址是由居住在该位置的朴氏依据文化遗址内建设许可条例申报的。2009 年由圣林文化财研究院进行了试掘,其后由韩国文化财保护财团于 2010 年 5 月实施了考古发掘。从发掘结果来看,在该遗址共确认木棺墓 1 座以及三国时代到朝鲜时代的其他遗迹 24 处。木棺墓出土有短茎式细形铜

① 岭南文化财研究院:(韩)《庆州舍罗里遗址Ⅱ——木棺墓、住居址》,岭南文化财研究院,2001 年。

② 梅原末治、藤田亮策:(日)《朝鲜古文化综鉴》(第一卷),养德社,1947 年。

③ 朴钟燮等:(韩)《庆州塔洞 21 - 3、4 番地遗址》,韩国文化财保护财团,2011 年。

剑 2 套,其中一套含有漆鞘,此外还有铜柄铁刀、铜镜、青铜带钩、铜钏、铜泡等铜器,以及铁器、陶器、琉璃珠等。

4. 庆尚北道金泉市松竹里遗址①

松竹里遗址位于庆尚北道金泉市(旧称金陵郡)龟城面松竹里 343 号。该遗址为新石器时代—青铜时代的复合遗址,其中新石器时代遗迹 10 个,青铜时代遗迹 89 个。这些遗迹中包括 19 座支石墓,其中 4 号支石墓中位于整个遗址的东北角,保存良好。上石的长轴方向为西北-东南向,规模为 330×219×80 厘米,下部的长轴方向也是西北-东南向,规模为 215×120 厘米。该墓葬中出土琵琶形短茎式铜剑 1 件,石镞、砺石以及红陶壶、红陶片等。

5. 庆尚北道金泉市文唐洞遗址②

文唐洞遗址位于庆尚北道金泉市文唐洞 266 号一带。该遗址为 2006 年金泉市为了承办韩国的全运会,在该遗址周边地带准备建设网球场、游泳场等设施时勘探发现,随即进行了考古发掘。经过发掘,该遗址共确认青铜时代木棺墓 1座,高丽末期到近现代的墓葬、灰坑 400 余处。该土坑木棺墓位于斜坡上,墓口遭到一定程度的破坏,但结构还基本完整。墓中出土遗物丰富,包括琵琶形短茎式铜剑 1 件,以及长颈壶、矮领壶等陶器,石剑、石斧、砺石、大量小型玉石串珠等石器。

6. 庆尚北道永川市龙田里遗址③

龙田里遗址位于庆尚北道永川市古镜面龙田里 1297－2 号。2003 年 12 月,在这一带耕种的水田主人偶然发现了该遗址,国立庆州博物馆随即展开发掘调查。经确认,该遗址为土圹木棺墓,土圹的长轴方向为东西向,与等高线方向一致,土圹的平面形态为接近椭圆形的圆角方形,规模为 325×165×265 厘米。此墓葬还发现有腰坑,腰坑到墓底的深度为 175 厘米,土圹里面可以确认木棺的痕迹,木棺规模为 260×90×30 厘米。腰坑中有圆筒形铜器、铜铎、铜泡以及琉璃珠等出土;木棺底部有把手附壶、锻造铁斧、铸造铁斧、环首刀、铁镰、铁制剑把头饰、铁制带钩片、铁铃等出土;木棺内部有铜镜片、圆板形铜器、铜泡、银质剑鞘装饰片、琉璃珠、陶片等出土;棺外填土中有铜制短内式铜戈戈鞘 1 件、短内式铜戈1 件、青铜剑把头饰 1 件、青铜纺轮附属品 1 件、铜铎片 1 件、青铜装饰品 5 件、铸

① 金权九、裴成赫、金才喆:(韩)《金泉松竹里遗址Ⅱ》,启明大学校行素博物馆,2007 年。
② 庆尚北道文化财研究院:(韩)《金泉文唐洞遗址》,庆尚北道文化财研究院,2008 年。
③ 国立庆州博物馆:(韩)《永川龙田里遗址》,国立庆州博物馆,2007 年。

造铁斧片、陶壶 1 件、带把长颈壶等出土;填土中有青铜绞具 1 件,锚形铁器、陶壶、陶片、陶豆等出土。除此之外,在耕土中还出土有短内式铜戈 1 件、五铢钱 3 枚、青铜弩机 1 件、板状铁斧、锻造铁斧、铁矛、铁镰、铁戈、铁茎铜镞、锚形铁器、马具残片等;水田主人还主动上交了历年在此耕作时采集的铜矛 1 件、板状铁斧、锻造铁斧、铁矛、铁凿、铁戈等大量遗物。工作人员在周边地表还采集有板状铁斧、石斧、陶片等。

7. 庆尚北道庆山市林堂遗址①与林堂环壕遗址②

林堂遗址位于庆尚北道庆山市押梁面夫迪里一带,这一带分布着大量古坟。林堂遗址也是由多个区域的多座古坟组成的,其中 A－Ⅱ 区域位于夫迪里 418－422 号一带。该区域共发掘确认原三国时代木棺墓 1 座,三国时代横口石室坟 3 座、横穴石室坟 1 座等。其中 4 号墓葬位于本区域的中央偏东位置,是一座木棺墓。墓圹的平面形态呈圆角方形,长轴方向接近东西向,规模为 210×70×22 厘米。该墓葬出土细形短茎式铜剑 1 件,铁矛、铁剑、环首刀、锻造铁斧、铁凿、铁镰与陶壶等。除此之外,F1 地区出土 1 件细形短茎式铜剑,F2 区域地表采集 1 件青铜剑把头饰。

林堂环壕遗址位于林堂遗址的西北方向,推测应为由内壕、外壕组成的林堂早期使用遗址。1996~1997 年对该遗址进行了试掘,2008 年对该遗址进行了发掘。该遗址共确认房址 17 座,其中 5 号房址出土了仅存下端部的细形短茎式铜剑 1 件,大量陶器以及铁镰等。

8. 大邱广域市八达洞遗址③

八达洞遗址位于大邱广域市北区八达洞 145 号一带,将大邱盆地北端沿东西向切开的锦湖江与从漆谷发源的八溪川在此合流,遗址距锦湖江大概 200 米。该遗址位于丘陵顶部的平缓部,这一带存在着丰富的遗迹。通过发掘可以确认该遗址有青铜时代房址 19 座,原三国时代的木棺墓与土圹墓 102 座、木椁墓 1 座、瓮棺墓 139 座,以及其他三国时代、朝鲜时代的遗迹。在众多的遗迹中,与青铜武器有关联的遗迹有积石木棺墓与木棺墓共 4 座。45 号积石木棺墓的平面形态呈圆角方形,规模为 293×134×155 厘米,木棺长约 215 厘米,填土最厚约 65 厘米。该墓葬出土细形短茎式铜剑 1 套,铁矛、铁斧、铁凿等铁器,以及黑陶长颈

① 韩国文化财保护财团:(韩)《庆山林堂遗址Ⅰ》,韩国文化财保护财团,1998 年。
② 禹炳喆等:(韩)《庆山林堂洞环壕遗址》,岭南文化财研究院,2010 年。
③ 岭南文化财研究院:(韩)《大邱八达洞遗址Ⅰ》,岭南文化财研究院,2000 年。

壶等大量遗物。90 号积石木棺墓的平面形态为圆角方形,其中西短壁略呈弧形,墓圹的规模为 270×90×101 厘米,木棺长约 220、宽约 53、填土最深约 31 厘米。该墓葬的腰坑出土铜矛 1 件,短内式铜戈 1 件,以及铁斧、铁矛等;填土中出土有铁矛以及大量陶器。100 号木棺墓位于遗址西边的南侧斜面上,半径 5 米范围内不见其他木棺墓,应是一座单独营建的墓葬。该墓葬的平面形态为圆角方形,长轴方向基本为东西向(北偏东 75°),规模为 360×145×205 厘米。该墓葬出土细形短茎式铜剑 1 套,铜矛 2 件,铁剑、铁矛、铁斧、铁凿与陶器、石器等。120 号木棺墓的平面形态为长方形,长轴方向为北偏东 60°,规模为 220×80×20 厘米,通过残留痕迹推测,木棺长约 170、宽约 45、填土最深约 20 厘米。该墓葬出土铜矛 1 件,以及铁矛、铁剑与陶器等。

9. 大邱广域市晚村洞遗址①

晚村洞遗址位于大邱广域市寿城区八达洞山 5 号一带,属于锦湖江岸边的低矮丘陵,西距大邱市中心约 5 千米。1965 年,该地区进行扩建工程时偶然发现该遗址。遗迹遭到严重破坏,已无法判断具体形态。该遗址出土的遗物有细形短茎式铜剑 3 套,短内式铜戈 1 件。

10. 庆尚南道昌原市茶户里遗址②

茶户里遗址位于庆尚南道昌原市(旧称义昌郡)东邑茶户里一带,经韩国国立中央博物馆数次考古发掘,所取得的重要收获已为学界所瞩目。茶户里遗址位于一座低矮丘陵的西北侧斜面上,有 70 余座墓葬,大部分为木棺墓,其中有 5 座墓葬出土青铜武器。1 号墓葬出土有细形短茎式铜剑 2 件、漆鞘等铜剑附属遗物,铜矛 1 件,此外还有铜镜(星云纹)、铜铎、铜带钩、铜环、铁剑、铁矛、铁戈、弓矢、小珠、五铢钱,以及其他大量的陶器、漆器等。6 号墓葬出土细形短茎式铜剑 1 件,铁剑(铜把头饰)1 件,铁矛、铁斧、石斧、陶器等。19 号墓葬出土带漆鞘的细形短茎式铜剑 1 件,双头管状铜器、牛角形铜器、有沟铜器、异形铁器等。24 号墓葬出土铜矛 1 件、漆鞘、陶器等。63 号墓葬出土短茎式细形铜剑 1 套,铁矛、铁斧、砺石以及陶器等。

---

① 金载元、尹武炳:(韩)《大邱晚村洞出土的铜戈、铜剑》,《震檀学报》29、30 合,1966 年。

② 李健茂、李荣勋、尹光镇、申大坤:(韩)《义昌茶户里遗址发掘进展报告Ⅰ》,《考古学志》1,1989 年;李健茂、尹光镇、申大坤、金斗喆:(韩)《昌原茶户里遗址发掘进展报告Ⅱ》,《考古学志》3,1991 年;李健茂、尹光镇、申大坤、郑圣喜:(韩)《昌原茶户里遗址发掘进展报告Ⅲ》,《考古学志》5,1993 年;李健茂、宋义政、郑圣喜、韩凤奎:(韩)《昌原茶户里遗址发掘进展报告Ⅳ》,《考古学志》7,1995 年。

11. 庆尚南道昌原市镇东里遗址①

镇东里遗址位于庆尚南道昌原市(旧属昌原郡)镇东面镇东里田 701 号,是在建设工程中偶然发现的。遗迹局部已经遭到破坏,从残留的状态看,推测其应为厢式石棺墓。该石棺墓位于地下 150 厘米左右,规模为 182.2×56.5 厘米。该石棺出土琵琶形短茎式铜剑 1 件,磨制石剑与磨制石镞以及陶片等。

12. 庆尚南道昌原市德川里遗址②

德川里遗址位于庆尚南道昌原市(旧属昌原郡)东面德川里 168 号这一开阔地带,属于青铜时代墓葬区域的Ⅰ地区位于前端的平地以及邻近山地的位置,海拔约为 15~20 米。该遗址共发现支石墓 3 座、石棺(椁)墓 12 座、石盖土圹墓 5 座等。16 号墓葬的长轴方向为东西向,在其棺内出土疑似再加工过的琵琶形短茎式铜剑 1 件。

13. 庆尚南道金海市良洞里遗址③

良洞里遗址位于庆尚南道金海市酒村面良洞里山 3 号一带,集中分布在距金海市中心西南 4 千米左右的小山顶部西南侧斜面上。1970 年代就陆续在这一带开展调查,1996 年开始进行正式的考古发掘。经确认,这一带共有土圹木棺墓、土圹木椁墓、竖穴石椁墓、瓮棺墓、类积石木椁墓等各类墓葬 548 座。其中,90 号墓葬为土圹木椁墓,墓内出土铜矛 1 件、少量铜矛片,以及项饰、铁矛、铁斧、铁镰和各类陶器等。200 号墓葬也是土圹木椁墓,墓内出土铜矛 1 件,以及铁剑、环首刀、铁刀、铁镞、铁斧、铁矛、铁犁、铁锭和陶器等。427 号土圹木椁墓中出土细形短茎式铜剑 1 件,铜镜 1 件,铁镞、铁斧、铁镰、铁犁以及琉璃环等。除此之外,55 号土圹木椁墓、162 号土圹木椁墓、212 号土圹木椁墓等也有与青铜武器有关的遗物出土。

14. 庆尚南道金海市内德里遗址④

内德里遗址位于庆尚南道金海市长有面内德里山 14 号一带,具体位置在这一带海拔约为 34 米的小山东侧斜面上。1997 年对该遗址进行了考古发掘,共确认青铜时代房址 8 座、支石墓 5 座、原三国时代木棺墓 1 座等。其中,19 号墓葬为木棺墓,长轴方向为东西向,与等高线相交。墓圹规模为 260×98×82 厘米,

---

①　沈奉谨:(韩)《庆南地方出土青铜遗物新例》,《釜山史学》4,1980 年。

②　李相吉:(韩)《昌原德川里遗址发掘调查报告》,《第 17 回韩国考古学全国大会:三韩社会与考古学》,1993 年。

③　林孝泽、郭东哲:(韩)《金海良洞里古坟文化》,东义大学校博物馆,2000 年。

④　东义大学校博物馆:(韩)《金海内德里古坟群及追加发掘调查》,《岭南考古学报》21,1997 年。

根据残存状态,推测其木棺规模为 214×62×15 厘米。该墓葬出土细形短茎式铜剑 1 套,铜矛 1 件,以及铜镜(方格规矩镜)、圆筒形铜器和瓦质陶器等。

15. 庆尚南道金海市会岘里遗址①

会岘里遗址位于庆尚南道金海市(旧属金海邑)会岘里一带,1934 年就曾被发现,有贝塚、石棺、瓮棺等丰富的遗迹。该遗址的瓮棺出土了 2 件细形短茎式铜剑,此外还有铜制尖状器、玉管等。

16. 庆尚南道金海市栗下里遗址②

栗下里遗址位于庆尚南道金海市长有面栗下里(2013 年改称栗下洞),属于韩国土地公社庆南支社推进的"金海栗下宅地开发事业用地"范围内。因此开发项目,庆南发展研究院历史文化中心自 2005 开始进行地表调查、试掘、发掘等工作。该遗址发现大量以青铜时代为主的各时期遗迹,其中青铜时代的石棺墓 B-9 号出土细形短茎式铜剑残件 1 件,属于凝灰岩的英安岩质剑把头饰 1 件。

17. 庆尚南道马山市架浦洞遗址③

架浦洞遗址位于庆尚南道马山市(现属昌原市)合浦区架浦洞山 1-12 号的庆南大学校加浦洞建设用地范围内,具体位置在马山湾的入口栗九湾西的渴马峰东侧立斜面上。该遗址发现 1 座支石墓,其石缝中出土细形短茎式铜剑 1 件,短内式铜戈 1 件,铜矛 1 件,以及可能是铜铊的遗物等,此外还出土有素面陶片、粘土带陶片等。

18. 庆尚南道山清郡白云里遗址④

白云里遗址位于庆尚南道山清郡丹城面白云里山 90 号一带,在修筑公路的过程中偶然发现。遗迹已遭到严重破坏,无法判断其具体形态与规模,只能通过残存痕迹,推测很有可能是石棺墓。该遗迹出土细形短茎式铜剑 4 件,铜矛 1 件,铜铊 1 件。

19. 庆尚南道陕川郡盈仓里遗址⑤

盈仓里遗址位于庆尚南道陕川郡陕川邑盈仓里山 29-1 号一带,是一座独

①　梅原末治、藤田亮策:(日)《朝鲜古文化综鉴》(第一卷),养德社,1947 年;国立金海博物馆:(韩)《金海会岘里贝塚》,国立金海博物馆,2014 年。

②　柳昌焕等,(韩)《金海栗下里遗址Ⅱ》,庆南发展研究院历史文化中心、韩国土地公社庆南支社,2009 年。

③　李相吉:(韩)《青铜器埋纳的性格与意味——兼为马山架浦洞遗址的报告》,《韩国考古学报》42,2000 年。

④　沈奉谨:(韩)《庆南地方出土青铜遗物新例》,《釜山史学》4,1980 年。

⑤　庆南考古学研究所:(韩)《陕川盈仓里无文时代集落》,庆南考古学研究所,2002 年。

立的丘陵。该遗址发掘清理了房址、石棺墓、灰坑等大量遗迹,其中22号灰坑出土有与青铜武器相关的遗物。22号灰坑的平面形态为长椭圆形,长轴方向为北偏东37°,残存长约395、宽约320、深约22厘米。灰坑的上部出土有细形短茎式铜剑1件(仅存下段),以及石斧、陶片等。

20. 蔚山广域市蔚州郡校洞里遗址①

校洞里遗址位于蔚山广域市蔚州郡三南面校洞里一带。蔚山文化财研究院在该遗址确认青铜时代至朝鲜时代的各类遗迹1 210余处,为大型遗址群。属于青铜至早期铁器时代的木棺墓共有8座。1号木棺墓出土细形短茎式铜剑1套、有纹短内式铜戈1件,铜矛1件,以及盖弓帽、圆筒形铜器等青铜遗物,铁刀、铁矛、铁斧等大量铁器,此外还有陶器、琉璃制品等遗物。

以上介绍了朝鲜半岛出土青铜武器的113处遗址,除此之外,散见于早期考古文献或近期发掘报道、研究论文中的还有一些相关信息,但或语焉不详,或资料残缺严重,基本不具备系统科学研究的价值,本书从略,详见附表一。

第二节　型式分类

现在学术界对朝鲜半岛出土青铜武器的分类是按照器类进行的,尤其是对短茎式铜剑的研究几乎达到完美的地步。但是,目前还没有对这六种青铜武器进行整体研究的案例,部分研究也只是以一种青铜武器为主,其余种类的青铜武器作为比较对象来参考。本书考虑到这些青铜武器基本上存续于同样的时空框架,拟综合考察朝鲜半岛青铜武器的发生、发展以及衰退的过程。本研究将首先整理各类青铜武器的研究现状,分析各分类方案的可取性与可弃性,选择能反映时间或空间变化的属性加以探讨,并以此对各类青铜武器进行初步的型式分类,考察各型式青铜武器的时空特征。下面将按照短茎式铜剑(进一步细分为琵琶形与细形)、中原式铜剑、短内式铜戈、中原式铜戈、铜矛以及铜镞来进行分析。

需要说明的是,由于材料过于庞杂,每类青铜武器的数量多寡不一,悬殊较大,无法按照严格类型学中的"类、型、式"加以区分,只能结合其他地区的发现对朝鲜半岛青铜武器做综合分析。类型的划分主要基于各类青铜武器形态的变化,而对形态变化的考察目的还是为了推断其存续时间,因此,对于部分数量较

----

① 郑炫锡等:(韩)《蔚山校洞里遗址Ⅲ》,蔚山文化财研究院、蔚山都市公社,2013年。

多、型式多样的青铜武器,又采用了"期"等概念进行整合。鉴此,各类青铜武器的型式区别,相对于严谨的概念,更多考虑的是其时空变化的背景。而每类型青铜武器的数量,就目前的材料来看,朝鲜半岛发现的琵琶形短茎式铜剑约有40件;细形短茎式铜剑的数量接近300件;中原式铜剑出土的遗存不多,但完州上林里遗址一次性出土26件,整个朝鲜半岛的出土总量超过30件;中原式铜戈只有4件,且集中于朝鲜半岛北部地区;各种铜矛合计约为100件,铜镞的数量也达到160余件,不过铜镞的出土相对集中,多种类型铜镞共存的现象较多。

一、琵琶形短茎式铜剑

1. 各分类方案的检讨

对于朝鲜半岛发现的青铜武器的研究开展得很早,研究成果也有很多,但很多成果或者是和中国东北地区的一起分析研究,或者是将琵琶形短茎式铜剑与细形短茎式铜剑一起分析研究,目前学术界有李荣文①、姜仁旭②、吴江原③等对朝鲜半岛的琵琶形短茎式铜剑做过系统研究。

我们整理了学术界对(中国东北地区和朝鲜半岛)琵琶形短茎式铜剑的分类方案,并参考中国学术界的代表性分类方案,详见表1。

表1　关于琵琶形短茎式铜剑的分类方案

序号	研究者	分 类 标 准	分 类 方 案	发表年度	备 注
1	金元龙	基部形态;下端部宽度;锋部长度。	Ⅰ式:(剑身)基部丰满圆收,与茎部弧线相连;(锋部)较短;(脊棱剖面)圆柱形;无棱线;(下部宽度)很宽。 Ⅱ式:(剑身)基部折收,与茎部斜线相连;(锋部)逐渐变长;(棱线)开始出现并延续到剑身下部;(下部宽度)逐渐收窄,铜剑整体细长化。	1976	

①　李荣文:(韩)《韩半岛出土琵琶形铜剑型式分类试论》,檀国大学校《博物馆纪要》7,1991年;李荣文:(韩)《对韩国琵琶形铜剑文化的考察》,《韩国考古学报》38,1998年。

②　姜仁旭:(韩)《对辽宁地域琵琶形铜剑的考察》,《韩国上古史学报》21,1996年;姜仁旭:(韩)《对于朝鲜半岛出土琵琶形铜剑的登场与地域性》,《韩国上古史学报》49,2005年。

③　吴江原:(韩)《琵琶形铜剑文化的成立与展开过程研究》,韩国精神文化研究院博士学位论文,2002年。

序号	研究者	分　类　标　准	分　类　方　案	发表年度	备　注
2	林　沄	突起部;隆起部的有无及发达程度;剑身长宽比;锋部的有无及长度。	A 型:突起部与隆起部明显。 B 型:突起部与隆起部退化;刃部内凹。 C 型:具备 B 型特征,刃部更加平直。 D 型:剑身上半部平直,下半部明显突出。	1980 1987	中国材料较多。
3	靳枫毅	整体形态;锋部长度;突起部与隆起部的发达程度;突起角;血槽位置;研磨;脊棱线的终止位置;基部形态等。	以中国东北地区出土的铜剑为主,共分了 7 种形态(略)。	1982 1983	中国材料较多。
4	李荣文	柱脊的剖面形态;突起角与基底角;茎部是否有沟。	典型:柱脊剖面丰满,下端部呈现圆形或椭圆形,上端部接近四角形或逐渐变化为六角形;有明显的隆起部与突起部。 变型:与典型相比,突起部与隆起部逐渐退化,有些甚至可以确认隆起部的退化痕迹;下端部由圆满逐渐变为缓满,整体形态有细长化趋势。 异型:剑身直刃化,琵琶形铜剑要素逐渐消失。	1991 1998	
5	姜仁旭	突起部与脊突的有无;剑身的长宽比;刃部是否突出;锋部是否形成。	Ⅰ式:突起部发达,并可确认。 Ⅱ式:突起部逐渐消失,脊棱线增长,基本细长化。	1996 2005	
6	王建新	实用性与非实用性(研磨的有无及发达程度);文化因素及制作技术。	细长曲刃型。 宽短曲刃型。 (细形,中细形,中广形,平型)。	2002	中国材料较多。

续　表

序号	研究者	分 类 标 准	分 类 方 案	发表年度	备 注
7	吴江原	隆起部与突起部的有无;隆起比(突起部宽度与细腰部宽度的比例);横幅比(剑身最大宽度与长度的比例)。	琵琶形:隆起部与突起部明显(A 型:突起部位于靠前位置;B 型:除此之外,突起部靠后的位置)。中细形:(A 型:剑身下端部呈圆弧;B 型:剑身下端部呈环折或圆折;C 型剑身下端部呈直线)。	2002	中国材料较多。

2. 铜剑属性分析及分类标准的设定

通过以上对学术界关于琵琶形短茎式铜剑的类型学研究成果的梳理可以看出,剑身形态是各位学者都很关注的分类标准,学者们也同时指出细形短茎式铜剑是由琵琶形短茎式铜剑发展演变而来的。我们也认可以上观点,如果这样的话,那么琵琶形铜剑演变过程的发展趋势就是细长化,而决定剑身细长化的因素可能包括剑身长度、剑身宽度以及剑身隆起部、突起部的明显程度等。一般情况下,剑身下半部比较肥硕的铜剑,其剑身隆起部与突起部比较明显,脊棱线相对较短,在隆起部前后基本就结束了,并且可以观察到剑身的研磨痕迹也基本到突起部附近就消失了。朝鲜半岛发现的琵琶形短茎式铜剑与中国东北地区发现的琵琶形短茎式铜剑存在交流联系,而中国东北地区的琵琶形短茎式铜剑的渊源可能又与之前辽西地区的夏家店上层文化发现的铜剑有密切关系[①]。关于短茎式铜剑的起源问题,我们后文将专门论述,但我们也同意剑身形态弯曲度比较大的铜剑可能在型式上比较古老,属于早期型式。所以,琵琶形短茎式铜剑的非连续性属性中,隆起部与突起部的有无及发达程度、剑身下端部的宽度以及基部的圆满度应该设定为琵琶形短茎式铜剑的第一分类标准。这一分类标准应该可以体现铜剑随着时间变化而形成的形态变化,我们将在后文通过与铜剑共出的遗物以及遗迹的形态等加以验证。正如李荣文[②]等学者指出的那样,琵琶形短茎式铜剑茎部存在沟槽应该是朝鲜半岛的地区特征,目前我们在其他地区还没有看到同样的茎部特征,推测是由朝鲜半岛铜剑剑身、剑柄的组合方式与其他地区

[①]　吕军:《中国东北系青铜短剑研究》,吉林大学博士学位论文,2006 年。

[②]　李荣文:(韩)《对韩国琵琶形铜剑文化的考察》,《韩国考古学报》38,1998 年。

存在差异而导致的。所以,这个小特征可以作为铜剑分类的第二标准,以大体区分铜剑的原产地。

从目前已知的材料来看,朝鲜半岛发现的琵琶形铜剑大约有 70 件左右,其中还有不少是出土地点不甚明确或者剑身形态残缺而缺乏进一步型式分类依据的铜剑。完全具备我们分类研究条件的青铜短剑并不多,我们对琵琶形短茎式铜剑的分类大概也就是通过这两个标准来完成的,接下来我们将通过共存器物、出土遗迹等来判断各类型铜剑的时空发展序列以及特征。

简要而言,琵琶形短茎式铜剑的第一分类标准是隆起部与突起部的有无及发达程度、基部形态与下端部的宽度等,第二分类标准是茎部沟槽的有无。

3. 型式分类

以上我们分析了琵琶形短茎式铜剑的分类标准,以此来看,朝鲜半岛发现的琵琶形铜剑大体可以分为 A 型与 B 型两大类。再加工的琵琶形短茎式铜剑以及研磨程度较重的铜剑暂时不适宜这个分类标准,我们将对为数不多的这类铜剑单独分析。依据第二分类标准,又可将琵琶形短茎式铜剑再次细分为两个小的类型,具体分类方案整理如图二。

A 型:隆起部与突起部以及细腰部均很明显;脊棱线在隆起部之前或隆起部附近结束;下端部的最大宽度位于下端部的中间或靠下的位置。代表性标本有松菊里遗址出土铜剑、礼田洞遗址出土铜剑、积良洞遗址出土铜剑等。

B 型:隆起部与突起部比较模糊,甚至基本消失;细腰部也不很明显;脊棱线开始延长到剑身的下端部;剑身下端部的最大宽度相对于 A 型逐渐前移。代表性标本有仙岩里遗址出土铜剑、松竹里遗址出土铜剑等。

其他:还有个别琵琶形短茎式铜剑,不具备 A 型及 B 型的特点,推测为深度研磨或再加工导致的形态变化。这类铜剑不多,并且分布范围也不明确。例如牛山里遗址 8 号支石墓铜剑、飞来洞遗址出土铜剑等,都与再加工有关。

存在沟槽的琵琶形短茎式铜剑大部分为 A 型,B 型铜剑暂时没有发现茎部存在沟槽的情况,据此我们也可以推测,可能是再加工导致的形成的其他型式铜剑中,那些具有沟槽的铜剑的原始形态很可能也是 A 型铜剑。按照这个标准,我们又将 A 型铜剑细分为 Aa 型与 Ab 型。

Aa 型:A 型铜剑中,茎部存在沟槽的型式;

Ab 型:A 型铜剑中,茎部不存在沟槽的型式。

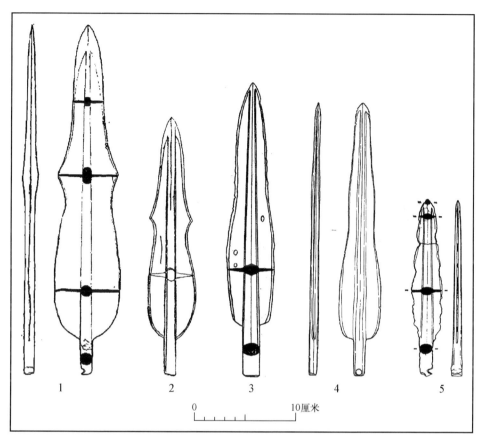

图二　琵琶形短茎式铜剑分类方案

1. Aa 型(松菊里遗址)　2. Ab 型(琴谷洞遗址)　3~4. B 型(仙岩里遗址、松竹里遗址)　5. 其他型
(飞来洞遗址)

　　目前可供我们分析的与型式明确的琵琶形短茎式铜剑共存的遗物并不
多,遗迹的类型也不是很丰富。但是,我们可以通过间接比较等方法讨论各类
型铜剑的大体年代。平原新松里遗址与载宁孤山里遗址出土的铜剑,其隆起
部与突起部不甚明显,应该属于我们划分的 B 型铜剑,与其共出的遗物有中国
中原式的铜剑,中原式铜剑的分类研究随后专文讨论。但我们可以初步判断,
这类铜剑在中国东周时期铜剑中大概属于战国中晚期的型式①。此外,扶余
松菊里遗址以及清道礼田洞遗址出土的 A 型铜剑在形态上接近中国辽宁省朝

――――――――

　　①　赵镇先著,成璟瑭译:《中国式铜剑在朝鲜半岛出现的背景》,《边疆考古研究》5,科学出版社,
2006 年;李伯谦:《中原地区东周铜剑渊源试探》,《文物》1982 年第 1 期。

阳市十二台营子遗址出土的铜剑,如果不考虑出土地区的差异,可以认为是同一型式的铜剑。十二台子遗址中还出土有铜镞,铜镞的类型研究我们也将在后文详述,但通过已有成果我们可以明确其年代大体为春秋早中期①。这样的话,我们通过间接的方式可以初步判断朝鲜半岛出土的琵琶形短茎式铜剑,A 型铜剑的年代要整体早于 B 型铜剑的年代。Aa 型与 Ab 型铜剑只是形态以及使用方法的差异,应该不存在太大的年代差异,将其看作地区差异更为妥当。琵琶形短茎式铜剑由 A 型向 B 型的转变主要是由于铜剑使用功能的需要,刃部研磨范围的扩大导致剑身形态逐渐产生细长化的趋势。我们目前区分的这两种类型铜剑的年代差异主要是使用及废弃埋藏年代,至于它们的上限年代,有可能不会相差太长时间。

二、细形短茎式铜剑

朝鲜半岛学者们关于细形短茎式铜剑的研究成果最为丰富,正如大家所言,剑身的抉入部以及柱脊的节带的形成是细形短茎式铜剑区别于琵琶形短茎式铜剑最大的特征,琵琶形短茎式铜剑的突起部以及隆起部却在细形短茎式铜剑的剑身上无法确认。有关细形短茎式铜剑代表性的研究者有郑灿永②、尹武炳③、李清圭④、赵镇先⑤等。学者们提出的分类方案大体相同,但是在细微之处还是有所区别的,具体如表 2 所示。

表 2 细形短茎式铜剑分类方案

序号	研究者	分 类 标 准	分 类 方 案	发表年度	备 注
1	郑灿永	锋部长度;节带与抉入部的形态;基部形态等。	1 型:节带与抉入部明显;节带以下形成弧线;刃部逐渐变窄,节带以下很少研磨。 2 型:抉入部不明确,出现退化趋势;刃部逐渐呈直线;节带逐渐形式化;刃部逐渐延伸到基部。	1962	

---

① 石岩:《中国北方先秦时期青铜镞研究》,吉林大学博士学位论文,2006 年。
② 郑灿永:(朝)《细形铜剑的形态及其变迁》,《文化遗产》3,1962 年。
③ 尹武炳:(韩)《韩国青铜短剑型式分类》,《震檀学报》29、30 合,1966 年。
④ 李清圭:(韩)《关于细形铜剑的型式分类及其变迁》,《韩国考古学报》13,1982 年。
⑤ 赵镇先:(韩)《细形铜剑文化研究》,学研文化社,2005 年。

续　表

序号	研究者	分 类 标 准	分 类 方 案	发表年度	备 注
2	尹武炳	脊棱线的终止位置；锋部长度等。	Ⅱa式：脊棱线在抉入部前终止；锋部较短。 Ⅱb式：脊棱线在抉入部前终止；锋部较长。 Ⅲa式：脊棱线超过抉入部位置；锋部较短。 Ⅲb式：脊棱线超过抉入部位置；锋部较长。	1966	Ⅰ式为琵琶形短茎式铜剑
3	李清圭	脊棱线的长度；剑身下部形态；血沟的有无。	BⅠ式：第1节带以下没有开刃的型式；剑身下部仍保留琵琶形短茎式铜剑的特征，基部均比较圆缓。 BⅡ式：开刃超过第1节带位置；刃部曲率较小；基部斜收。 BⅢ式：开刃超过第1节带并向基部延伸；剑身下部直线化趋势明显；剑身变窄；抉入部退化。 BⅢ′式：基本同BⅢ式；但形成有血沟。 BⅣ式：开刃至剑身基部；剑身下部呈直线型式。 BⅣ′式：基本同BⅣ式；但形成有血沟。	1982	A式为琵琶形短茎式铜剑
4	赵镇先	铸型属性：血沟、血槽的有无；锋部的长短；下端部的平面形态；抉入部的形态。研磨属性：研磨角的型式；脊棱线的形成程度及节带形态。	通过各种属性型式的组合，一共细分为22个类型（略）。	2005	

　　通过以上分类方案我们可以看出，影响细形短茎式铜剑形态变化的因素有很多，这些因素也富于变化，甚至有些属性呈组合式的变化。赵镇先则将这些属性分为铸型属性与研磨属性，并对这些属性进行了完全分类研究，再将这些属性组合形成铜剑分类。我们认为铜剑的铸型属性与研磨属性均体现了铜剑在发展

过程中的时空特点,对这两种属性组合体现的铜剑形态变化进行分析比较全面科学,相对准确地反映了细形短茎式铜剑的发展过程,并很好地反映了铜剑在变化过程中铸型属性的改善与研磨方法的进步。

  本书基本赞同赵镇先提出的分类方案,在此方案基础上,结合共出遗物以及遗迹特点对其进行补充完善,详细方案见图三。

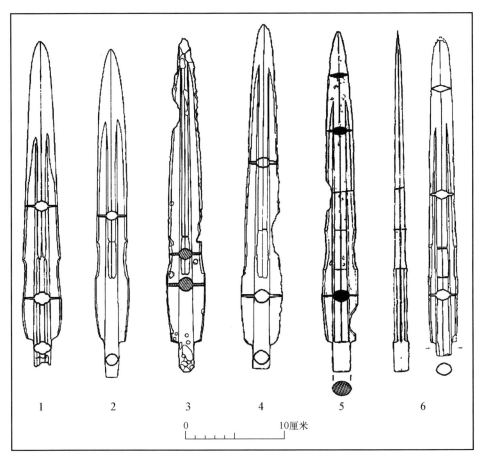

图三 细形短茎式铜剑分类(期)方案(参考赵镇先 2004,再编辑)

  1~2. Ⅰ期(成立期,东西里遗址1、6) 3~4. Ⅱ期(发展Ⅰ期,九凤里遗址2、合松里遗址) 5. Ⅲ期(发展Ⅱ期,凤安里遗址) 6. Ⅳ期(舍罗里遗址)

  与细形短茎式铜剑共出的遗物种类复杂,数量繁多。青铜器主要有短内式铜戈、铜矛、铜镞、铜斧、铜凿、铜镜、铜钝、方牌形铜器、喇叭形铜器、八珠铃、双头铃、竿头铃、带钩等,陶器主要是各类粘土带陶器、黑陶等,石器有石镞、石斧、石凿等,玉器有曲玉、管玉、环玉等,铁器有铁矛、铁剑、铁刀、铁镞、铁斧、铁凿、铁镰等。铁器传入朝鲜半岛的背景与中国战国时期的燕文化以及汉文化有关,与铁器共存的细形短茎式铜剑年代稍晚一些;相对于青铜器与陶器,铁器与石器遗物要少一些;与玉器、石器以及其他种类青铜器共存的细形短茎式铜剑相对早一些。

出土细形短茎式铜剑的遗迹大部分为墓葬,这些墓葬主要包括支石墓、石棺墓、木棺墓、积石木棺墓、土圹墓等。相对较早时期的细形短茎式铜剑大部分出土于支石墓、石棺墓等石构墓葬中,出土于木棺墓以及土圹墓中的细形短茎式铜剑相对较晚。

三、中原式铜剑

朝鲜半岛发现的中国中原式铜剑并不多,全荣来[①]与赵镇先[②]先后做过系统研究。全荣来以全罗北道完州郡上林里出土的 26 件中国中原式青铜短剑为主要研究对象,分析考察了与此相关的历史文化背景。赵镇先以整个朝鲜半岛出土的中原式铜剑为研究对象,结合中国东北地区以及山东地区出土的中原式铜剑,对朝鲜半岛出土中原式铜剑的类型、年代以及背景做了系统分析。考虑到朝鲜半岛中原式铜剑数量较少,研究成果不足的现状,我们结合中国有关东周铜剑研究的代表林寿晋[③]与李伯谦[④]的成果一同分析,详见表 3。

表 3　中原式铜剑分类方案

序号	研究者	分 类 标 准	分 类 方 案	发表年度	备　注
1	林寿晋	茎部形态	Ⅰ式:茎部呈扁条形;无格;无首。 Ⅱ式:剑身与茎部之间有较窄较薄的格;茎部全空或呈半空的圆筒形。 Ⅲ式:茎部为实心的圆柱形;茎部有两周圆箍;圆盘首;厚宽格。	1962	

① 全荣来:(韩)《关于完州上林里出土的中国式铜剑——春秋末战国初中国青铜器文化的南韩流入问题》,《全北遗址调查报告》5,1976 年。

② 赵镇先著,成璟瑭译:《中国式铜剑在朝鲜半岛出现的背景》,《边疆考古研究》5,科学出版社,2006 年。

③ 林寿晋:《东周式铜剑初论》,《考古学报》1962 年第 2 期。

④ 李伯谦:《中原地区东周铜剑渊源试探》,《文物》1982 年第 1 期。

序号	研究者	分 类 标 准	分 类 方 案	发表年度	备　注
2	李伯谦	剑身与茎部形态；格、首、箍的有无。	A型：剑身呈柳叶形；扁茎；剑身与茎部的区分明显，两者基本呈直角；无首；无箍；茎部中空。B型：剑身形成柱脊，并延续到茎部；无格；无箍。C型：茎部呈圆形；中空或半空；窄格；无首；无箍。D型：圆茎；实心；格部有2~3圈箍；有首；宽格。	1982	
3	赵镇先	共存遗物；同类比较。	Ⅰ类型：只有中原系遗物（石岩里）。Ⅱ类型：与琵琶形短茎式铜剑共出（新松里、孤山里）。Ⅲ类型：与细形短茎式铜剑共出（草浦里）。Ⅳ类型：只出土中原式铜剑（上林里）。	2006	

　　朝鲜半岛出土的中原式铜剑遗址与遗物均不算太多，从遗物的型式来看，比较统一。依据李伯谦提出的中国东周时期铜剑的分类方案，大致都属于D型。赵镇先通过共出遗物进行了分类研究，具有一定的合理性，但这种分类方案适用于历史文化背景的考察，对于时空关系的确认还存在一定的局限性。

　　参考李伯谦的分类方案（详见图四），虽然朝鲜半岛发现的中原式铜剑都属于D型，但还可以继续细分。我们可以根据其他型式铜剑的发展趋势来推测D型铜剑内部的发展演变规律，并参考赵镇先对共出遗物的分析，进行验证。总的来看，中国东周时期铜剑有一种剑身逐渐变长，茎部也逐渐变长，箍的数量从无到有，逐渐增加，并固定为双箍有首的型式。如果以上对中原式铜剑的发展趋势判断无误，那么朝鲜半岛的中原式铜剑大致可以分为两大类，石岩里出土的铜剑茎部细长，区别于其他铜剑，可单列为一式，其余为二式（详见图五）。

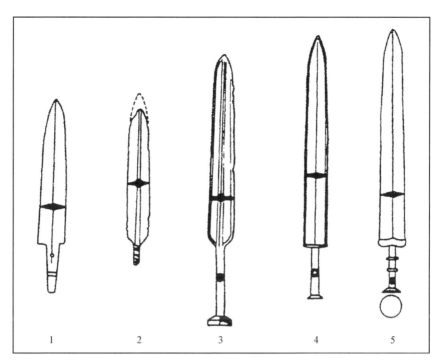

图四　中国东周铜剑分类方案(参考李伯谦 1982,再编辑;比例尺不统一)

1. Aa 型　2. Ba 型　3. Bb 型　4. C 型　5. D 型(1、2、4、5. 洛阳中州路;3. 上村岭)

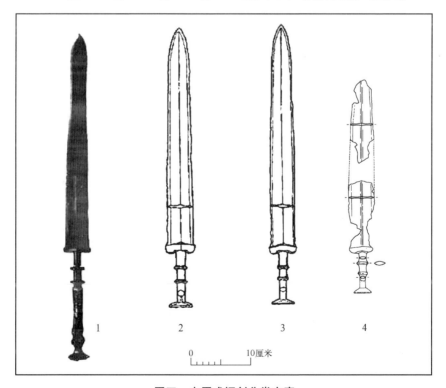

0　　　　10厘米

图五　中原式铜剑分类方案

1. 1 式(石岩里遗址)　2~4. 2 式(上林里遗址 5~6、草浦里遗址)

四、短内式铜戈

朝鲜半岛发现的短内式铜戈呈现增加趋势,但有关短内式铜戈的研究成果却并不多,大部分研究是在研究细形短茎式铜剑时一并考察分析的。本书搜集的相关研究成果,有专题研究,也有综合研究,旨在揭示学术界对铜戈研究的历程。具体内容详见表4。

表 4 短内式铜戈分类方案

序号	研究者	分 类 标 准	分 类 方 案	发表年度	备 注
1	崔梦龙	援部血槽与柱脊的关系;锋部与援部长度的比例。	Ⅰ型:血槽与中央柱脊平行;血槽并不从锋部开始;柱脊自锋部尖端之后延续;因铸造后研磨形成柱脊研磨角。 a式:短锋;b式:长锋 Ⅱ型:柱脊与血槽自锋部开始合并;只在锋部可见柱脊开刃。 a式:短锋;b式:长锋 Ⅲ型:柱脊与血槽自锋部开始合并;只有锋部可见棱角;锋部与援部的长宽比逐渐长大化。	1972	
2	李健茂	血沟内纹饰形态。	a:细纹镜式纹饰。 b:退化羽状纹饰。 c:集斜线交互纹饰。 d:两列短线纹饰。 e:斜格子纹与V形纹饰。 f:集线复合锯齿纹饰。	1991	有纹铜戈
3	赵镇先	铜戈的平面形态:血沟是否有纹饰;锋部血沟状态。	细形铜戈与广形铜戈;有纹铜戈与无纹铜戈;连接型、隔离型、无血沟式。	2004	
4	许俊亮	锋部形态:内的大小;血沟的纹饰。	屈曲形、细长形与广形;大内与短内;细纹镜式纹、X字纹+ΛＶ纹、格子纹、横线纹与羽状纹。	2008	有纹铜戈
5	李阳洙	血沟的状态;胡与内的比例;血沟是否有纹饰;铜戈的平面形态。	隔离型与连接型;长内型与短内型;无纹铜戈与有纹铜戈;细形、中细形、中广形、广形与近畿型。	2008	

正如以上整理所示,关于铜戈的分类标准主要有平面形态、锋部长度、血沟形态、血沟是否有纹饰与内的大小等,而对于有纹铜戈,则依纹饰形态分类。那么,这些属性是否都与铜戈变迁过程中的时间、空间或功能有关? 我们有必要对以上属性进行分析。

首先,就像学者们指出的那样,九凤里遗址中血沟隔离型铜戈与血沟连接型铜戈共出,那么,在朝鲜半岛南部区域,这两类铜戈就没有绝对的早晚关系。从大的时期来看,应该是同一时期的产物,并且分布地域也有相当的重合。此外,从铜戈的制作与使用过程来看,连接型铜戈如果研磨过度的话,很容易形成隔离型铜戈,因此,以现在残存的形态进行铜戈的类型学研究时需要慎重。我们从短内式铜戈在朝鲜半岛的分布区域来看,这两类铜戈的分布区域存在相当大范围的重合,并且出现频率也差异不大。从功能上分析,两类铜戈也不存在根本性的差别。所以,我们认为单纯依据铜戈形态,将铜戈分为隔离型与连接型不能准确反映短内式铜戈的变迁过程。

铜戈的锋部长度也与研磨有关,单纯的依靠这一属性,也不能反映各类铜戈生产的早晚关系。表 5 是短内式铜戈集中出土的朝鲜半岛南部地区,与细形短茎式铜剑共存,且基本可以明确判断短剑发展阶段①的相关资料。

表 5　短内式铜戈的统计

序号	遗址	铜戈长度（厘米）			下援阑角（°）	内部大小（厘米）		阑宽（厘米）b	a : b * 100%	发展阶段	备注
		全长	锋长	比例%		长度b	宽度a				
1	草浦里 3	26	5	19.2	101	3.74	3.61	7.5	48.1%	发展Ⅰ	
2	九凤里 1	25.5	5	19.6	100	2.14	3.35	8.31	40.3%	发展Ⅰ	
3	草浦里 1	27.6	5.8	21	100	3.48	3.48	8.04	43.3%	发展Ⅰ	
4	九凤里 2	26.7	6.25	23.4	100	2.95	3.21	5.36	60%	发展Ⅰ	
5	白岩里	27.3	4.4	16.1	97	3.5	2.9	6.6	43.9%	发展Ⅰ？	
6	灵岩铸范	28.8	5.8	20.1	97	3.64	2.8	7.6	36.8%	发展Ⅰ？	
7	凤岩里	27.1	4.3	15.9	99	3.04	3.35	7	47.9%	发展Ⅱ	

---

①　本书细形短茎式铜剑文化的发展阶段参照赵镇先提出的方案。赵镇先:(韩)《细形铜剑文化研究》,学研文化社,2005 年。

序号	遗址	铜戈长度（厘米）			下援阑角（°）	内部大小（厘米）		阑宽（厘米）b	a：b＊100%	发展阶段	备注
		全长	锋长	比例%		长度	宽度a				
8	宫坪里	26.5	4.9	18.5	100	2.68	3.75	5.9	63.5%	发展Ⅱ	
9	凤安里	26.2	5.8	22.1	101	3.39	4.20	9	46.7%	发展Ⅱ	
10	素素里	27.5	6.3	22.9	100	3.55	4.36	8.4	51.9%	发展Ⅱ	
11	合松里	27.9	7	25	99	3.55	3.71	8.4	44.2%	发展Ⅱ	
12	葛洞铸范	30	5.25	17.5	101	4.2	3.3	7.96	41.5%	发展Ⅱ	
13	九政洞1	24.6	5	20.3	95	2.28	2.51	7.3	34.4%	衰退	有纹
14	九政洞3	21.9	5.1	23.3	96	2.28	1.91	8	23.9%	衰退	有纹
15	竹洞里	23.3	5.7	24.5	96	2.51	2.05	7.75	26.5%	衰退	有纹
16	入室里	25.6	7.1	27.7	97	2.90	3.35	9.59	34.9%	衰退	有纹
17	飞山洞1	36.7	16.4	44.7	100	2.79	2.23	11.7	19.1%	衰退	有纹
18	晚村洞	39.7	19	47.9	105	2.85	2.85	14.2	20.1%	衰退	有纹

图六是我们通过统计软件对以上短内式铜戈重要属性的分析，通过表格可以看出，铜戈的锋部长度在发展Ⅰ期与发展Ⅱ期并没有太大差异，并且锋部长度与全长的比例两期差别也不大。发展期与衰退期的短内式铜戈在锋部长度、锋部长度与全长的比例等方面存在很大差异，但是不仅是全长与锋部长度的变化，衰退期的短内式铜戈基本为广形铜戈，并且大多数血沟中有纹饰，特征比较明显。所以，假如我们以锋部长度为分类标准的话，只能区分发展期与衰退期，无法区分发展Ⅰ期与发展Ⅱ期。

接下来我们比较铜戈的下援阑角。援阑角是指援部柱脊脊棱线与阑部形成的角度，上援、下援分别形成上援阑角与下援阑角。参照中国东北地区及朝鲜半岛发现的中原式铜戈的研究成果，下援阑角也着柄，铜戈的援阑角主要是通过下援阑角体现的，其与铜戈的使用方式具有密切关系，也体现着铜戈的发展演变过程，具体研究我们将在第三节中展开。

通过上表我们还可以看到，铜戈的下援阑角在不同的发展阶段具有不同的特点。发展Ⅰ期的下援阑角基本在100°以下；发展Ⅱ期的下援阑角中间值虽然

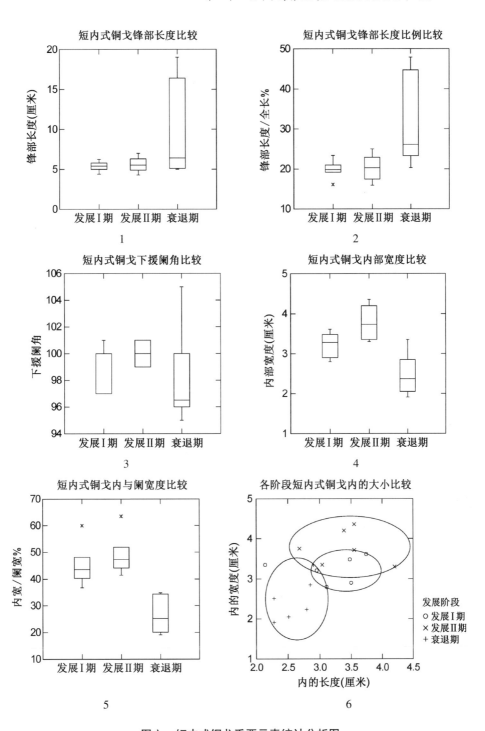

图六 短内式铜戈重要元素统计分析图

与发展Ⅰ期大体相当,但已经有部分值分布到100°以上;衰退期阶段,下援阑角的分布范围比较广,但其中间值基本缩小到95°左右。通过援阑角的分析,我们可以看出其在各阶段的发展变化与特点,虽然发展期与衰退期的援阑角的中间值差异仅在4°左右,但是结合我们对锋部长度的分析,还是可以比较容易地将其区分开的,所以我们认为援阑角可以作为铜戈分类的标准采用,与锋长结合起来区分各阶段的短内式铜戈。

就像一些研究者指出的那样,内部的大小也能明显地体现铜戈不同时期的特点。通过上图我们可以看出,内部大小的变化在不同发展阶段体现得非常明显,尤其是到了衰退期,内部的长、宽同时缩小了很多,相对于戈援宽大化的变化,内部的变化更加突出。我们判断,内部大小的变化可能与着柄方式或者铜戈的使用等都有关系。因此,我们也将内部的大小作为能反映铜戈时空变化的型式分类标准。图六中最后一幅图体现短内式铜戈内部大小整体的变化,通过这幅图我们可以看到铜戈内部在不同发展阶段的特点。发展Ⅰ期短内式铜戈的内部相对较宽,发展Ⅱ期的内部又宽又长,到了衰退期,短内式铜戈的内部又短又窄。

最后,我们再分析一下铜戈的平面形态与血沟中有纹饰的有纹铜戈。如前文研究史部分所示,学术界对铜戈平面形态的区分主要是二分法或三分法,二分法是将其分为细形与广形,三分法主要是屈曲形、细形与广形。所谓的屈曲形是指刃部稍微形成"段"的型式,其实如果考虑铜戈生产过程的话,应该是锐利形铜戈过度研磨导致的。也就是说,短内式铜戈的平面形态属于铸型属性,屈曲形与锐利形属于为了区分其研磨程度的命名,所以将屈曲形单独分为一种形态很难体现短内式铜戈的时空变化。本书的型式分类主要考虑各类青铜武器的时空变化,对于形态差别不反映时空变化的因素将予舍弃,因此,本书将短内式铜戈的平面形态主要区分为细形与广形。广形铜戈是指铜戈援部最窄的位置更接近于阑部的型式,也就是说援部的前半部分相对硕大,窄小部分相对靠后,这一特征与细形铜戈的差异很大。

有纹铜戈是指血沟里具有阳铸的铜戈纹饰,这些纹样的作用大概只是装饰。有学者对这些纹饰做过分类研究,但考虑到有纹铜戈数量较少,出现时期与分布地域都比较局限,不具备我们作为时空判断的重要属性,没有必要进一步细分,只是作为衰退期铜戈的特点之一,在分类时参考。

通过上文分析,我们大概选择了四个属性作为短内式铜戈的分类标准,这四个属性中,铜戈的平面形态与血沟中的纹饰属于非连续性变化属性,内部的大小与下援阑角属于连续性变化属性。下援阑角在发展Ⅰ期时,无论是中间值还是整体分布范围,都大于100°;在发展Ⅱ期时,其分布范围进一步扩大,中间值接近100°。鉴于此,我们建议以100°为基准,将铜戈分为仰式与抑式,分别代表发展Ⅰ期与发展Ⅱ期的特点。

内部的大小,我们主要考察内部宽度与阑部长度的比例,发展期的短内式铜戈其比例一般都在40%左右,而在衰退期,其比例都降到40%以下。因此,可用40%为标准,将铜戈分为宽内与狭内两种型式,代表不同的发展阶段。

按照以上标准,我们将短内式铜戈的大体分类整理如表6。

表6　按属性分类的短内式铜戈一览表
表6-1　平面形态与内部形态

	细　　　形	广　形
宽内	草浦里3,九凤里1,草浦里1,九凤里2,凤安里,宫坪里,凤安里,素素里,合松里,葛洞铸范,白岩里,灵岩铸范,九政洞1,入室里。	
狭内	九政洞3,竹洞里。	飞山洞、晚村洞

表6-2　整体形态与血槽纹饰

	细　形　宽　内	细形狭内	广形狭内
无纹	草浦里1,九凤里2,草浦里1,九凤里2,凤岩里,宫坪里,凤安里,素素里,合松里,葛洞铸范,白岩里,灵岩铸范。		
有纹		九政洞3,竹洞里	飞山洞1,晚村洞

表6-3　平面形态、内部形态与援阑角

	细形宽内无纹	细形宽内有纹	细形狭内无纹	广形狭内有纹
仰式	草浦里3,九凤里1,草浦里1,九凤里2,凤岩里,宫坪里,凤安里,素素里,合松里,葛洞铸范,白岩里,灵岩铸范。	入室里		飞山洞1,晚村洞
抑式		九政洞1	九政洞3,竹洞里	

通过以上分类,短内式铜戈大概可以分为五个类型,具体的分类方案参见表7与图七。关于各类短内式铜戈时间、空间的变化我们将在第四章讨论。

表 7　短内式铜戈分类方案

		Aa 式: 细形宽内无纹仰式	
甲类: 细形铜戈	A 型: 细形宽内铜戈	Ab 式: 细形宽内有纹	Ab1 式: 细形宽内有纹仰式
			Ab2 式: 细形宽内有纹抑式
	B 型: 细形狭内铜戈(有纹抑式)		
乙类: 广形铜戈	狭内有纹抑式		

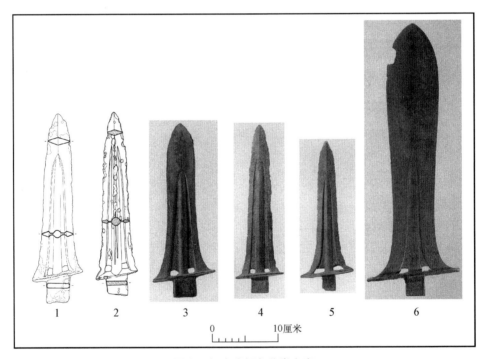

图七　短内式铜戈分类方案

甲类　Aa 式: 　1~2. 细形宽内无纹仰式铜戈(草浦里遗址 1、九凤里遗址 2)
　　　Ab1 式: 　3. 细形宽内有纹仰式铜戈(入室里遗址)
　　　Ab2 式: 　4. 细形宽内有纹抑式铜戈(九政洞遗址 1)
　　　B 型: 　5. 细形狭内有纹抑式铜戈(九政洞遗址 3)
乙类　　　　　6. 广形狭内有纹仰式铜戈(晚村洞遗址)

本书整理的分类方案,同时也考虑到中国东北地区同类铜戈的类型学研究,具体的研究内容,后文专述。

五、中原式铜戈

朝鲜半岛发现的中原式铜戈并不太多,目前的资料只有 4 件,集中分布于大同江以北的朝鲜半岛北部地区,相关研究成果也不多。赵镇先与笔者曾在 2007 年以中国东北地区和朝鲜半岛出土的中原式铜戈为研究对象,进行过一次系统研究①。参考井中伟对中国先秦铜戈的研究成果②,我们再次整理一下这几件朝鲜半岛发现的中原式铜戈(表 8、9)。

表 8　早期中国铜戈分类方案

内部 胡部	有　銎		无　銎	
	短　銎	管　銎	直　内	曲　内
无胡	短銎无胡戈	管銎无胡戈	直内无胡戈	曲内无胡戈
有胡	短銎有胡戈	管銎有胡戈	直内有胡戈	曲内有胡戈

表 9　已有中国东北地区与朝鲜半岛发现的中原式铜戈分类方案

研究者	分类标准	分　类　方　案	发表年度	备注
赵镇先 成璟瑭	援阑角与内阑角;援与内的长度;援锋部形态;穿孔数量	A 型:援阑角与内阑角都在 90°以里;短内;援长范围较大。 A1 式:援锋部呈圭形。 A2 式:援锋部呈椭圆形或近三角形。 B 型:援部逐渐上扬,援阑角与内阑角的总和超过 180°,援渐变窄;内渐变长。 B1 式:内又宽又短; B2 式:内渐变窄;内的外缘形成弧线。 C 型:上援逐渐弧曲;援阑角与内阑角总和持续增大;援变长;内变长。 C1 式:内基本呈方形;胡部开始研磨; C2 式:内部开始弧曲;胡部研磨扩大; C3 式:与 C2 式类似;胡部形成了刺; C4 式:援与内细长化;穿孔达 5 个。	2007	

① 赵镇先、成璟瑭:《关于中国东北地区和朝鲜半岛铜戈的考察——以中原式铜戈为中心》,《内蒙古文物考古》2007 年第 2 期。

② 井中伟:《早期中国青铜戈、戟研究》,科学出版社,2011 年。

目前,朝鲜半岛发现的中原式铜戈只有4件,但它们的型式并不完全一致。参照我们对中国东北地区和朝鲜半岛铜戈的整体分类,这4件铜戈分属C2式与C4式,本书只考虑朝鲜半岛的中原式铜戈,故将其分别命名为1式与2式。详见表10与图八。

表10　中原式铜戈分类方案

型式	1式	2式
遗物	石岩里,平壤府收藏,传平壤	江界一带

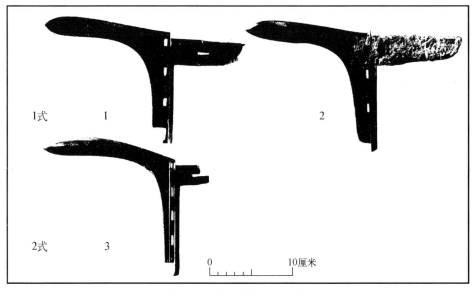

图八　中原式铜戈分类方案

1~2. 1式(石岩里遗址、平壤附近)　3. 2式(江界一带)

以上我们分析了朝鲜半岛出土中原式铜戈的型式,有关这些铜戈的大致年代分析,将在第三节讨论。另需说明的是,阑上四穿、内上一穿的江界附近发现的铜戈,也有可能为与矛头组合的戟的一部分,这种意见仅供参考。

六、铜矛

朝鲜半岛发现的铜矛相对于短茎式铜剑的数量要少很多,大致和短内式铜戈的数量相当。而且,学界习惯性地根据铜矛的平面形态,考虑和短茎式铜剑的对应,将其大致区分为琵琶形铜矛与细形铜矛。有关铜矛的专题研究几乎没有,大多数研究是与短茎式铜剑等其他青铜武器一并进行的。同时,目前朝鲜半岛发现的琵琶形铜矛大部分为收集品,或者为残缺严重、形态不明的碎片,很少有比较完整的考古发掘资料,所以我们的研究也将着重对细形铜矛进行系统研究。有关细形铜矛的型式研究参见表11。

表 11　已有铜矛分类方案

序号	研究者	分类标准	分 类 方 案	发表年度	备注
1	李清圭	着柄法的差异。	A 型:銎部有孔。 AⅠ式:全长不足 30 厘米;短锋;銎部无突带;有孔。 AⅡ式:短锋;一圈突带;有孔。 AⅢ式:短锋;两圈突带;有孔。 B 型:有环(耳)的型式。 BⅠ式:短锋;2~3 圈突带。 BⅡ式:40 厘米以上;长锋;一圈突带;环附耳。 BⅢ式:广形锋部;銎口增大。	1982	细形
2	李健茂	矛头形态。	1 类:矛头较窄;相对于全长銎部较长。 2 类:矛头较宽者。 3 类:刃部弯曲度不大者。	1994	琵琶形
3	李清圭	平面形态;长度;结绑方式	A 式(琵琶形):矛头为琵琶形,与琵琶形短茎式铜剑类似。 B 式(无环细形):铜矛銎部末端有穿孔。 C 式(细形):銎末有环;矛头有血沟;銎部有多组突带。 D 式(长细形):铜矛长度在 40 厘米左右。 E 式(中形):矛头关部至锋部基本为直线形;与 D 式不同,近锋部与突带平行,为急速变方的型式;銎末呈喇叭形,突带比上述型式较宽。 F 式(变形中形):关部以下,矛头下段里侧略曲。 G 式(广形):銎末无环,无孔的型式。	1997	

序号	研究者	分类标准	分　类　方　案	发表年度	备注
4	林昭延	长度;柱棱线的有无;血沟的有无及数量;銎口形态;耳、銎形态;节带与突带形态,纹饰的有无。	本书仅提供各属性的分析,具体的研究方案并未明确。	2006	弁辰韩地区

通过以上研究成果分析,朝鲜半岛发现的铜矛大致可以分为三个类型,即琵琶形、细形和中广形。琵琶形铜矛的矛头有明显突起部,其平面形态接近琵琶形短茎式铜剑。所谓中广形铜矛,只在朝鲜半岛东南部有一小部分发现,通过矛头长度、平面形态很容易将其区分出来。琵琶形铜矛与中广形铜矛在朝鲜半岛的数量并不多,因此,本书主要以细形铜矛为研究对象进行类型学研究。我们将铜矛各属性中能反映时间、空间变化要素的属性归类整理,并作为分类标准,进一步对铜矛进行型式分类。细形短茎式铜剑文化期,与细形短茎式铜剑共存,形态明确的铜矛详见表12。

表 12　细形铜矛重要元素一览表

序号	遗址	连续性属性								非连续性属性				发展阶段 *
		铜矛的长度（厘米）						铜矛的宽度（厘米）		突带	耳	穿孔	纹饰	
		全长 a	矛头 b	銎部 c	锋部 d	b∶a %	d∶b %	矛头最宽	銎部最宽					
1	九凤里	17.7	10.3	7.2	1.5	60.5	14.6	3.2	2.9	1	无	1	无	I
2	草浦里1	26.1	23.8	2.3	1	91.2	4.2	4.6	3.13	1	无	1	无	I
3	草浦里2	27.9	19.7	8.2	3.4	70.6	17.3	5	3.4	1	无	1	无	I
4	南阳里1	15.1	11.9	3.2	1.3	78.8	10.9	4.18	3.16	1	无	1	无	II
5	入室里1	34	25.4	8.6	5.4	74.7	21.3	5.8	3.7	4	1	无	有	衰
6	入室里2	32	21.9	10.1	6.5	68.4	29.7	4.4	3.25	3	1	无	有	衰
7	九政洞	24.1	18.8	5.3	3.5	78	18.6	6.6	4.1	4	1	无	有	衰

续　表

序号	遗址	连续性属性								非连续性属性				发展阶段*
		铜矛的长度（厘米）						铜矛的宽度（厘米）		突带	耳	穿孔	纹饰	
		全长 a	矛头 b	銎部 c	锋部 d	b∶a %	d∶b %	矛头最宽	銎部最宽					
8	茶户里1	14.6	10.6	4	2.3	72.6	21.7	3.64	3.06	1	1	无	无	衰
9	八达洞90	18.3	15.1	3.2	3.5	82.5	23.2	3.1	2.8	3	无	1	无	衰
10	八达洞100-1	14.7	10.7	4	2.2	72.8	20.6	3.6	2.9	1	无	1	无	衰
11	八达洞100-2	26.8	20.8	6	2.7	77.6	13	4.8	3	1	1	无	无	衰

（＊：发展阶段中，Ⅰ为发展Ⅰ期、Ⅱ为发展Ⅱ期、衰为衰退期）

通过上表我们可以看出，在细形短茎式铜剑文化发展Ⅰ期，铜矛的形态主要是有一圈突带的和有孔式的；到了衰退期，铜矛的突带数量增加，穿孔数量基本维持不变，有的带耳，同时开始出现有纹铜矛。由此可以判断，穿孔这一属性并不明显反映时间变化，耳与纹饰相对带有时间因素，应是较晚阶段的特点。但是，到了细形短茎式铜剑文化衰退期，铜矛的型式逐渐向中广形发展，数量并不多，且集中分布在朝鲜半岛东南部地区，因此，以这两个要素可以分类，但是只能区分发展期与衰退期，并不能做进一步的细分。接下来我们着重分析一下连续性属性的变化，相关统计分析详见图九。

通过图九我们可以看出，铜矛的全长集中分布在两个区域，25厘米以下为小型铜矛，25厘米以上为中型铜矛（35厘米以上多为中广形铜矛，不在统计范围）。中广形铜矛在细形短茎式铜剑文化发展的三个阶段长度变化不太明显，但通过最后一张表我们可以看出，这种铜矛的锋部长度在不同的发展阶段变化比较明显。从细形铜矛锋部长度的比较来看，区域更为明显，4厘米以下与5厘米以上更明显的集中为两个区域，因此可以直接命名为短锋型和长锋型。而锋部长度应与细形短茎式铜剑文化的发展阶段有关系，整体有锋部逐渐增长的趋势。

根据以上有关属性的统计分析，我们可以通过表13直观了解。

根据表13的统计，我们可以将朝鲜半岛发现的铜矛大致分为3个类型，具体分类方案详见表14与图一○。

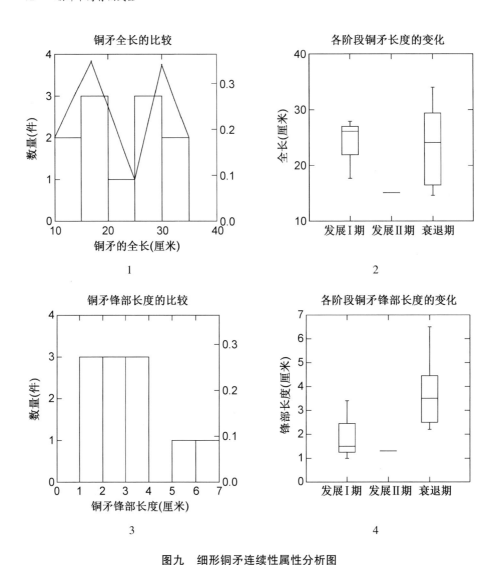

图九　细形铜矛连续性属性分析图

表 13　按属性分类的细形铜矛一览表

表 13 - 1　平面形态与锋部长度

	小　　形	中　　形
短锋	九凤里,南阳里 1,九政洞,茶户里 1,八达洞 90,八达洞 100 - 1	草浦里 1,八达洞 100 - 2
长锋		草浦里 2,入室里 1,入室里 2

表 13 - 2　平面形态、锋部长度与銎部构造

	短　锋　小　形	短锋中形	长锋中形
无耳无纹	九凤里，南阳里 1，八达洞 90，八达洞 100 - 1	草浦里 1	草浦里 2
有耳无纹		八达洞 100 - 2	入室里 1
无耳有纹			
有耳有纹			入室里 2

表 14　细形铜矛分类方案表

A 型：短锋小型矛	无耳无纹式
	有耳无纹式
	有耳有纹式
B 型：短锋中形矛	无耳无纹式
	有耳有纹式
C 型：长锋中形矛	无耳无纹式
	有耳无纹式
	有耳有纹式

七、铜镞

目前为止，朝鲜半岛出土铜镞的遗址在 20 个左右，共出铜镞大约有 100 件。铜镞的出土情况大致有三个特点：一是就单个遗址而言，或是大量铜镞集中出土，或是仅 1~2 枚铜镞出土，比较极端，这可能与铜镞本身为消耗性武器的性质有关；二是多种型式的铜镞共存，因为铜镞的形态差异并不一定是时间与空间差异的反映，更多还与射杀对象、射程等要素有关，因此，不同形态的铜镞共存情况较多；三是因为铜镞体量又薄又小，发掘出土时，残缺品较多，成为铜镞的类型学研究的障碍。

有关朝鲜半岛出土铜镞的研究并不多，韩修英对此做过专题研究[1]，另有李

---

① 韩修英：(韩)《青铜镞小考》，《研究论文集》4，韩国湖南文化财研究院，2003 年。

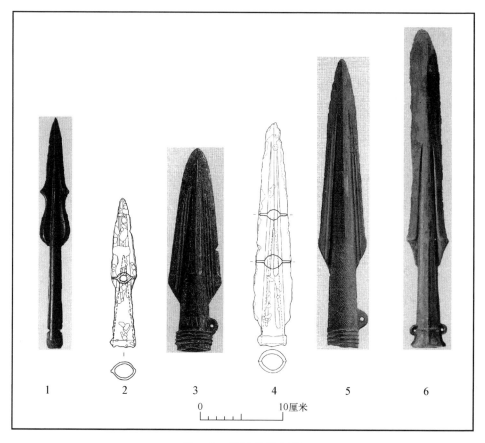

图一〇　铜矛分类方案

1. 琵琶形铜矛（传保宁）　2~3. 短锋小型细形铜矛（九凤里遗址、九政洞遗址）　4. 短锋中型细形铜矛（草浦里遗址1）　5. 长锋中型细形铜矛（入室里遗址1）　6. 中广形铜矛（良洞里遗址2）

惠琼[1]等,曾结合中国东北地区出土的铜镞进行研究,笔者在研究东大杖子墓地出土铜镞时,对与其相关的朝鲜半岛铜镞的特点进行过比较[2]。总的来看,朝鲜半岛出土的铜镞与中国东北地区出土铜镞型式趋同,关系紧密。

　　就目前的研究而言,对于铜镞的研究主要还是围绕其形态开展的类型学研究,并结合共存遗物等,对其年代以及特点等进行分析。本书将采用笔者对中国东北地区铜镞研究的方法,尝试对朝鲜半岛出土的铜镞进行考察,并在考察之前整理韩修英与笔者的研究方案,供参考,详见表15。

---

① 李惠琼:（韩）《中国东北地方青铜器时代铜镞的编年与地域相》,《湖西考古学报》30,2014 年。
② 成璟瑭、徐韶钢:《东大杖子墓地出土铜镞研究》,《边疆考古研究》21,科学出版社,2017 年。

表 15　已有铜镞的分类方案

序号	研究者	分 类 标 准	分 类 方 案	发表年度	备注
1	韩修英	平面形态;茎部形态等。	两翼型、三翼型、三棱型、四棱型、三角型等。	2003	朝鲜半岛
2	成璟瑭徐韶钢	箭头与箭杆的安装方式;镞身平面形态;刀(翼)的数量等。	有茎双翼镞。 有茎三翼镞。 有茎无翼镞(有茎柱状镞)。 有銎双翼镞。 有銎三翼镞。	2017	东大杖子墓地

就其平面形态而言,朝鲜半岛出土的铜镞大致都在笔者及韩修英的分类范畴之内,需要讨论的是分类标准及其顺序。考虑到铜镞的不同使用功能,因此首先应考虑安装方式问题,有茎铜镞与有銎铜镞应该是两个大的系统。石岩在对中国北方地区先秦时期出土铜镞进行研究时,也考虑到这个问题,将装柄方式的差异当作第一分类标准[①]。翼或棱的数量则可能与狩猎对象有关,这种型式差异可能在时间、空间上表现的不太明显。

各类铜镞的具体分类方案详见图一一。我们仍然着重考虑铜镞的装柄方式以及形态,区分为有茎式铜镞与有銎式铜镞两大类,镞身翼的形态及棱的形态等

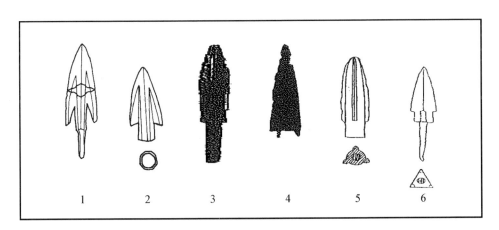

图一一　铜镞分类方案

1. 两翼有茎式(大雅里遗址)　2. 两翼有銎式(贞柏洞遗址)　3. 三翼有茎式(梨岘里遗址 1)　4. 三翼有銎 A 式(梨岘里遗址 3)　5. 三翼有銎 B 式(石岩里遗址 200 号)　6. 三棱有茎式(乐浪洞遗址)

---

① 石岩:《中国北方先秦时期青铜镞研究》,黑龙江大学出版社,2008 年。

作为第二标准考虑。除此之外,还有类似三角叶状铜镞、两翼扁銎镞等,因数量太少,分类方案中从略。

第三节　变迁与编年

在第二节中,我们对朝鲜半岛目前发现的各种青铜武器逐一做了类型学分析。有些青铜武器数量较多,型式也富于变化,分析全面一些;也有一些类似中原式铜戈、中原式铜剑以及铜镞等,因其数量有限,对其的考察还不够深入,需要更多的发现案例去验证我们的初步分析。

本节中,着重考虑各类、各型式青铜武器的编年问题,也就是根据共出遗物、遗物的组合关系以及遗迹的发展规律等分析其存续年代。

一、琵琶形短茎式铜剑

关于琵琶形短茎式铜剑的研究相对较多,通过单纯的形态比较、共出遗物、出土遗迹等分析,我们可以明确判断隆起部与突起部明显的 A 型铜剑是一种相对较早的型式,与此相关的琵琶形短茎式铜剑的变化过程是剑身下半部逐渐变窄,基部逐渐由弧收变化为折收,锋部长度以及由于研磨形成的脊棱线有逐渐增加的趋势,隆起部与突起部逐渐变得不太明显,并且其位置也有逐渐下降的趋势。这些体现在形态方面的变化过程很可能是铜剑的制作方法、功能变化以及使用方法的变化等所致,并与其逐渐向细形短剑式铜剑的过渡有关。

琵琶形短茎式铜剑中的其他型的形态比较特殊,有关这类铜剑的变迁过程我们需要具体讨论。顺天牛山里内牛支石墓群中 8 号支石墓出土的短茎式铜剑,其长度是正常铜剑的一半左右,仅有 17.8 厘米,茎部为 4 厘米。该把铜剑的隆起部与突起部基本无法确认,但其下半部仍为比较肥大的弧收形态,具备比较早的 A 型铜剑的特点。从整把铜剑的全长较短且锋部也较短这个特点来看,很可能是与铜剑的过度研磨有关,所以它的生产年代可以大致判断为与典型的 A 型铜剑接近,埋藏时间可能相对晚一些。大田飞来洞遗址 1 号支石墓出土的琵琶形铜剑也与之类似。这把铜剑与磨光红陶壶、石镞等遗物共出,由于整把铜剑的长度较短,有关它的性质学界讨论较多。我们认为这把铜剑的茎部形成沟槽,具有朝鲜半岛出土琵琶形短茎式铜剑的特征,并且在该把铜剑上无法确认细形铜剑具有的抉入部、节带等特点,可以初步判断其还应该属于琵琶形短茎式铜剑文化系统。结合铜剑共出的陶器、石器等,也都是琵琶形铜剑文化阶段的典型遗物,也有学者指出,从 1 号支石墓的筑造特点来看,应早于同一文化区分布的松菊里遗址石棺墓①,因此,这把铜剑可能也是过度研磨的琵琶形短茎式铜剑。

正如众多学者指出的一样,茎部具有沟槽的 Aa 型琵琶形短茎式铜剑是朝鲜半岛南部铜剑的特征②,这个沟槽应该与铜剑的剑身、剑柄的组合有关,以后可以通过实验考古加以验证。另外,经过多件实物观察,这种沟槽应该是铜剑铸造成型后研磨而成,暂时还没有从琵琶形短茎式铜剑的铸范上确认到这种沟槽的痕迹。除了茎部沟槽之外,Aa 型铜剑与 Ab 型铜剑的整体形态差异不大,可以判断为大体为同一时期的遗物。

以上我们考察了各类型琵琶形短茎式铜剑的相对年代,并对部分型式特殊的铜剑也做了分析,接下来,我们再讨论一下这种铜剑的编年问题。通过研究史的梳理可以知道,学术界对这种铜剑的年代争议比较大,其中不少学者主张公元前 6~前 4 世纪为开始年代。从琵琶形短茎式铜剑的整体发展过程来看,突起部与隆起部明显、下半部弧曲的扶余松菊里石棺墓以及延安郡金谷洞出土的 A 型铜剑年代相对较早,而这类铜剑与中国辽宁清原李家堡遗址、门脸遗址以及辽阳二道河子遗址等出土的铜剑形态类似,墓葬形态也比较接近。虽不能直接判断二者的年代,但以中国东北铜剑作参考的话,朝鲜半岛的琵琶形短茎式铜剑的年代不会太晚。根据出土的陶器型式可以初步判断李家堡遗址的年代为公元前 9 世纪后半—前 8 世纪前半。如果不排除朝鲜半岛短茎式铜剑文化与中国东北地区的密切联系,我们可以将朝鲜半岛琵琶形短茎式铜剑文化的开始年代推测为公元前 8 世纪左右,如果考虑到更为早期型式的飞来洞 1 号支石墓的结构特点,也可以将其上限年代追溯到公元前 8 世纪前半。

琵琶形短茎式铜剑的下限年代可以通过载宁孤山里遗址等地出土的 B 型铜剑来分析,从与其共出的中国中原式铜剑的形态来看,其年代大致为战国晚期,即公元前 3 世纪前半。朝鲜半岛琵琶形短茎式铜剑文化的年代大致在这一时期结束,同时朝鲜半岛细形短茎式铜剑文化开始出现。

二、细形短茎式铜剑

有关细形短茎式铜剑的型式变迁,赵镇先曾提出“铸型属性与研磨属性交

①　姜仁旭:(韩)《对于韩半岛出土琵琶形铜剑的登场与地域性》,《韩国上古史学报》49,2005 年。
②　李荣文:(韩)《对韩国琵琶形铜剑文化的考察》,《韩国考古学报》38,1998 年。

替变化发展导致铜剑形态发生变化,功能不断增强"的观点①。本书认可这种观点,也主张通过细形短茎式铜剑各属性的变化来了解铜剑文化的变迁过程。

关于细形短茎式铜剑的开始年代,许多学者都有讨论,集中在公元前 3 世纪—前 2 世纪左右,也有个别学者主张公元前 4 世纪已经开始。但无论学者们的年代观存在如何的差异,大家基本认可礼山东西里遗址、杨坪上紫浦里遗址、牙山南城里遗址、大田槐亭洞遗址等出土的铜剑应该是早期型式的细形短茎式铜剑,也可以视其为琵琶形短茎式铜剑到细形短茎式铜剑的过渡型式。

有关细形短茎式铜剑文化的衰退型式大家的意见相对比较一致,朝鲜半岛东南部地区的大邱晚村洞遗址出土铜剑、金海良洞里遗址出土铜剑都可视为最晚阶段的型式。

关于东西里遗址的年代,发掘者依据出土遗物形态、墓葬特点等,大体将其判断为公元前 3 世纪—前 2 世纪中叶②。属于同一发展阶段的牙山南城里遗址的发掘者以出土陶器为主要研究对象,判断其年代为公元前 3 世纪③。同样属于细形短茎式铜剑文化成立期的杨坪上紫浦里遗址做过碳十四检测,其年代为BP2710±60 年④。朝鲜半岛目前发现的细形短茎式铜剑没有比这几例更早的型式,有关年代的推论还是以公元前 3 世纪左右比较合理,也能和前文分析的琵琶形短茎式铜剑文化的结束年代衔接。个别学者提出公元前 2 世纪左右开始的观点⑤,尽管逻辑分析上也有一些道理,但无法解释琵琶形短茎式铜剑文化衰亡与细形短茎式铜剑文化开始的空白期,我们从短茎式铜剑的整体形态和发展趋势考虑,认为琵琶形短茎式铜剑与细形短茎式铜剑之间基本是"无缝对接"的。

再来考察一下属于细形短茎式铜剑文化衰退期的几个遗址。大邱八达洞遗址的报告者将该遗址分为三个发展阶段⑥,属于细形短茎式铜剑文化衰退期的年代大体为公元 2 世纪后半。金海良洞里遗址出土了大量包括细形短茎式铜剑文化衰退期铜剑在内的青铜遗物,发掘者根据共出陶器分析其年代约为公元 2 世纪前半⑦。这应该就是细形短茎式铜剑文化的下限年代了,尽管在此之前的

---

① 赵镇先:(韩)《细形铜剑文化研究》,学研文化社,2005 年。
② 池健吉:(韩)《礼山东西里石棺墓出土青铜一括遗物》,《百济研究》9,1978 年。
③ 韩炳三、李健茂:(韩)《南城里石棺墓》,国立中央博物馆,1977 年。
④ 秦弘燮、崔淑卿:(韩)《杨平郡上紫浦里支石墓》,《八堂、昭阳水库水没地区遗址发掘综合调查报告》,文化财管理局,1974 年。
⑤ 赵镇先:(韩)《细形铜剑文化研究》,学研文化社,2005 年。
⑥ 岭南义化财研究院:(韩)《大邱八达洞遗址Ⅰ》,岭南文化财研究院,2000 年。
⑦ 林孝泽、郭东哲:(韩)《金海良洞里古坟文化》,东义大学校博物馆,2000 年。

公元前后朝鲜半岛已经出现铁器,并且学术界习惯上也将这一时期叫作"初期铁器时代",但这并不影响从细形短茎式铜剑文化角度讨论其下限年代。也就是说,从这个意义上讲,朝鲜半岛的细形短茎式铜剑文化与初期铁器时代有一段时间的共存,这也是韩国考古学术界的主流观点[①]。

通过以上分析,我们可以认为细形短茎式铜剑文化开始于公元前 3 世纪初,结束于公元 2 世纪末,受个别材料的影响可能前后略有突破,但基本年代框架应该不变。

三、中原式铜剑

中原式铜剑在朝鲜半岛发现的并不多,年代也相对比较集中。参考前文中国学者对中原式铜剑发展序列的整体分析,我们将其大体分为两种型式。从其共出遗物分析,并考虑传播过程的话,这两种型式铜剑应该年代接近,相去不远。

本书只讨论这几件中原式铜剑的年代。赵镇先根据与中原式铜剑共出的遗物推测,朝鲜半岛出土的中原式铜剑的年代大致在公元前 3 世纪后叶到公元前 2 世纪前半[②]。本书参考石岩里遗址出土的与中原式铜剑共存的中原式铜戈上的铭文,认为这个时间范围有进一步讨论的必要。

该铜戈铭文为"廿五年上郡守……",学界大多数将其推测为秦王政二十五年(公元前 222 年)[③],但也有一些学者主张应该是秦昭王二十五年(公元前 282 年)[④]。本书倾向于秦昭王的纪年,详细论述将在朝鲜半岛出土中原式铜戈的年代问题中讨论。当然,尽管倾向于公元前 282 年的意见,但是铜戈生产制作之后,使用、废弃、埋藏还有一个过程,其具体年代也有可能要偏晚一些。综合以上,可以初步判断石岩里遗址的年代大致为战国晚期的公元前 3 世纪后叶,中原式武器的生产年代可能要比此早一些。

有关上林里遗址一次性出土 26 件中原式铜剑的讨论,学术界有中国流入说

---

① 崔炳铉:(韩)《第二章——韩国考古学时代区分论》,《学问研究的动向与争点·考古学》,大韩民国学术院,2017 年。

② 赵镇先著,成璟瑭译:《中国式铜剑在朝鲜半岛出现的背景》,《边疆考古研究》5,科学出版社,2006 年。

③ 郭沫若:《上郡戈》,《金文丛考》,人民出版社,1954 年;李健茂:(韩)《韩国式铜剑文化的研究》,高丽大学校博士学位论文,2003 年。

④ 董珊:《论阳城之战与秦上郡戈的断代》,《古代文明》3,文物出版社,2004 年;井中伟:《早期中国青铜戈、戟研究》,科学出版社,2011 年。

以及当地模仿说①等观点。中国流入说中,有人主张是吴越地区传入②,也有人主张从山东半岛流入③。鉴于铜剑成分分析的结果,并结合这些铜剑没有开刃使用痕迹等线索,我们可以接受铜剑为当地模仿制作的观点,但究竟中国哪个地区与之交流比较密切,根据我们对上林里、草浦里遗址等年代相当的材料的分析,暂时还不能明确得出结论。因为战国末年到汉初,齐和吴越都与朝鲜半岛有贸易往来或人口移动的线索,并且这两个地区通过海路与朝鲜半岛联系都比较便利,希望今后能有更多更可靠的证据,以帮助判断上林里这批铜剑的出土背景。

所以,我们认为朝鲜半岛出土的中原式铜剑大致分为两种情况:一是中国生产,流传到朝鲜半岛,不排除中国工匠的东渡,二是在朝鲜半岛当地模仿制造。但可以肯定,这两种情况的年代都比较接近,以战国末年到汉初比较可信。

四、短内式铜戈

根据前文分析,短内式铜戈大致分为细形与广形两大类,因其都与细形短茎式铜剑共存,所以二者的年代应该不出细形短茎式铜剑文化的年代范围。关于短内式铜戈的起源,之前有学者主张它与中国的“秦式戈”相关④。随着近年来中国考古学相关材料的增多,有部分学者认为中国东北地区与朝鲜半岛出土的短内式铜戈属于两个系统⑤,但包括笔者在内,更多的学者认为朝鲜半岛的短内式铜戈应该起源于中国的辽西地区,是同一系统文化的不同发展阶段⑥。笔者已经明确指出,短内式铜戈在辽西起源,经辽东地区传入朝鲜半岛的过程中,经历了两翼逐渐缩小退化、戈援逐渐变宽、内部逐渐狭细化的过程。参考这个过

---

① 马渊久夫、平尾良光:(日)《福冈县出土青铜器的铅同位体比》,《考古学杂志》第 75 卷 4 号,1990 年;李荣勋:(日)《韩半岛南部的中国系青铜器》,《日韩交涉の考古学(弥生时代编)》,六兴出版,1991 年。

② 白云翔:《从韩国上林里铜剑和日本平原村铜镜论中国古代青铜工匠的两次东渡》,《文物》2015 年第 8 期;白云翔:《公元前一千纪后半中韩交流的考古学探究》,《国家博物馆馆刊》4,2018 年。

③ 王青:《山东发现的几把东北系青铜短剑及相关问题》,《考古》2007 年第 8 期。

④ 崔梦龙:(韩)《有关韩国铜戈——以型式分类为中心》,《首尔大文理大学报》18,首尔大学校,1972 年。

⑤ 李阳洙:(韩)《通过韩国式铜戈看韩、中、日三国的交叉编年》,《第 32 回韩国考古学会全国大会发表要旨》,2008 年;赵镇先:(韩)《韩国式铜戈的登场背景与辛庄头 30 号墓》,《湖南考古学报》32,2009 年;李厚锡:(韩)《细形铜剑阶段中国东北地区的铜戈与铜矛》,《韩国考古学报》87,2013 年。

⑥ 成璟塘:《关于短内式铜戈相关问题的再检讨》,《边疆考古研究》11,科学出版社,2012 年;成璟塘、高振海:《关于短内式铜戈的起源与年代问题》,《庆祝魏存成先生七十岁论义集》,科学出版社,2015 年。

程,也比较容易理解朝鲜半岛出土的短内式铜戈由细形宽内铜戈,经细形狭内铜戈,如何发展为广形狭内铜戈。并且,在细形狭内铜戈时期,血沟内出现具有装饰意味的纹饰。但从东北亚的视野来看,这种有纹铜戈不仅出现在朝鲜半岛,中国东北地区在较早的阶段也有出现。

接下来考察一下与短内式铜戈共存的遗物。我们认为九凤里遗址、草浦里遗址中出土的细形宽内铜戈应该是最早的型式,根据发掘者的意见,九凤里遗址的年代大约为公元前3世纪后半到公元前2世纪初[①],草浦里遗址的年代为公元前2世纪初到公元前2世纪前半[②]。综合考虑,短内式铜戈在朝鲜半岛出现的最早阶段应该是公元前2世纪前后,这个时间段属于细形短茎式铜剑文化的发展I期。关于朝鲜半岛北部短内式铜戈的年代问题,我们通过石山里遗址、梨花洞遗址等出土材料判断,其年代与此相当或略早一些,或可以到公元前3世纪后半,遗憾的是这些材料相对较少,目前还无法做更为深入的分析。

九政洞遗址出土的短内式铜戈,是我们划分的第二个发展阶段。依据李健茂对其的分析,该遗址的年代可能与原三国时代[③]相衔接,大致在公元前1世纪后半左右[④]。笔者注意到该遗址出土的短内式铜戈还有细形宽内的型式,因此考虑该遗址出土遗物的生产年代可能较长,上限年代可以早到公元前1世纪初,这样就与第一阶段短内式铜戈的年代有所接续。

衰退期短内式铜戈的型式是广形狭内有纹铜戈,集中出土于朝鲜半岛东南部地区,具体有飞山洞遗址、晚村洞遗址等。晚村洞遗址由于是事后收集材料,其年代不太确实,但从共存的细形短茎式铜剑来看,还应该属于细形短茎式铜剑文化衰退期,即公元2世纪前后。

以上分析表明,朝鲜半岛的短内式铜戈经历了细形宽内、细形狭内、广形狭内三个发展阶段,大致对应细形短茎式铜剑文化的发展I期、发展II期与衰退期。细形宽内铜戈的上限年代可以早到公元前3世纪末,细形狭内铜戈的上限年代大致为公元前1世纪前后,而最后一个阶段,广形狭内铜戈的下限年代可以晚到大约公元2世纪前后。

---

① 李康承:(韩)《扶余九凤里出土青铜器一括遗物》,《三佛金元龙教授停年退任纪念论丛》,一志社,1987年。

② 李健茂、徐声勋:(韩)《咸平草浦里遗址》,国立光州博物馆、全罗南道、咸平郡,1988年。

③ 原三国时代的概念与"三韩时代"、"初期铁器时代"等概念所指的范围大致相同,只是从不同的编年体系出发学者们有不同的学术用语而已。有关以上概念的分析,详见崔炳铉:(韩)《第二章——韩国考古学时代区分论》,《学问研究的动向与争点·考古学》,大韩民国学术院,2017年。

④ 李健茂:(韩)《有纹铜戈考》,《震檀学报》71、72合,1991年。

五、中原式铜戈

目前,朝鲜半岛发现的中原式铜戈只有 4 件,分 1 式与 2 式两种,年代集中于战国晚期到汉初的阶段。

接下来主要分析一下石岩里遗址出土铜戈的铭文。关于铭文的释文,学术界意见相对一致,为"廿五年上郡守造,高奴工师竈,丞申,工鬼薪诎"。上郡为秦的地方行政建制,高奴是上郡下的一个县,位于今陕西省境内。有关上郡设置的时间,学术界有不同意见,但基本认为是公元前 4 世纪中叶。这个时间节点之后,秦国历代王中,王号超过 25 年的共有三人,即秦惠王(公元前 337～前 311 年,27 年)、秦昭王(公元前 306～前 251 年,56 年)、秦王政(公元前 246～前 222 年,25 年)。所以"廿五年"就有三种可能性,分别是公元前 309 年、公元前 282 年与公元前 222 年。参考有关秦戈的研究成果,秦庄王(公元前 249 年)之后到秦王政时期,秦戈的特征是内上一穿、阑上四穿的型式[1]。如果此结论可信,那么石岩里遗址出土的内上一穿、阑上三穿的型式就应该是公元前 249 年之前的产品,并且,结合"上郡守多为秦昭王时代的铭文"的推论[2],我们推测石岩里遗址出土中原式铜戈的年代很可能就是秦昭王二十五年,即公元前 282 年。

简言之,石岩里遗址出土中原式铜戈的生产年代应在公元前 282 年,但是考虑到使用、废弃以及流传的过程,石岩里遗址的具体年代应该相对较晚,大体范围还在战国晚期到汉初这个阶段。

六、铜矛

如前文所述,朝鲜半岛发现的铜矛大致可以分为琵琶形铜矛、细形铜矛以及中广形铜矛三个大类。琵琶形铜矛数量很少,并且与经过发掘出土的琵琶形铜矛共存的多为琵琶形短茎式铜剑时期的遗物,可以判断这两类青铜武器大致为同一时期,约为公元前 7～前 4 世纪。当然,目前还未发现琵琶形铜矛与琵琶形短茎式铜剑共存的状况,期待今后进一步的考古发掘验证我们的推论。中广形铜矛集中分布于朝鲜半岛东南部,从与它们共存的细形短茎式铜剑的情况来看,推测其年代属于细形短茎式铜剑文化衰退期或初期铁器时代。此外,石岩里遗

---

① 陈平:《试论战国型秦兵的年代及有关问题》,《中国考古学研究论集——纪念夏鼐先生考古五十周年》,三秦出版社,1987 年;井中伟:《早期中国青铜戈、戟研究》,科学出版社,2011 年。

② 陈平:《试论战国型秦兵的年代及有关问题》,《中国考古学研究论集——纪念夏鼐先生考古五十周年》,三秦出版社,1987 年。

址出土有中原式铜矛。它的年代应该与其共存的中原式铜剑、中原式铜戈等类似,都为战国晚期前后,并且,不排除这件铜矛为与铜戈组合使用的青铜戟的戟头。

细形铜矛主要与细形短茎式铜剑共存并发展变迁。按照前文的分类,细形铜矛可以分为短锋小形矛、短锋中形矛、长锋中形矛等型式。虽然铜矛自身形态的变化发展不像细形短茎式铜剑、短内式铜戈等有明确可寻的趋势,但是通过梳理,还是可以确认铜矛由小形到中形(中广形)、由短锋到长锋、由无纹到有纹的基本发展变化过程。而且,在细形铜矛发展的晚期阶段,因其结绑方式的多样性,矛头出现了丰富的变化,突带、穿孔的出现,耳从无到有、从单耳到双耳等变化都与其有关。

从出土遗物的组合关系来看,与短内式铜戈类似,细形铜矛也是自细形短茎式铜剑文化的发展期开始出现,在衰退期或更晚一点的时期结束的。九凤里遗址出土的铜矛型式较早,其年代前文已有讨论,大致约为公元前 3 世纪末[1]。九政洞遗址出土的铜矛为短锋小形矛,并且有耳,突带数量也有增加,从其形态判断,九凤里遗址大概可以晚到公元前 2 世纪初。草浦里遗址出土的短锋小型铜矛的锋部与銎部都非常短小,暂时没有发现与其类似的型式,只能通过共出的遗物讨论其大体年代。长锋中形铜矛的矛头以及銎部都有增大的趋势,并且开始出现纹饰,这种型式的铜矛多与细形短茎式铜剑文化衰退期的铜剑共存,推测其年代大致为公元前 1 世纪前后。

从共存遗物来看,中广形铜矛的年代应该是最晚的,其特征是矛头宽平,銎部增大。这种型式的铜矛可能属于细形短茎式铜剑文化的衰退期或初期铁器时代,为公元 1 世纪左右。

七、铜镞

朝鲜半岛发现的铜镞主要集中于北部以平壤为中心的大同江流域,从其出土遗迹来看,不少为受战国燕文化以及汉文化影响的木构墓葬,年代相对偏晚。相反,中部以及南部部分铜镞出土于支石墓、石棺墓等石构墓葬,并且与石剑、石镞等磨制石器或者琵琶形短茎式铜剑等共存,年代可能偏早一些。但这种整体判断并不完全代表铜镞的传播路线或发展趋势。

---

① 李康承:(韩)《扶余九凤里出土青铜器一括遗物》,《三佛金元龙教授停年退任纪念论丛》,一志社,1987 年。

韩修英按照各遗址出土遗物的共存情况,将其划分为琵琶形短茎式铜剑文化期、细形短茎式铜剑文化—初期铁器时代期、铁器时代期三个大的发展阶段①。其中与琵琶形短茎式铜剑共存的多为有茎两翼式铜镞,个别为有銎两翼式铜镞。这与我们对中国东北地区铜镞的判断基本一致,两翼镞的年代相对偏早。属于铁器时代的铜镞仅一件,为昌原三东洞遗址出土,韩修英判断其为非实用器。本书结合报告书分析,这件铜镞型式特殊,朝鲜半岛及东北亚地区暂时没有发现此类型式的铜镞,倒是部分铁镞有类似型式。所以,尽管其材质为青铜,其整体文化属性可能已经完全进入更晚的铁器时代。

与短内式铜戈、细形铜矛的情况类似,大部分铜镞与细形短茎式铜剑共存。虽然各种型式的铜镞都有共存情况,但从发展趋势来看,基本是有茎式铜镞相对早于有翼式铜镞,两翼铜镞早于三翼、三棱铜镞。平壤一带木棺墓出土的铜镞多为两翼、三翼有銎式铜镞,其年代大致为战国晚期到汉初。

有关不同型式铜镞的射杀对象以及射程的差异,我们希望通过实验考古学的方法做进一步的分析。

八、朝鲜半岛青铜武器的编年

以上七部分我们分别讨论了朝鲜半岛发现的琵琶形短茎式铜剑、细形短茎式铜剑、中原式铜剑、短内式铜戈、中原式铜戈、铜矛以及铜镞等各类青铜武器的大体存续年代,尤其是细形短茎式铜剑、短内式铜戈、细形铜矛、铜镞等大量存在共存关系,为我们的讨论以及编年提供了可能。

按照以上的讨论,我们整理了朝鲜半岛青铜武器的编年方案,只是按照不同种类的青铜武器进行粗略编年,不同种类、型式武器的具体年代还需进一步讨论。

从下表我们可以看出,朝鲜半岛的青铜武器大致可以分为两个发展阶段,一是以琵琶形短茎式铜剑为代表的阶段,二是以细形短茎式铜剑为代表的阶段。很明显,单从数量与种类来讲,第二阶段是朝鲜半岛青铜武器的繁荣阶段。有关琵琶形短茎式铜剑文化的开始年代以及细形短茎式铜剑文化的衰亡年代,我们将结合中国东北地区出土的相关资料,在第四章中加以讨论。

---

① 韩修英:(韩)《青铜镞小考》,《研究论文集》4,韩国湖南文化财研究院,2003 年。

表 16　朝鲜半岛青铜武器的编年（……可能性；——确实性）

	公元前800	公元前700	公元前600	公元前500	公元前400	公元前300	公元前200	公元前100	公元	公元100	公元200
琵琶形短茎式铜剑											
细形短茎式铜剑											
中原式铜剑											
短内式铜戈											
中原式铜戈											
铜矛											
铜镞											

第三章　朝鲜半岛与中国东北
地区青铜武器的比较

第一节　中国东北地区的考古发现

　　众所周知,朝鲜半岛发现的青铜武器与中国东北地区有密切的联系,两地区在包括青铜武器在内的诸多方面均有广泛、深入的文化交流。本书将以青铜武器为切入点,探讨这种文化交流的背景与特点。为了深入理解这种交流与联系,我们首先考察一下中国东北地区的基本情况。

　　考古学上使用的中国东北地区是一个文化的概念,与一般意义上的概念不同,除了行政区划上的辽宁、吉林、黑龙江之外,还包括内蒙古自治区东南部、河北省北部地区以及京津北部地区等。从地理上来看,东北地区的西边是小兴安岭、大兴安岭;南边是燕山及其余脉;东边是千山山脉以及长白山山脉,鸭绿江、图们江是中朝的两条界河,也是中国东北地区与朝鲜半岛的分界;北边及东北边分别为黑龙江、乌苏里江,是中俄的两条界河。这样一个由山水构成的封闭空间,形成具有相对独立的文化发展系统的基础条件,区别于北方草原文化区、中原农耕文化区。在东北地区内部,不同的山水将其区分为不同的地理单元,大体上可分为北边的松嫩水系以及南边的辽河水系。松嫩水系包括松花江、嫩江冲积形成的松嫩平原,松花江、乌苏里江、黑龙江冲积形成的三江平原,西流松花江及其支流冲积形成的以长春、吉林为中心的吉长地区等;辽河水系除包括西拉木伦、西辽河、东辽河及其支流外,还包括辽河西翼的大、小凌河水系以及辽河东翼的太子河、浑河、碧流河等地区,辽河流域大体可分为辽西山地地区(西拉木伦流域与大、小凌河流域)、辽西平原地区(下辽河流域)、辽东北部地区以及辽东半岛地区等。

青铜时代东北地区文化最发达的应该是辽河流域,大部分青铜武器也集中分布在这一区域。本章首先按照不同的地理单元介绍青铜武器的重要发现,然后以此为基础,根据遗物的组合关系、出土遗迹等,判断其大体年代。在梳理出中国东北地区青铜武器的发展脉络后,再与朝鲜半岛的青铜武器比较分析,以此为背景,了解朝鲜半岛青铜武器的起源及发展过程。

一、西拉木伦流域

西拉木伦可以看作西辽河的上游,而西拉木伦流域不仅包括其干流流域,还包括与之相关的老哈河、教来河等流域,这一区域是中国东北地区青铜武器集中出土的区域之一。尽管老哈河的流向、遗址的地形环境等与西拉木伦干流的有所区别,但习惯上还是把这两个流域设定为一个文化圈。接下来考察一下这一区域的主要遗址以及遗物。

1. 南山根遗址

位于宁城县存金沟乡南山根村,1958 年与 1963 年对该遗址进行了 2 次发掘调查。1958 年的发掘中,石棺墓出土琵琶形短茎式铜剑 1 件,銎柄式铜剑 1 件以及铜刀、铜环、青铜装饰品与骨器、石器、陶器等大量遗物[1]。1963 年发掘的也是一座石棺墓,编号为 101 号,该墓葬出土遗物有琵琶形短茎式铜剑 1 件,匕首式铜剑 6 件,中原式铜戈 3 件,铜镞 45 件,此外还有铜刀、铜斧、铜凿、青铜头盔、青铜车马器、装饰品等 500 余件青铜遗物与石斧、骨器、金器、绿松石等,没有发现陶器[2]。此外,1963 年夏,在 101 号墓葬附近还发现一座石棺墓,编号为 102 号。该墓葬仅发现 3 件铜镞,其余均为陶器、石器以及其他类青铜器等[3]。

2. 小黑石沟遗址

位于宁城县甸子乡小黑石沟村,1985 年偶然发现,随即展开发掘清理。该遗址为一座石棺墓,墓中出土中原式铜戈 1 件,銎柄式铜剑 3 件,匕首式铜剑 2 件以及剑鞘、头盔、铜镞、铜斧、铜凿、铜锥、铜刀、铜鼎、铜尊、铜壶、铜豆、车马器

①　中国科学院考古研究所内蒙古工作队:《宁城南山根遗址发掘报告》,《考古学报》1975 年第 1 期。

②　辽宁省昭乌达盟文物工作站、中国科学院考古研究所东北工作队:《宁城县南山根的石椁墓》,《考古学报》1973 年第 2 期。

③　安志敏、郑乃武:《内蒙古宁城县南山根 102 号石椁墓》,《考古》1981 年第 4 期。

等大量青铜器,除此之外还有石器、玉器等大约 400 余件遗物[1]。

3. 山湾子遗址

位于敖汉旗敖吉乡山湾子水库附近,1974 年,山湾子水库建设过程中发现并进行考古发掘。该遗址出土琵琶形短茎式铜剑 6 件,琵琶形短茎式铜剑铸范 2 件以及銎柄式铜剑、铜刀、石斧、石镰、石棒、陶器等[2]。

4. 铁营子墓地

位于喀喇沁旗西桥镇西 20 千米的宫家营子村铁营子三组北的平缓坡地上,推测遗址面积约 8 000 平方米。2013 年因盗掘而被发现,随后组织了大规模的发掘工作。目前发现墓葬 59 座(54 座被盗掘),基本呈西北—东南向排列,墓葬大多为长方形土坑墓,以单人仰身直肢葬为主,侧身葬次之,也有二人合墓。部分墓葬中有殉动物头蹄的现象。墓葬中出土大量青铜器、玉石器以及陶器等遗物,其中青铜武器有短内式铜戈等[3]。

除此之外,该区域出土青铜武器的遗址参见附表二。

二、大、小凌河流域

大凌河与小凌河是两条走向近似但不交汇的合流,主要流域范围在辽宁省西部,此外,辽西松岭以东南的六股河、烟台河、狗河等流域,严格意义上并不属于大、小凌河流域,因为它们都是直接注入渤海的,在地理上属于辽西走廊地区,直抵辽河腹地的新民与浑河腹地的沈阳一带。但为了研究的方便,我们只是提出二者的地理概念差异,并不做考古学文化分布区域的单独区分。

从目前发现的资料来看,大、小凌河流域是青铜武器发现最丰富的地区。下面着重介绍几处重要遗址。

1. 水泉遗址

位于敖汉旗四家子镇,1995 年对其进行发掘调查,发掘面积相对于遗址面积较小,共确认 110 座墓葬,大部分为土坑竖穴墓。其中,20 号墓葬出土琵琶形短茎式铜剑 1 件,铜带钩以及陶器等;79 号墓葬出土中原式铜戈 1 件以及陶器等。距这个遗址东南方向大约 6 千米左右的乌兰宝拉格遗址出土琵琶形短茎式

① 项春松、李义:《宁城小黑石沟石椁墓调查清理报告》,《文物》1995 年第 5 期;内蒙古文物考古研究所:《小黑石沟:夏家店上层文化遗址发掘报告》,科学出版社,2009 年。
② 邵国田:《内蒙古敖汉旗发现的青铜器及有关遗物》,《北方文物》1993 年第 1 期。
③ 赵国栋:《赤峰古代墓葬》,内蒙古出版集团、内蒙古文化出版社,2014 年。

铜剑 1 套及陶器等①。

2. 大拉罕沟墓地

位于辽宁省建平县孤山子乡大拉罕沟村,1975 年首次发现,1985 年村民修建房屋时出土了大量青铜器,随即对其展开考古发掘。该遗址主体为夏家店上层文化,其中也有一些出土青铜器的墓葬。M751 号墓葬出土琵琶形短茎式铜剑 1 件以及铜斧、铜凿、铜铃等青铜器;M851 号墓葬出土琵琶形短茎式铜剑 1 套以及铜镜、铜刀、铜斧等青铜器与石斧、骨质车马器等②。

3. 炮手营子遗址

位于建平县榆树林子乡炮手营子村入口附近,1988 年村内修水塔时偶然发现。初步判断遗迹为石棺墓,出土遗物包括琵琶形短茎式铜剑 1 套,琵琶形铜矛 1 件,铜镞 16 件,铜镜、铜斧、铜铎、铜铃、镜形饰、铜盒、铜泡等青铜器以及石斧、石珠等遗物③。

4. 十二台营子遗址

位于朝阳县十二台营子村后,大凌河在该村东南位置由西南流向东北。1958 年兴修水渠时发现并发掘,共 3 座墓葬。1 号墓出土琵琶形短茎式铜剑 2 件,铜镞 2 件,铜镜、铜刀、铜斧、铜凿、铜锥、铜牌以及大量车马器等青铜器,此外还有石斧、石网坠等石器以及陶网坠等陶器。2 号墓出土琵琶形短茎式铜剑 2 件,铜镞 14 件,铜镜、铜斧、铜刀、铜锥以及车马器等青铜器。3 号墓出土有铜镜与石质的铜剑柄部枕状器等④。后来,又陆续在该墓葬附近发现一些青铜时代墓葬,也出土或采集了一些包括青铜武器在内的遗物,其中出土琵琶形短茎式铜剑 6 件,采集琵琶形短茎式铜剑 3 件⑤。

5. 王八盖子地遗址

位于朝阳县南双庙乡,1989 年附近农民耕作时偶然发现。该遗址的遗迹已经无从确认,但从该遗址收集 1 件铜矛与 1 件碧玉⑥,因为铜矛形制特殊,因此受

① 郭治中:《水泉墓地及相关问题之探索》,《中国考古学跨世纪的回顾与前瞻》,科学出版社,2000 年;邵国田:《敖汉旗乌兰宝拉格战国墓地调查》,《内蒙古文物考古》1996 年第 1 期。

② 建平县文化馆、朝阳地区博物馆:《辽宁建平县的青铜时代墓葬及相关遗物》,《考古》1983 年第 8 期;李殿福:《建平孤山子、榆树林子青铜时代墓葬》,《辽海文物学刊》1991 年第 2 期。

③ 李殿福:《建平县孤山子、榆树林子青铜短剑墓》,《辽海文物学刊》1991 年第 2 期。

④ 朱贵:《辽宁朝阳十二台营子青铜短剑墓》,《考古学报》1960 年第 1 期。

⑤ 靳枫毅:《大凌河流域出土的青铜时代遗物》,《文物》1988 年第 11 期;尚晓波:《辽西青铜曲刃剑的发现与比较分析》(内部资料),辽宁省考古学会第 5 次年会论文,2005 年。

⑥ 李刚:《中西青铜矛比较研究》,《中国历史文物》2005 年第 59 期。

到学术界关注。

6. 黄花沟遗址

位于朝阳县胜利乡西沟村,1971 年在该遗址采集琵琶形短茎式铜剑铸范 1 套(2 件),但目前仅存 1 件①。

7. 胡头沟遗址

位于阜新县化石戈乡台吉营子村西南的山崖上,1973 年因下雨冲刷而被发现。该遗址有大量新石器时代(红山文化)的石构墓葬,遗址中央位置有 3 座青铜器时代的墓葬,其中 2 座是土坑墓,1 座是石椁墓。2 号墓是石椁墓,该墓葬出土琵琶形短茎式铜剑 1 件与枕状器等。5 号墓是土坑墓,出土琵琶形短茎式铜剑 1 件与剑柄、铜珠等大量遗物②。

8. 五道河子墓地

位于凌源县三道河子乡五道河子砖厂附近,该地区虽属于滦河流域,但为了行文方便,我们暂时将该遗址置于大、小凌河流域讨论参考。1979 年 5 月在第二次全国文物普查过程中发现,共 11 座墓葬,其中 10 座为土坑墓,1 座为石椁墓。该遗址出土大量青铜武器,均为土坑墓中出土,包括中原式铜剑 10 件,中原式铜戈 3 件,铜镞、铜斧、铜凿、铜锥、车马器以及装饰品等,此外还有金器、玉器等③。

9. 三官甸子遗址

位于凌源县凌北乡三官甸子村,1976 年在兴修水利工程时发现并发掘。推测遗迹为石椁墓,该墓葬出土琵琶形短茎式铜剑 4 件,中原式铜戈 1 件、铜镞 6 件与青铜鼎、铜刀、铜斧、铜凿、铜钟、铜泡、车马器、蛙形青铜器等青铜遗物,以及滑石质的铜斧铸范、金器、玛瑙、石珠等,此外还有陶壶、陶制送风管等陶器④。

10. 老爷庙遗址

位于喀左县老爷庙乡果木树营子村后,1993 年附近村民农耕时偶然发现。推测遗迹为土坑竖穴墓。该墓葬出土琵琶形短茎式铜剑 1 套,中原式铜戈 1 件,铜环、铜铃等青铜器,以及把手陶壶、双耳陶壶等⑤。

11. 和尚沟遗址

位于喀左县兴隆庄乡宣家窝铺村,1979 年在第二次文物普查过程中发现,

① 靳枫毅:《大凌河流域出土的青铜时代遗物》,《文物》1988 年第 11 期。
② 方殿春、刘葆华:《辽宁阜新县胡头沟红山文化玉器墓发掘简报》,《文物》1984 年第 6 期。
③ 辽宁省文物考古研究所:《辽宁凌源县五道河子战国墓发掘简报》,《文物》1989 年第 2 期。
④ 辽宁省博物馆:《辽宁凌源县三官甸子青铜短剑墓》,《考古》1985 年第 2 期。
⑤ 刘大志、柴贵民:《喀左老爷庙乡青铜短剑墓》,《辽海文物学刊》1993 年第 2 期。

共分四个地点,22 座墓葬,其中大部分为木棺墓。这些墓葬共出土琵琶形短茎式铜剑 3 件,中原式青铜容器以及青铜耳环、铜刀、铜泡等青铜器,此外还出土有金镯、陶器、石器等遗物①。

12. 南洞沟墓地

位于喀左县六官营子乡南洞沟村,1966 年附近村民农耕时偶然发现,随后组织了发掘清理工作。推测遗迹为石椁墓,平面形态为抹角长方形。该墓葬出土琵琶形短茎式铜剑 1 套,中原式铜戈 1 件,铜簠、铜带钩以及车马器等,此外还出土有骨质车马器、石斧、石珠、陶器等②。

13. 东大杖子墓地

位于建昌县碱厂乡东大杖子村,背靠燕山余脉,南临大凌河上游的支流南河,整个墓地被现代村庄覆盖。1999 年因盗掘发现该墓地,2000 年以来,辽宁省文物考古研究所联合多家单位对该遗址进行过 7 次发掘,累计发掘墓葬 47 座,出土大量遗物,此外,还有公安部门追缴及历年征集的文物等③。东大杖子墓地共出土琵琶形短茎式铜剑 17 件,其中 8 件配有剑把头饰,2 件为金质剑把头饰,单独出土的剑把头饰有 2 件;中原式铜戈 14 件,短内式铜戈 3 件,铜矛 4 件,铜镞 379 件,以及大量青铜礼器、青铜容器以及青铜工具、青铜车马器、青铜装饰品等。除青铜器外,东大杖子墓地还出土陶器、石器、玉器等遗物。

14. 于道沟遗址

位于建昌县汤神庙镇孤山子村东北约 1 千米左右的于道沟村,大凌河发源地之一的宫山嘴水库即位于于道沟遗址东南位置。1990 年,村民在修建猪圈时发现此遗址,并对其进行简单清理;2004 年,辽宁省文物考古研究所对该遗址进行了发掘,共确认墓葬 11 座,并连同 1990 年的材料发表简报④。根据简报,于道沟墓地的 11 座墓葬均为土坑竖穴墓,葬式为仰身直肢葬,或为木质葬具,或葬具

① 辽宁省文物考古研究所、喀左县博物馆:《喀左和尚沟墓地》,《辽海文物学刊》1989 年第 2 期。

② 辽宁省博物馆、朝阳地区博物馆:《辽宁喀左南洞沟石椁墓》,《考古》1977 年第 6 期。

③ 辽宁省文物考古研究所等:《辽宁建昌东大杖子墓地 2000 年发掘简报》,《文物》2015 年第 11 期;辽宁省文物考古研究所等:《辽宁建昌东大杖子墓地 2001 年发掘简报》,《考古》2014 年第 12 期;辽宁省文物考古研究所等:《辽宁建昌东大杖子墓地 2002 年发掘简报》,《考古》2014 年第 12 期;辽宁省文物考古研究所等:《辽宁建昌东大杖子墓地 2003 年发掘简报》,《边疆考古研究》18,科学出版社,2015 年;辽宁省文物考古研究所等:《辽宁建昌东大杖子墓地 M40 的发掘》,《考古》2014 年第 12 期;辽宁省文物考古研究所等:《辽宁建昌东大杖子墓地 M47 的发掘》,《考古》2014 年第 12 期;成璟瑭等:《葫芦岛市博物馆藏东大杖子墓地出土器物研究》,《文物》2015 年第 11 期。

④ 辽宁省文物考古研究所等:《辽宁建昌于道沟战国墓地调查发掘简报》,《辽宁省博物馆馆刊》1,辽海出版社,2006 年。

没有确认。该墓地 1990 年收集的遗物有琵琶形短茎式铜剑 1 件,剑把头饰 1 件,中原式铜剑 1 件,中原式铜戈 1 件,短内式铜戈 1 件,以及铜斧、铜凿、铜刀等青铜器,此外还有陶器、石器、玉器等遗物。2004 年发掘的墓葬中,出土有中原式铜戈 1 件以及陶器等[①]。

15. 乌金塘遗址

位于锦西县(现属葫芦岛市)暖池塘乡李虎氏村,1958 年修建乌金塘水库时发现并发掘。乌金塘遗址共发现 3 座墓葬,均为土坑竖穴墓,在该遗址中共出土琵琶形短茎式铜剑 4 件,中原式铜戈 1 件,铜镞 15 件,以及青铜头盔、铜斧、铜凿、铜刀、铜泡、盾形饰、青铜装饰品、青铜车马器等大量青铜器,此外还采集有少量铁器[②]。

16. 寺儿堡遗址

位于锦西县(现属葫芦岛市)寺儿堡乡老边屯村,当地村民取土作业时偶然发现该遗址。遗迹已经基本破坏殆尽,通过底部残留痕迹推测其可能为土圹墓。该墓葬出土琵琶形短茎式铜剑 1 套[③]。

17. 朱家村遗址

位于辽宁省兴城市碱厂乡朱家村西南 1 000 米左右,东距碱厂水库约 1 500 米。2015 年夏,村民在修建果园蓄水池时偶然发现,后报葫芦岛市博物馆等单位紧急赴现场处理。该遗址的遗迹已经被完全破坏,从底部残留的木板以及附近村民的描述来看,应为土坑竖穴木棺墓。该墓葬出土琵琶形短茎式铜剑 1 件,以及喇叭形铜器、铜环、各种车马器(辖軎、节约等)、铜凿、带扣等大量青铜遗物,暂未发现陶器等[④]。

除以上重要遗址外,大、小凌河流域还有一百余处出土青铜武器的遗址,详情参见附表二。

三、下辽河流域

西拉木伦河自内蒙古赤峰市内发源,由西向东流经通辽市境内时,与发源于河北北部七老图山的老哈河合流,成为西辽河,继续由西向东流。西辽河与发源于吉林辽源的东辽河在吉林双辽附近合流,流向转为由北向南流,习惯上将这段

---

① 成璟瑭、孙建军:(韩)《关于于道沟遗址出土的青铜武器》,《考古学探究》5,2009 年。
② 锦州市博物馆:《辽宁锦西县乌金塘东周墓调查记》,《考古》1960 年第 5 期。
③ 孙守道、徐秉琨:《辽宁寺儿堡等地青铜短剑墓与大伙房石棺墓》,《考古》1964 年第 6 期。
④ 葫芦岛市博物馆(孟玲执笔):《辽宁兴城朱家村春秋木棺墓清理简报》,《文物》,2019 年第 8 期。

辽河称为下辽河,下辽河流域也是辽河冲积的平原地区。该流域也有较多的出土青铜武器的遗址,重要遗址介绍如下。

1. 郑家洼子遗址

位于沈阳市西南的于洪区内,该遗址经三次发掘,分别被命名为第一地点、第二地点与第三地点。其中,1958 年在该遗址第一地点共发现包括 1 件琵琶形短茎式铜剑在内的铜斧、铜凿、青铜车马器等青铜器 27 件[①];1962 年在第二地点 2 号墓中发现琵琶形青铜短剑 1 件以及剑把头饰、陶器等[②];1965 年发掘的第三地点共有 14 座墓葬,1975 年发表了 M659 与 M6512 两座墓葬的资料[③]。比较重要的是 M6512,该墓葬平面呈不规则长方形,土坑木椁墓,墓中出土琵琶形短茎式铜剑 3 套,铜镞 169 枚,以及喇叭形铜器、铜镜、镜形饰、铜刀、铜锥、铜斧、铜凿、铜泡、各式青铜车马器、装饰品等,此外还有石珠、弓、骨针、陶器等大量遗物。

2. 二道河子遗址

位于辽阳市河栏镇二道河子村,汤河的西岸,1975 年在采矿过程中发现并发掘了该遗址。共确认石棺墓 2 座,其中 1 号石棺墓出土琵琶形短茎式铜剑 1 件,铜斧、铜凿、石质铜斧铸范以及陶器等[④]。

3. 亮甲山遗址

位于辽阳市东南约 40 千米处,1955 年,在该遗址发现 6 座青铜器时代墓葬以及汉代城址、遗址等。其中,1 号墓的结构已经无法确认。该墓出土琵琶形短茎式铜剑 1 件以及陶器等;2 号墓出土琵琶形短茎式铜剑 1 件,但现在下落不明;3 号墓出土短茎式琵琶形铜剑 1 件与陶器等[⑤]。

4. 北崴遗址

位于新民市法哈牛镇巴图营子村以东 900 米的一处沙地北部,当地俗称北崴子。该遗址距蒲河 1.3 千米,推测遗址面积在 10 万平方米左右。2017 年沈阳市文物考古研究所对其进行了发掘,发掘面积 1 000 平方米,共确认青铜器时代房址 2 座,土坑竖穴墓 2 座,瓮棺墓 5 座。其中,该遗址的青铜器时代地层发现琵琶形短茎式铜剑 1 件。由于该短剑出土于地层当中,区别于以往青铜短剑基

---

① 沈阳市文物工作组:《沈阳地区出土的青铜短剑资料》,《考古》1964 年第 1 期。

② 中国社会科学院考古研究所东北工作队:《沈阳市肇工街和郑家洼子遗址的发掘》,《考古》1989 年第 10 期。

③ 沈阳故宫博物馆、沈阳市文物管理办公室:《沈阳郑家洼子的两座青铜时代墓葬》,《考古学报》1975 年第 1 期。

④ 辽阳市文物管理所:《辽阳二道河子石棺墓》,《考古》1977 年第 5 期。

⑤ 孙守道、徐秉琨:《辽宁寺儿堡等地青铜短剑墓与大伙房石棺墓》,《考古》1964 年第 6 期。

本出土于墓葬的情况,遂引起学术界关注①。

本区域出土的其他青铜武器状况,详见附表二。

四、辽东北部区域

广义的下辽河流域是指下辽河以及太子河、浑河流域等冲积平原地区,辽东北部地区则主要是辽河入海口的营口以及鸭绿江入海口的丹东一线以北区域,基本地貌为山地。从目前的行政区划来看,辽东地区北部包括现在营口、鞍山、丹东、本溪、抚顺、铁岭以及吉林南部"双辽"以南的辽源、四平等地。该区域重要的青铜器时代遗址介绍如下。

1. 大青山遗址

位于吉林省公主岭市(旧属怀德县)大青山村,1971年春,农民耕作过程中偶然发现,随后进行了清理发掘工作。推测该遗址的遗迹为较浅的土坑竖穴墓,该墓出土琵琶形短茎式铜剑1件以及陶器等②。

2. 诚信村石棺墓群

位于西丰县东北17千米的振兴镇,为诚信村西与白石村相邻的位置,南侧为寇河,1992年8月因大雨冲刷而发现,随即展开考古发掘调查。该遗址集中分布的是石棺墓,仅发掘了其中的一座。墓葬平面形态为长方形,由墓室和随葬器物的副棺组成。该墓出土琵琶形短茎式铜剑1件,琵琶形铜矛1件,铜镞3件,铜斧以及铜镞的铸范1件,此外还有陶器、石镞、石刀、玉斧等大量遗物③。

3. 翟家村遗址

位于昌图县长发乡翟家村采石场,1986年在采石过程中偶然发现。具体遗迹形态已经无法确认,从残留的形态来看,可能为积石塚。出土遗物有琵琶形短茎式铜剑1件,剑把头饰1件,中原式铜剑2件,铜镞11件,以及铁镬等④。

4. 甲帮墓地

位于抚顺市前甸镇甲帮村北的山坡上,1979年附近施工工程中发现并发

---

① 李树义:《新民北崴遗址2017年发掘汇报》,《辽宁省2017年文物考古汇报会资料集》(内部资料),2018年。

② 吉林省文物管理委员会:《吉林怀德大青山发现青铜短剑》,《考古》1974年第4期。

③ 辽宁省西丰县文物管理所:《辽宁西丰新发现的几座石棺墓》,《考古》1995年第2期。

④ 李矛利:《昌图县发现青铜短剑墓》,《辽海文物学刊》1993年第1期。

掘。该墓葬为石棺墓,墓中出土琵琶形短茎式铜剑 1 件以及陶器 2 件①。

5. 门脸遗址

位于清原县土口子乡门脸村,1976 年村民在农耕过程中发现该遗址,随后进行了考古清理工作。该墓葬为石棺墓,出土琵琶形短茎式铜剑 1 件,以及铜斧、石镞、骨镞、陶器等②。

6. 梁家墓地

位于本溪市明山区高台子乡梁家村西约 1 千米的位置,1970 年发现并发掘。该遗址共发现 2 座墓葬,均为石棺墓。1 号墓葬出土琵琶形短茎式铜剑 1 件等遗物;2 号墓葬也出土琵琶形短茎式铜剑 1 件③。

7. 刘家哨遗址

位于本溪县富楼乡刘家哨村,1978 年,该村村民在挖掘地窖时偶然发现,之后进行了清理工作。推测遗迹为石棺墓,出土琵琶形短茎式铜剑 3 件,铜矛 1 件,以及铜镜、铜环等遗物④。

8. 上堡遗址

位于本溪县上堡村上堡小学内,1995 年,学校修建水塔时偶然发现,并进行了考古发掘。该遗址共确认 4 座石棺墓,其中,1 号石棺墓出土琵琶形短茎式铜剑 2 件,青铜装饰品以及铁凿、冠状石珠、陶器等遗物⑤。

9. 挂房遗址

位于宽甸县太平哨乡挂房村,1971 年,在该村发现一座被推测为秦代的窖藏坑,出土中原式铜戈 2 件以及明刀钱等大量遗物。铜戈上有"元年丞相斯造栎阳左工去疾工上□□"、"武库"、"石邑"等铭文,引起学术界关注⑥。

该区域还有数十处出土青铜武器的遗址,详见附表二。

五、辽东半岛区域

辽东北部以南,即鸭绿江入海口的丹东与辽河入海口的营口一线以南地区为辽东半岛区域,该区域三面环海,交通便利,也分布有大量出土青铜武器的遗

① 徐家国:《辽宁抚顺市甲帮发现石棺墓》,《文物》1983 年第 5 期。
② 清原县文化馆:《辽宁清原县门脸石棺墓》,《考古》1981 年第 2 期。
③ 魏海波:《辽宁本溪发现青铜短剑墓》,《考古》1987 年第 2 期。
④ 梁志龙:《辽宁本溪刘家哨发现青铜短剑墓》,《考古》1992 年第 4 期。
⑤ 魏海波、梁志龙:《辽宁本溪县上堡青铜短剑墓》,《文物》1998 年第 6 期。
⑥ 许玉林、王连春:《辽宁宽甸县发现秦石邑戈》,《考古与文物》1983 年第 3 期。

址。其中,重要遗址的介绍详见下文。

1. 双房遗址

位于普兰店市(旧称新金县)安波乡德胜村双房小队东北约 2 千米的农田里,1980 年在第二次文物普查过程中发现并进行了考古发掘。该遗址共确认 9 座墓葬,但破坏比较严重,只有 6 号墓保存比较好。6 号墓出土琵琶形短茎式铜剑 1 件,铜斧铸范 1 件以及陶器等遗物①。

2. 后元台遗址

位于普兰店市元台乡后元台村,1974 年,当地村民在耕作过程中发现,随后进行了考古清理工作。推测遗迹为石椁墓,出土琵琶形短茎式铜剑 1 件,中原式铜戈 1 件,铜矛 1 件,以及铁镢、石管、料珠、陶器等大量遗物②。

3. 徐家沟遗址

位于庄河县大长山乡哈仙岛徐家沟村,1979 年因大雨冲刷发现一座石棺墓,随后进行了清理工作。墓葬破坏比较严重,出土琵琶形短茎式铜剑 1 件,中原式铜剑 5 件,以及铜斧、铜凿等大量青铜遗物③。

4. 上马石遗址

位于长海县大长山岛上马石村,1974 年在农耕过程中偶然发现并发掘。该遗址共确认瓮棺墓 17 座,土坑竖穴墓 10 座。其中 2 号土坑竖穴墓发现琵琶形短茎式铜剑 1 件,3 号土坑竖穴墓中发现琵琶形短茎式铜剑 1 套以及陶器等遗物④。

5. 双坨子遗址

位于大连市甘井子区营城子乡后牧城驿村,有两个较矮的丘陵组成,故称“双坨子”。遗迹主要集中在该遗址北边的丘陵上,1964 年对其进行了考古发掘。该遗址共发现青铜器时代的房址、灰坑、墓葬等多种遗迹,青铜器主要出土于墓葬中。该墓葬出土琵琶形短茎式铜剑 1 件与石纺轮、环状石器、陶器等大量遗物⑤。

6. 岗上遗址与楼上遗址

均位于大连市甘井子区营城子乡后牧城驿村附近,该遗址由北向东呈弧形

① 许明纲、许玉林:《辽宁新金县双房石盖石棺墓》,《考古》1983 年第 4 期。

② 许明纲、于临祥:《辽宁新金县后元台发现铜器》,《考古》1980 年第 5 期。

③ 许明纲:《大连市近年来发现青铜短剑及相关的新资料》,《辽海文物学刊》1993 年第 1 期。

④ 旅顺博物馆等:《辽宁长海县上马石青铜时代墓葬》,《考古》1982 年第 6 期。

⑤ 中国社会科学院考古研究所:《双坨子》,《双坨子与岗上——辽东史前文化的发现与研究》,科学出版社,1996 年。

分布着 5 座低矮的丘陵,最北边的丘陵称为"岗上",东边的丘陵称为"楼上"。岗上遗址共确认 23 座墓葬,排列相对规律,从墓葬结构上看,有石底墓、石壁墓、烧土墓、砾石墓、土坑墓等。4 号墓为石壁墓,该墓出土琵琶形短茎式铜剑 1 件,石棒、石纺轮、石珠、陶珠等大量遗物。5 号墓出土铜矛 1 件。6 号墓为石底墓,出土琵琶形短茎式铜剑 1 件,青铜装饰品、石镞、砥石、石珠等遗物。18 号墓为砾石墓,出土琵琶形短茎式铜剑 1 件。19 号墓为石底墓,出土琵琶形短茎式铜剑 1 件,石质装饰品以及陶器等。除此之外,在岗上墓地还采集了 2 件琵琶形短茎式铜剑[①]。楼上墓地于 1960 年发掘 3 座墓葬,1964 年发掘 7 座墓葬。这 10 座墓葬也基本规律排列,结构也比较丰富。其中 3 号墓为石壁墓,出土琵琶形短茎式铜剑茎部 1 件。6 号墓为砾石墓,出土琵琶形短茎式铜剑 1 件以及陶器等遗物[②]。

7. 卧龙泉遗址

位于大连金州区(旧称金县)东约 30 千米的东家沟乡卧龙泉村,1974 年在此修筑堤坝时发现并发掘。该遗址的 5 号墓出土短茎式琵琶形铜剑 1 套,铜斧、铜泡以及青铜车马器等。1 号墓、2 号墓以及 3 号墓中各发现 1 件琵琶形短茎式铜剑,以及砥石、石纺轮等遗物[③]。

8. 尹家村遗址

位于大连市旅顺区尹家村一带,1928 年,日本人曾在这一带发现了很多墓葬,1964 年,考古队再次对其进行考古发掘,确认该遗址共有 3 层。属于第②层的土坑竖穴墓出土琵琶形短茎式铜剑 1 件,石棒以及陶器等大量遗物[④]。

辽东半岛的青铜武器集中出土于辽东半岛南端,除此之外鲜有发现。该区域其他遗址发现的青铜武器情况详见附表二。

六、西流松花江流域(吉长地区)及鸭绿江流域

西流松花江流域主要是指松花江发源之后由东向西流与嫩江汇合到松花江

①　中国社会科学院考古研究所:《岗上》,《双坨子与岗上——辽东史前文化的发现与研究》,科学出版社,1996 年。

②　中国社会科学院考古研究所:《楼上》,《双坨子与岗上——辽东史前文化的发现与研究》,科学出版社,1996 年。

③　中国社会科学院考古研究所:《卧龙泉》,《双坨子与岗上——辽东史前文化的发现与研究》,科学出版社,1996 年。

④　中国社会科学院考古研究所:《尹家村》,《双坨子与岗上——辽东史前文化的发现与研究》,科学出版社,1996 年。

干流的区域,该区域在行政上属于吉林省长春市、吉林市等地,也称吉长地区。该区域也有大量青铜武器分布,重要遗址介绍如下。

1. 星星哨遗址

位于永吉县大岗子乡,1978 年修建星星哨水库时发现并发掘该遗址。通过考古发掘,在该遗址发现 49 座墓葬,分为 A、B、C、D 四个区域,全部是长方形石棺墓。A 区 19 号墓葬出土琵琶形短茎式铜剑 1 件,铜矛 1 件以及石斧、石刀、砥石与陶器等。D 区 13 号墓葬出土铜矛 1 件,此外还有石斧、石刀与陶器等①。

2. 猴石山遗址

位于吉林市大屯乡孤家子村以北 1.5 千米左右,1975 年对该遗址进行考古发掘。该遗址可以分为 3 个区域,共发现房址 14 座,墓葬 157 座,灰坑 5 座以及石墙 2 段。其中,19 号墓葬出土铜矛 1 件,并有石斧、陶器等。26 号墓葬出土琵琶形短茎式铜剑 1 件②。

3. 西荒山屯遗址

位于桦甸县横道河子乡西荒山屯,1979 年春对该遗址进行了考古发掘。该遗址共有 3 个地点,共确认 8 座墓葬。其中 1 号墓为岩石墓,出土琵琶形短茎式铜剑 1 套,触角式铜剑 1 件,铜镞 1 件,以及铜刀、石纺轮、陶器、玉器等遗物。6 号墓葬出土琵琶形短茎式铜剑 3 件,以及铁斧、玉器等③。

4. 五道岭沟门遗址

位于集安县以西约 30 千米的太平乡五道岭沟门村附近,1978 年在附近修筑道路时发现并发掘。推测该遗址的墓葬构造为方坛积石墓,出土琵琶形短茎式铜剑 1 件,铜矛 3 件,以及铜斧、铜镜、铁镞等大量遗物④。

除此之外,该区域还有一些遗址出土有青铜武器,详见附表二。

七、其他区域

除中国东北地区以外,河北北部、山东北部以及内蒙古北部等地也出土有短

① 吉林市博物馆、永吉县文化馆:《吉林永吉星星哨石棺墓第三次发掘》,《考古学集刊》3,中国社会科学出版社,1983 年。

② 吉林省文物考古研究所、吉林市博物馆:《吉林市猴石山遗址第二次发掘》,《考古学报》1993 年第 3 期。

③ 吉林省文物工作队、吉林市博物馆:《吉林桦甸西荒山屯青铜短剑墓》,《东北考古与历史》1,文物出版社,1982 年。

④ 集安县文物保管所:《集安发现青铜短剑墓》,《考古》1981 年第 5 期。

茎式铜剑、短内式铜戈等东北系青铜武器①。有关其他地区发现的东北系青铜武器以及其与东北地区和朝鲜半岛的关系,将另文专述。

本章第二节讨论朝鲜半岛与东北地区青铜武器文化关系时,对其他区域的遗址略有涉及,为了查检方便,现将其他地区的相关资料统一整理于附表二。

第二节　两地区青铜武器的年代及相互关系

学术界对中国东北地区与朝鲜半岛、日本列岛等地出土的短茎式铜剑的年代问题还存在一些争议,与此相关的研究背景大致可以概括为两方面。

首先,这种短剑的分布范围比较广,发现时间比较早,很快成为东北亚学术界关注的热点问题。尤其是20世纪五六十年代以来,随着东北亚社会生活逐渐安定以及工业化革命后生产活动的活跃,大量考古遗址被发现,短茎式铜剑出土量增加,各国各地学者都对其有所研究。但是,由于当时国际合作不充分,学术交流存在一定的障碍,很少有学者将其视为一个广域的文化现象加以整体研究。由于缺乏材料支撑,包括起源问题在内,型式分类研究、年代框架研究以及传播交流研究、族属人群研究等方面都有比较大的争议。其次,2003年以来,随着日本学者根据AMS加速仪测年结果的公布,包括日本弥生时代的年代问题、朝鲜半岛青铜文化的年代问题,以及中国东北地区青铜时代的年代问题等,都面临着新方法带来的学术混乱问题。主张类型学、地层学的学者坚持原有的编年体系,利用新方法的学者则主张整个编年体系提前。新材料的增加也许能使以往的争论越发明朗,但就目前来看,考古学类型学、地层学建立的年代序列还有很强的说服力。

无论是中国东北地区还是朝鲜半岛,中原式铜剑的出土数量相对较少,因此与其相关的研究并不多,学者们的观点也比较趋于一致。

有关短内式铜戈的研究近来学术界有升温趋势,主要是因为在中国的辽西地区以及辽东地区逐渐有一些出土遗迹明确、共存组合丰富的材料发表,引起学术界广泛关注与热烈讨论。尽管在一些细节上,大家的观点还存在一些分歧,但短内式铜戈起源于中国辽西地区,经辽东地区逐步传播扩散到朝鲜半岛等地②,

---

① 成璟瑭:《东北系青铜武器的初步研究》,《鄂尔多斯青铜器文化国际学术会议论文集》,科学出版社,2009年。

② 成璟瑭、高振海:《关于短内式铜戈的起源与年代问题》,《庆祝魏存成先生七十岁论文集》,科学出版社,2015年。

随着细形短茎式铜剑文化的发展而逐渐发展繁荣的趋势是学术界的共识。有关燕下都辛庄头 M30 出土短内式铜戈的年代、性质以及背景问题等,目前争议还比较大①。

中国东北地区以及朝鲜半岛出土的中原式铜戈大约有 70 件左右,有关它们的专题研究虽然不多,但鉴于早期中国的戈戟研究日臻成熟②,因此铜戈的类型问题、年代问题、传播发展问题以及文化背景问题等,都争议不大③,只是对个别材料的年代认识等早晚略有差别。

铜矛的研究在中国还处于基础研究阶段④,专题研究相对较少。韩国有关铜矛的研究虽然也按照不同地区、不同类别趋于专题化,但由于整体材料数量较少,研究的广度及深度都存在局限性。

铜镞的研究也比较薄弱,可能学者们考虑到有关铜镞的正式发表材料与实际出土的材料数量相差悬殊,系统搜集材料存在困难,且铜镞型式多样,共存现象常见,整体年代研究条件暂不具备。从目前已有的铜镞研究来看,基本也是发展框架的把握,很难做到微观细致分析。中国东北地区以及朝鲜半岛出土铜镞的专题研究数量更少,我们只能期待今后材料的丰富以及出土信息等的全面提取,以推进铜镞研究的深入。

接下来,我们将在以上研究背景基础上,全面探讨中国东北地区与朝鲜半岛发现的各类青铜武器的存续、发展时间,以建立相对全面、可信的编年体系。

一、短茎式铜剑

如前文所述,学术界对短茎式铜剑的研究相对比较活跃,争议比较大,本书将从型式分类研究基础上的年代问题入手,进行分析。

林沄根据旅顺刘家疃遗址出土的和琵琶形短茎式铜剑共存的铜镞与长安张家坡遗址、浚县辛村 M18 等出土的铜镞进行型式类比,判断刘家疃遗址出土的琵琶形短茎式铜剑出现于西周的可能性比出现于春秋初的可能性要大,其年代

① 李阳洙:(韩)《通过韩国式铜戈看韩、中、日三国的交叉编年》,《第 32 回韩国考古学会全国大会发表要旨》,2008 年;成璟瑭:《关于燕下都短内式铜戈的几个问题》,《文物春秋》2009 年第 3 期,;赵镇先:(韩)《韩国式铜戈的登场背景与辛庄头 30 号墓》,《湖南考古学报》32,2009 年。

② 井中伟:《早期中国青铜戈、戟研究》,科学出版社,2011 年。

③ 赵镇先、成璟瑭:《关于中国东北地区和朝鲜半岛铜戈的考察——以中原式铜戈为中心》,《内蒙古文物考古》2007 年第 2 期。

④ 胡保华:《中国北方出土先秦时期铜矛研究》,吉林大学博士学位论文,2011 年。

上限约为公元前 9 世纪。相反,西周晚期辽西地区宁城南山根 M101 出土的铜
剑,其长宽比比较大,因此推测其年代不会太早①。这样的话,辽东地区的琵琶
形短茎式铜剑要早于辽西地区。而且,辽东地区大连旅顺的尹家村遗址短茎式
铜剑与燕式陶器共存,其下限年代可以晚到战国晚期到汉初。翟德芳主要通过
类型分析与共存遗物比较为证据,认为短茎式铜剑的起源地应该在辽宁省的清
原、西丰、辽阳一带,然后由此又向辽西地区、吉长地区等扩散,并流布于夏家店
上层文化分布的热河一带②。朱永刚也通过短茎式铜剑的型式比较研究、与短
剑共存的"垂腹钵形口壶"的发展脉络分析等,主张短茎式铜剑"辽东起源说"。
垂腹钵形口壶盛行于西周晚期,其纹饰可以追溯到辽东地区的双坨子三期文化,
大、小凌河一带的短茎式铜剑大约起源于西周—春秋时期③。徐光辉以与琵琶
形短茎式铜剑共存的垂腹钵形口壶为研究依据,通过其与永吉星星哨墓地出土
的同类遗物的比较,也主张琵琶形短茎式铜剑起源于辽东地区,之后在该文化扩
张过程中传到了辽西地区与吉长地区④。

　　相反,也有很多学者主张辽西起源说。靳枫毅根据辽西地区出土短茎式铜
剑的数量、质量,并且出土有铜剑的铸范等,主张琵琶形短茎式铜剑起源于辽西
地区。而且,主张辽东地区土著文化与中原文化的交流年代约为春秋—战国时
期⑤。吴江原将短茎式铜剑文化区分为 5 个发展阶段,开始的第 I 阶段发生在
辽西地区,其上限年代为公元前 10 世纪后半,最后一个阶段 V-2 阶段的年代是
公元前 3 世纪前后⑥。姜仁旭主张辽西地区发现的短茎式铜剑要早于辽东地区
的短茎式铜剑,属于魏营子文化的喀左和尚沟墓地发现的琵琶形短茎式铜剑是
同类器中的最早型式,其年代大致为公元前 10~前 9 世纪初⑦。吕军主张短茎式
铜剑吸收了銎柄式铜剑文化的要素,宁城汐子遗址出土的琵琶形短茎式铜剑型
式最早,大约相当于西周中晚期⑧。

　　以上的学者基本都主张中国东北地区的琵琶形短茎式铜剑至晚在西周晚

①　林沄:《中国东北系铜剑初论》,《考古学报》1980 年第 2 期。
②　翟德芳:《中国北方地区青铜短剑分群研究》,《考古学报》1988 年第 3 期。
③　朱永刚:《东北青铜文化的发展阶段与文化区系》,《考古学报》1998 年第 2 期。
④　徐光辉:《论中国东北系青铜短剑的起源问题》,《边疆考古研究》1,科学出版社,2002 年。
⑤　靳枫毅:《论东北地区含曲刃青铜短剑的遗存(上)》,《考古学报》1982 年第 4 期;靳枫毅:《论东
北地区含曲刃青铜短剑的遗存(下)》,《考古学报》1983 年第 1 期。
⑥　吴江原:(韩)《琵琶形铜剑文化与辽宁地域的青铜器文化》,清溪出版社,2006 年。
⑦　姜仁旭:(韩)《对于朝鲜半岛出土琵琶形铜剑的登场与地域性》,《韩国上古史学报》49,
2005 年。
⑧　吕军:《中国东北系青铜短剑研究》,吉林大学博士学位论文,2006 年。

期,即公元前 9 世纪初已经出现,大家讨论的焦点是起源地问题,到底是辽西地区还是辽东地区。我们也赞成辽西地区的琵琶形短茎式铜剑的起源可能与该地区夏家店上层文化中的銎柄式铜剑具有密切关系,辽西地区琵琶形短茎式铜剑的起源时间大致也是西周晚期,即 9 世纪前后。宁城汐子遗址出土的琵琶形短茎式铜剑与宁城南山根 M101 出土的铜剑型式类似,其他共出遗物组合也多有相似之处,推测两遗址的年代相去不远。而南山根 M101 出土的中原式青铜器与上村岭虢国墓地的比较接近,据此判断,辽西地区最早型式的琵琶形短茎式铜剑(宁城汐子遗址与南山根 M101)的年代大致为公元前 9 世纪前后。吕军指出,朝阳小波赤遗址出土的琵琶形短茎式铜剑突起部与脊突明显,并与三翼镞共存,而三翼镞的上限年代又可以早到商代早期[①],据此推断该短剑的年代为春秋早期或更早[②]。据笔者观察实物,该铜剑研磨比较严重,因此形态学上的证据并不完全反映其真实的铸型属性,据此判断年代需要慎重。另,依据共存三翼镞出现的上限年代判断铜剑下限年代的做法也需慎重。

考察下辽河流域发现的与短茎式铜剑共存的遗物,其上限年代并不会太早,即使辽阳二道河子墓地出土的琵琶形短茎式铜剑,参考与其共出的陶器判断,其年代大致为春秋早、中期。而该地区南部的鞍山、营口一带,琵琶形短茎式铜剑文化发现较少,整体属于欠发达地区,显然也不是该文化的起源地区。

辽东北部地区与辽东半岛南端发现的琵琶形短茎式铜剑形态并不一致。清原门脸遗址、李家堡遗址、抚顺甲帮墓地等出土的短茎式铜剑,其锋部至突起部位置大致为直线,不存在明显的弧曲,突起部是由于其下段内收而形成,这是辽东北部地区早期铜剑的铸型特征之一。已有学者称其为"双房式"铜剑[③],笔者最近也撰文对其进行了系统分析[④]。通过甲帮遗址等与铜剑共存的陶壶来看,其形态特征与辽阳二道河子墓地出土的陶壶接近,可以看作同一时代的产物,大致都是春秋早中期,约为 8 世纪后半。而考察这类陶壶的形态类型(参照图一二),抚顺门脸遗址出土的陶壶更早一些,其次是西丰诚信村出土的陶壶。如果我们对陶壶发展的逻辑顺序判断无误的话,那么门脸遗址的年代可能为春秋早期,大致可以判断为 8 世纪前半。

---

① 石岩:《青铜三棱镞与三翼镞出现年代考》,《北方文物》2005 年第 1 期。
② 吕军:《中国东北系青铜短剑研究》,吉林大学博士学位论文,2006 年。
③ 李厚锡:(韩)《琵琶形铜剑的登场及其背景》,《第 42 回韩国考古学会全国大会资料集》,韩国考古学会,2018 年。
④ 成璟瑭、徐韶钢:《双房遗址研究》,《边疆考古研究》(待刊),科学出版社。

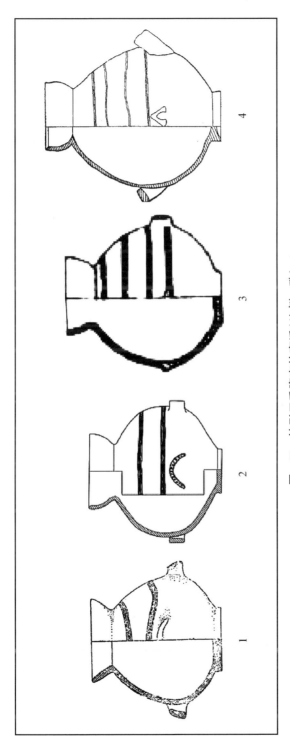

图一二　钵形口垂腹壶的变迁（比例一致）

1. 门脸遗址　2. 诚信村遗址　3. 二道河子遗址　4. 双房遗址

　　以上我们分析了辽东地区与辽西地区琵琶形短茎式铜剑的上限年代。简要概括就是辽西地区的宁城汐子遗址、南山根 M101 等的年代约为西周晚期的公元前 9 世纪前后,而辽东北部的抚顺门脸遗址、西丰诚信遗址等的年代大致为春秋早期的公元前 8 世纪后半,两者的时间差不超过 100 年,大约为半个世纪左右。需要说明的是,这种判断只能说明两地区铜剑的相对早晚关系,还不能完全理解为起源传播问题。辽西地区早期的琵琶形短茎式铜剑整体相对较瘦,铜剑前后端呈直线,突起部明显;辽东地区早期的琵琶形短茎式铜剑相对较肥,锋部至突起部呈直线,突起部以下内凹,铜剑下段丰满。如果分别考察两地区铜剑的发展序列,可以发现辽西地区的琵琶形短茎式铜剑存在由瘦变胖的过程。相反,辽东地区的铜剑则存在逐渐变瘦的过程,乃至到旅顺尹家村遗址时完全瘦身为"直刃剑"的型式。如果我们将两地琵琶形短茎式铜剑的形态变化理解为双方交流或相互影响的话,那作为两地早期型式的铜剑之间并不存在直接的形态变化关系。也就是说,两地的琵琶形铜剑文化很可能各有源头,分别起源,在发展过程中相互借鉴,互相影响,大约在春秋—战国期间,共同构成东北亚地区青铜器时代的标志性文化。有关两地琵琶形短茎式铜剑文化的起源问题,本书不做深究。如前文所述,辽西地区的琵琶形短茎式铜剑文化可能与夏家店上层文化的銎柄式铜剑密切相关,而辽东地区琵琶形短茎式铜剑的起源则可能需要在当地更早的石质武器文化中寻找线索。

　　纵观琵琶形短茎式铜剑文化的起源问题,无论是"辽东起源说"还是"辽西起源说",其实质是一样的,都存在"一地起源,传向其他"的前提假设,都主张铜剑起源"一元论"。本书在分析了中国东北地区琵琶形短茎式铜剑的型式及初步构建各地的发展序列后,客观主张这种铜剑存在分别起源、互相影响的"多元说"。我们同意由于文化、族群、文明等,皆因多元而多源,所以先寻找各元之源、各元之流,再探讨元元之交流、元元之融合、元元之替代的新理念和新思想,这应该成为未来考古学探元研究及探源研究的主基调和总路线①。

　　有关辽东半岛南端普兰店双房遗址的年代问题,学术界争议较大。简报的报告者通过与宁城南山根遗址、乌金塘遗址等的比较,并考虑共出陶器的型式,判断双房遗址 M6 的年代约为西周晚期或更早②。赵宾福首先通过陶器类型学

①　赵宾福:《凌家滩:多元"中华文明"的一元之源》,《纪念张忠培先生文集·学术卷》,故宫出版社,2018 年。
②　许明纲、许玉林:《辽宁新金县双房石盖石棺墓》,《考古》1983 年第 4 期。

的分析,提出一个大的"双房文化"的概念,据此判断双房遗址 M6 出土的陶壶属于该文化中年代较晚的型式,大致相当于战国时期①。华玉冰主要考察双房遗址 M6 的形制构造,并结合出土陶器判断其年代上限为西周中期,下限年代暂时还不清楚②。导致学术界对其年代判断差异较大的原因是双房遗址 M6 的墓葬结构与出土铜剑、陶壶等的形态学分析,因为这三方面都有相对成熟的类型学研究,单纯看每一类要素的变化规律都比较系统,可是一旦集中出现于同一遗址,就可能出现相互掣肘,甚至互相抵触的情况。本书遵照首先考虑典型陶器编年的原则,赞成从陶壶角度入手的分析,就像前文分析铜剑起源问题一样,从陶壶的型式来看,双房遗址 M6 的陶壶确实不是早期型式,但也不至于排到战国时期。如果门脸遗址、诚信遗址的陶壶在春秋早期,二道河子的陶壶大致在春秋中期,双房遗址 M6 的陶壶则排在春秋中晚期比较合适。这不仅是逻辑发展问题,也考虑到该地区战国时期中原文化的强烈影响,双房遗址的整体面貌同典型的战国时期尹家村遗址无论是陶器形态还是铜剑形态,还是存在很大区别的。至于铜剑的年代,因其研磨严重,单纯的形态学研究需要慎重,但从其保留的基本要素来看,还是与清原门脸遗址、西丰诚信村遗址、辽阳二道河子遗址、铁岭柴河沿遗址以及新近发现的新民北崴子遗址出土的铜剑属于同一系统,与典型的辽西地区的铜剑差别较大③。相反,这类铜剑的形态与吉长地区永吉星星哨遗址等遗址出土的同类品也属同一系统,似乎印证辽东北部地区与吉长地区的青铜文化在某种意义上存在亲缘关系④。

如以上分析无误,我们可以大胆推测,辽西地区琵琶形短茎式铜剑文化后期出现的剑身下段逐渐丰满的器形可能与辽东地区的交流有关,而辽东地区进入战国时期以后,铜剑逐渐出现细长化的趋势也不能单纯地考虑与中原地区的文化影响有关,并无法排除其受到辽西地区铜剑文化影响的可能性。从中原式铜戈在东北地区扩散的趋势来看⑤,西周晚期与中原文化交流密切的地区应该在老哈河流域;进入东周之后,有逐渐扩散到大、小凌河流域的趋势;战国时期以后,辽东北部的辽阳地区,中原文化因素与辽西地区文化因素强烈体现,这一现

①　赵宾福:《中国东北地区夏至战国时期的考古学文化研究》,科学出版社,2009 年。
②　华玉冰:《中国东北地区石棚研究》,科学出版社,2011 年。
③　成璟瑭、徐韶钢:《双房遗址研究》,《边疆考古研究》(待刊),科学出版社。
④　朱永刚:《东北青铜文化的发展阶段与文化区系》,《考古学报》1998 年第 2 期;赵宾福:《中国东北地区夏至战国时期的考古学文化研究》,科学出版社,2009 年。
⑤　赵镇先、成璟瑭:《关于中国东北地区和朝鲜半岛铜戈的考察——以中原式铜戈为中心》,《内蒙古文物考古》2007 年第 2 期。

象也印证了地区间文化交流的阶段性。另,短内式铜戈也大致在战国时期,有明显的向东传播趋势[①],这些文化现象背后应该是同一社会历史背景。

综合以上,琵琶形短茎式铜剑最早出现于辽西地区应该毋庸置疑,但辽东地区的琵琶形短茎式铜剑是否受到辽西地区的影响而产生、发展还有待于进一步论证。就目前的材料来看,大约不到 100 年的时间,辽西地区的"瘦型"铜剑传到辽东地区,并突变为"丰满型",似乎还有很大的讨论空间,并且与辽东地区早期铜剑常常共出的"垂腹钵形口壶"在辽西地区暂没发现,似乎不支持两地区早期文化频繁交流的推论。而从辽东半岛南端以及吉长地区短茎式铜剑文化的出土器物组合以及遗迹特点来看,辽东地区北部与上述两地区的考古学文化交流相当密切,并且在后期辽东地区逐渐接受中原文化、辽西地区文化的过程中,辽东半岛南端以及吉长地区对这两个地区的古代文化有不同程度的吸收与融合,因此这些地区的青铜文化面貌变得丰富多彩,也推动了当地历史文化的发展进程。

辽西地区的早期琵琶形短茎式铜剑文化受之前夏家店上层文化影响,大约在西周晚期到春秋早期的公元前 9 世纪前后产生;辽东地区的早期琵琶形铜剑文化可能与当地之前的文化因素有关,从陶器编年分析,短茎式铜剑文化的产生当不晚于春秋早期的公元前 8 世纪前半;吉长地区与辽东半岛南端以及朝鲜半岛的琵琶形短茎式铜剑文化要稍晚一些,大约在春秋中期前后的公元前 8 世纪后半到 7 世纪前半。春秋战国之际的公元前 5~前 4 世纪前后,是整个东北亚地区琵琶形短茎式铜剑文化的繁荣时期,有关各地区之间的文化交流、传播路线等,还需要进一步分析。

中国东北地区"辽西系"琵琶形短茎式铜剑与"辽东系"琵琶形短茎式铜剑的典型代表,可参见图一三。有关中国东北地区是否存在朝鲜半岛细形短茎式铜剑的问题,本书将在第四章论述。

二、中原式铜剑

中国东北地区中原式铜剑的出土状况与朝鲜半岛的大致相同,如果从共存遗物角度考虑,可以分为三大类,即:长海徐家沟遗址等与琵琶形短茎式铜剑共存,集安高台子遗址等只出土中原式铜剑,凌源五道河子遗址等与中原系统的其他器物共存。有关这些遗址的年代问题,学术界的争议不大,基本判断其背景与战国时期和燕的贸易、交流、战争以及开发管理等有关。只是,有关个别遗址的

---

① 成璟瑭:《关于短内式铜戈相关问题的再检讨》,《边疆考古研究》11,科学出版社,2012 年。

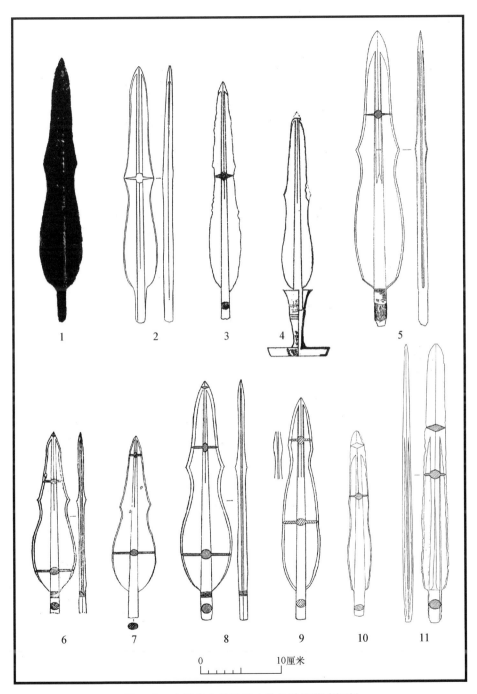

图一二　中国东北地区出土的各种短茎式铜剑

1. 南山根遗址 M101　2. 和尚沟墓地　3. 小波赤遗址　4. 汐子遗址　5. 十二台营子墓地　6. 门脸遗址
7. 李家堡遗址　8. 二道河子墓地　9. 双房遗址 M6　10. 曲屯遗址　11. 尹家村遗址

性质问题,意见还不是完全统一。例如:凌源五道河子遗址,有学者认为其与山戎有关①,有学者认为其与东胡有关②,有的则认为其与玉皇庙文化有关③。从地理位置判断,五道河子墓地并不属于大凌河流域,而是属于滦河流域的北部支流青龙河流域,特殊的地理位置可能也是导致其形制相对特殊的一个原因。此外,该墓地在墓制、葬俗、出土遗物等方面都显示出特殊性,因此推测其性质与冀北或中原地区的联系更为密切,而与典型的琵琶形短茎式铜剑文化面貌迥异。笔者通过对出土的中原式铜戈的分析,主张墓地年代可能是战国中期晚段或战国晚期阶段④。

徐家沟遗址出土的5件中原式铜剑,其形制基本相同,都属于李伯谦分类方案⑤中的D型,年代为战国晚期。集安高台子遗址出土的中原式铜剑剑身有脊,柄部为扁圆柱形,此类形制在东北地区非常罕见。更为引人注目的是,该剑剑身有"十(七)年相邦阳安君邦右库工师吏虔朝冶吏疱(幸文)剂"的铭文,背面还有"大攻看(尹)□□"等字样⑥。根据对铭文的释读,可以推断此剑的年代为公元前256年⑦,大致属于战国晚期阶段。

综合来看,中国东北地区出土的中原式铜剑都在公元4世纪以后,这与朝鲜半岛同类剑的年代大体相当,推测这些中原式武器在两地出现的背景基本一致。

三、短内式铜戈

目前来看,短内式铜戈是短茎式铜剑与中原式铜戈两种武器结合产生的新型器种,与此相关同样体现两类青铜武器元素的器类,还有在燕下都遗址发现的戈援带血槽的中原式铜戈等。

从出土情况比较明确的东大杖子墓地来看,这种铜戈大约是在战国中期早段出现的⑧,虽然三件短内式铜戈的形制略有差别,但整体年代应该相去不远,当不晚于战国中期晚段。宽甸双山子遗址出土的短内式铜戈与辽西地区的铜戈形制差异较大,体现为两翼的缩短以及戈援变宽等。虽然遗迹情况与共出遗物

① 靳枫毅、王继红:《山戎文化所含燕与中原文化因素之分析》,《考古学报》2001年第1期。
② 王立新:《辽西区夏至战国时期文化格局与经济形态的演进》,《考古学报》2004年第3期。
③ 乔梁:《燕文化进入前的辽西》,《内蒙古文物考古》2010年第2期。
④ 赵镇先、成璟瑭:《关于中国东北地区和朝鲜半岛铜戈的考察——以中原式铜戈为中心》,《内蒙古文物考古》2007年第2期。
⑤ 李伯谦:《中原地区东周铜剑渊源试探》,《文物》1982年第1期。
⑥ 集安县文物保管所:《吉林集安县发现赵国青铜短剑》,《考古》1982年第6期。
⑦ 黄盛璋:《跋集安新出阳安君剑》,《考古》1983年第5期。
⑧ 裴炫俊:《东周时期燕文化的扩张与东北地区的文化变迁》,北京大学博士学位论文,2016年。

不甚明确,但从形制来看其年代可能要稍晚一个阶段,大约为战国晚期早段。可见,这种铜戈传到朝鲜半岛的年代大致应为战国晚期晚段,即公元前250年前后。假如这种铜戈跨越燕山,传入中原地区的速度与之相当,那么燕下都地区辛庄头M30出土的短内式铜戈的年代也为公元前250年前后。

　　有关短内式铜戈产生的背景及发展,我们曾撰文专述①,通过图一四与图一五也可以了解。

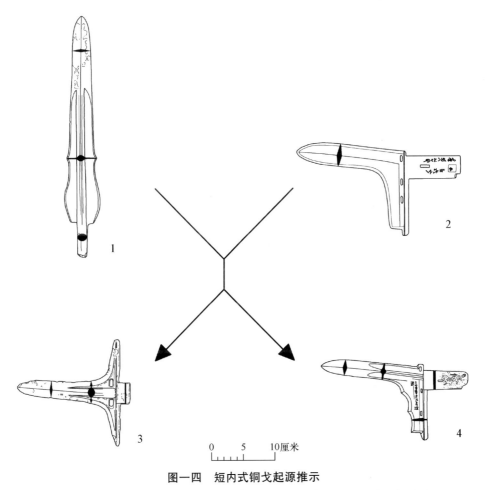

图一四　短内式铜戈起源推示

1. 短茎式铜剑(东大杖子墓地 M20∶8)　2. 胡内式铜戈(易县燕下都遗址武阳台 70W∶053)
3. 短内式铜戈(东大杖子墓地 M20∶6)　4. 带血槽的胡内式铜戈(易县燕下都遗址武阳台 Z1∶58)

---

　　① 成璟瑭、高振海:《关于短内式铜戈的起源与年代问题》,《庆祝魏存成先生七十岁论文集》,科学出版社,2015年。

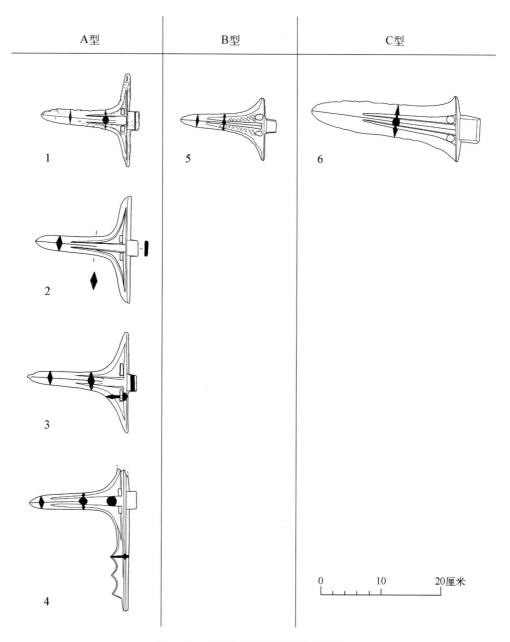

图一五 中国境内发现的短内式铜戈

1. 东大杖子墓地 M20：8 出土 2. 干沟沟墓地 90 年收集 3. 葫芦岛金命沟遗址采集 4. 喀左梁家营子遗址采集 5. 宽甸双山子遗址征集 6. 燕下都遗址辛庄头 30 号墓 XZHM30：51 出土

四、中原式铜戈

中国东北地区发现的中原式铜戈相对较多，从目前发表的资料来看，大约有70件左右。笔者已对其进行了型式分类、年代判定、出现背景、传播途径等方面的系统研究①，以下为基本观点：

从出土情况来看，中原式铜戈主要见于西拉木伦流域圈、大小凌河流域圈、下辽河流域圈、辽东北部地区、辽东半岛南端以及吉长地区等。从分布的密集度来看，西拉木伦流域的宁城一带、大凌河源头的凌源与喀左一带、下辽河流域的辽阳以及朝鲜半岛大同江流域的平壤一带为集中分布地区。按照援阑角、内阑角的大小，戈援与内部的长度，援锋部的形态以及穿孔的数量等，将这些铜戈大致分为三大类型八小型式。依据这个分类方案，西拉木伦流域宁城南山根 M101 出土的 15号 A1 型铜戈最为古老，如前文所述，其年代大致为西周晚期的公元前 9 世纪前后，大、小凌河流域的 A2 型铜戈比其稍晚一些，基本可以判断为春秋早、中期。A 类铜戈可以看作中原式铜戈向东北地区的第一次传播，中原式铜戈向东北地区的第二次传播主要体现在 B 类铜戈上。B 类铜戈数量较少，集中分布在大、小凌河流域。从东大杖子墓地、于道沟墓地、三官甸子墓地、老爷庙墓地等的出土情况来看，B类铜戈的年代为春秋战国之际到战国中期前后。C 类铜戈在中国东北地区数量较多、型式丰富，分布范围较广，从有铭文的"启封戈"、"燕王职戈"以及石岩里遗址出土"廿五年上郡戈"等情况来看，其年代为战国晚期到秦汉之际。

综合来看，中国东北地区出现的中原式铜戈与中原式铜剑有所区别，相对于铜剑，铜戈较早地传到了东北地区，并且随后至少还有两波的深入传播。我们判断，一方面是因为东北地区不像中原地区的地形，不利于开展大规模的车马战，铜戈的使用几率远远低于铜剑；另一方面，东北地区青铜武器受欧亚草原等地文化的影响，短兵器更为发达一些，铜剑很早就成为风靡东北的利器，一直持续到战国晚期或者更晚。相反，有关中原式铜戈在东北地区出现的社会历史背景，则可能与朝鲜半岛出现的中原式铜戈一致，都是中原文化传播扩散的结果。

五、铜矛

中国东北地区发现的铜矛相对于短茎式铜剑、中原式铜戈等都比较少，可能

---

① 赵镇先、成璟瑭：《关于中国东北地区和朝鲜半岛铜戈的考察——以中原式铜戈为中心》，《内蒙古文物考古》2007 年第 2 期。

如前文分析,东北地区不善于车马战,因此长兵器就欠发达。目前学术界对于铜矛的研究成果相对较少,本书将以笔者在调研过程中的实际观察为基础,并结合中国全域铜矛的研究成果,对东北地区发现的铜矛做一个初步分析。

从铜矛的基本结构和基本形态来看,中国东北地区相对于朝鲜半岛在种类上要丰富一些。除了朝鲜半岛已有的琵琶形铜矛与细形(含中广形)铜矛两大类之外,东北地区还有两种不见于朝鲜半岛的铜矛型式。

朝阳王八盖子地出土的那件铜矛,在整个中国地区都比较少见。据初步统计大约有 15 件,学者们称其为夹叶阔叶矛①,或称山字脊顶叶矛②,这种构造在铜镞上也有,可能与塞伊玛—图宾诺文化有关③。学术界对这种铜矛的具体年代及传播背景虽有分歧,但基本都认为这种型式的铜矛应该与欧亚草原有关。目前东北地区发现的夹叶阔叶铜矛就此一件,另在内蒙古赤峰市克什克腾旗龙头山遗址④发现 1 件此类构造的铜镞,抑或与朝阳王八盖子地出土铜矛的流传背景相关,暂且将其视为同一阶段。

南山根遗址 M101 出土的铜矛骹部较长,基本快到锋部,此外,矛头并未形成血槽,骹口处有单耳。这种型式的铜矛在中国中原地区以及欧亚草原比较常见,但与东北地区以及朝鲜半岛发现的"琵琶形铜矛"、"细形(中广形)"铜矛等形态差异较大。从其出土器物组合来看,这件铜矛从中原地区直接流入东北地区的可能性很大,年代为西周晚期到春秋早期的公元前 9 世纪前后。

中国东北的辽西地区与辽东地区都出土有琵琶形铜矛,其特征如同琵琶形短茎式铜剑,矛头呈缓曲形或琵琶形,突起部比较明显,并且矛头多有血槽,骹口末端基本无耳,只有穿孔。这种型式的铜矛在中原地区基本不见,推测应是南山根遗址那类铜矛传到东北地区之后,与当地土著的琵琶形短茎式铜剑文化结合形成的产物。琵琶形与血槽等都是短茎式铜剑的基本特征,由此可见外来文化因素传到东北地区之后,有一个显著的土著化过程,也是形成东北系青铜武器的重要体现⑤。炮手营子遗址、李家堡遗址以及诚信村遗址等都有琵琶形铜矛的

---

① 胡保华:《试论中国境内散见夹叶阔叶铜矛的年代、性质与相关问题》,《江汉考古》2015 年第 6 期。

② 李刚:《中西青铜矛比较研究》,《中国历史文物》2005 年总第 59 期。

③ 林沄:《东胡与山戎的考古学探索》,《环渤海考古国际学术讨论会论文集》,知识出版社,1995 年。

④ 内蒙古自治区文物考古研究所等:《内蒙古克什克腾旗龙头山遗址第一、二次发掘简报》,《考古》1991 年第 8 期。

⑤ 成璟瑭:《东北系青铜武器初步研究》,《鄂尔多斯青铜器文化国际学术会议论文集》,科学出版社,2009 年。

出土,从与其共出的琵琶形短茎式铜剑判断,其年代为春秋早期或更晚一些。

东大杖子墓地 M16 中锋部形态不甚明确的铜矛与一件中原式铜戈共出,虽然简报是分开报道的[①],但也不排除铜矛与铜戈为组合式武器"戟"。这样的情况还见于东大杖子墓地 M10、M13 以及辽东地区普兰店的后元台遗址等,可见这是一种比较常见的现象。

辽东地区的本溪刘家哨遗址以及鸭绿江流域的集安五道岭沟门遗址等出土的铜矛,矛头基本不见琵琶形的突起部,相反,锋部较长,血槽内有纹饰,这些特征与朝鲜半岛发现的"有纹铜矛"类似。从其出土遗迹的特点以及共存遗物来看,年代要稍晚一些,可能为战国晚期或者是秦汉之际。

中国东北地区发现的各类铜矛详见图一六。有关琵琶形铜矛是否直接转变为细形铜矛,目前看证据还不充分。我们推测相对于其自身形态的转变,可能受同时代铜剑、铜戈等武器形态的影响更为明显,同样,东北地区不适合使用长兵器的车马战,铜矛在整个武器体系中也处于发展缓慢的状态。

六、铜镞

从绝对数量上来讲中国东北地区发现的铜镞是比较多的,这可能与其作为消耗性武器的性质有关,但正如前文所述,目前学术界对铜镞的研究相对薄弱。究其原因:一是缘于铜镞发表的数量与实际出土的数量悬殊较大,所有报道材料中,对铜镞的描述信息比较简单;二是铜镞的形态富于变化,各种形态的铜镞共存现象比较普遍,影响铜镞形态的因素不止与时空有关,也就是说通过铜镞的形态很难准确把握其时空演变规律。

石岩曾以中国北方地区先秦时期出土的铜镞为对象做过系统研究,涉及东北地区的资料和研究都比较有限,还有一些问题有待深入讨论[②]。李惠琼以中国东北地区发现的铜镞为研究对象,做过专题研究,只是近年来包括东大杖子墓地在内的大量铜镞资料发表之后,该研究的部分观点需要修正[③]。笔者也试图以东大杖子墓地的发现研究东北地区出土的铜镞,但很多认识比较肤浅,结论也有值得商榷的地方[④]。

从目前的资料来看,我们只能对东北地区出土的铜镞进行以下方面的宏观

---

① 辽宁省文物考古研究所等:《辽宁建昌东大杖子墓地 2001 年发掘简报》,《考古》2014 年第 12 期。
② 石岩:《中国北方先秦时期青铜镞研究》,黑龙江大学出版社,2008 年。
③ 李惠琼:(韩)《中国东北地方青铜器时代铜镞的编年与地域性》,《湖西考古学报》30,2014 年。
④ 成璟瑭、徐韶钢:《东大杖子墓地出土铜镞研究》,《边疆考古研究》21,科学出版社,2017 年。

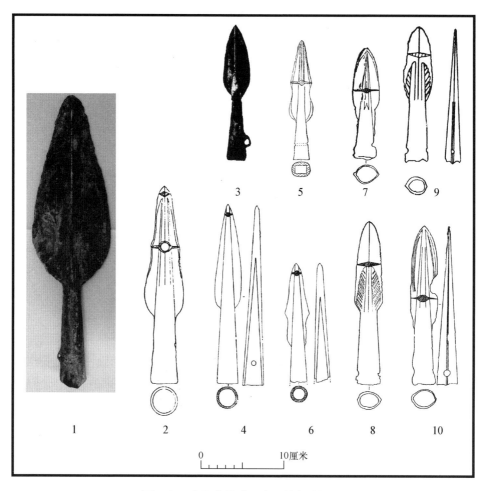

图一六　中国东北地区出土的各种铜矛

1. 王八盖子地遗址　2. 炮手营子遗址　3. 南山根墓地 M101　4. 李家堡遗址 1　5. 诚信村遗址
6. 李家堡遗址 2　7~8. 五道岭沟门遗址 1、2　9. 尹家村遗址　10. 五道岭沟门遗址 3

把握。一是出土分布情况：辽西地区的老哈河流域以及大、小凌河流域依然是
铜镞分布的重要区域，该区域铜镞分布的比例远远超过铜剑、铜戈等青铜武器；
二是共存关系情况：有銎铜镞与有茎铜镞、两翼铜镞与三翼铜镞等都有共存，这
些铜镞的出现可能存在先后，但长期共存也为基本事实；三是出土频率情况：有
茎铜镞在早期遗址出土频率高于有銎铜镞，两翼铜镞在早期遗址出土频率高于
三翼铜镞，似乎暗示了铜镞的发展趋势；四是出现时间情况：辽西地区南山根
M101 出土的铜镞为三翼有茎铜镞，辽东地区旅顺刘家疃遗址出土的铜镞为两翼
有茎铜镞，均为春秋早期之前的型式，似乎可以看作东北地区铜镞出现的上限

年代。

但以上分析只是基于对材料整理过程中的初步认识,更为可信的结论,还需要全面梳理出土铜镞的遗址,详细考察其各属性的变化过程,以期对铜镞的发展变迁进行微观认知。

经过初步比较分析得知,东北地区出土的铜镞的型式相对丰富,朝鲜半岛的铜镞只有在战国晚期之后才有个别遗址存在集中出土的现象,很多遗址均为零星分布,研究更为困难。

通过以上我们对中国东北地区出土各类青铜武器年代的分析,基本构建了其年代框架与发展序列,并且基本可以与朝鲜半岛同类青铜武器的出现相衔接,但目前的资料还不足以详细阐释各类青铜武器的传播途径与传播过程,很多推测性的结论都需要将来的考古发现去检验。

第三节　青铜武器的功能

青铜武器种类繁多,型式多样。这些武器型式变化的背景或原因,应该还是与当时的社会需求、自然资源以及技术发展等多方面密切联系的。中国东北地区及朝鲜半岛发现的青铜武器大部分为实用器(晚期阶段的个别型式除外),其形态的变化与其功能、用途的变化紧密相关。为了更好地理解各类青铜武器型式变迁的内在动因,准确把握各时期各类青铜武器的特征,我们将利用各种资料分析中国东北地区与朝鲜半岛各类青铜武器的功能。

一、短茎式铜剑

关于短茎式铜剑的功能问题学术界大概有三种观点,绝大部分学者主张短茎式铜剑为实用武器,具体使用方法,大家的观点略有不同。

朝阳十二台营子遗址的报告者在介绍出土的短茎式铜剑时,认为它与典型的中国东周时期中原式铜剑形制不同,可能使用方法也有所不同,推测其"以手握之逆刺很为有力"[1]。显然,报告者认为短茎式铜剑是实用武器,且使用方法与中原式的有所不同。

王建新根据短茎式铜剑上研磨痕的有无将其分为甲类(实用)短剑和乙类

---

[1]　朱贵:《辽宁朝阳十二台营子青铜短剑墓》,《考古学报》1960 年第 1 期。

（非实用的祭器、明器等）短剑。甲类短剑的特点是可以观察到研磨痕迹,锋部与刃部比较锐利,当属实用器;乙类短剑的剑身相对较宽,并且较短,铸造后两刃几乎没有研磨,应该是非实用器。乙类铜剑应该受到甲类铜剑的影响,在制作、使用过程中可以看到两类功能不同的铜剑在意识、思想、行为以及文化传统等方面的差异。并且,甲类铜剑主要起源于辽西地区或辽河平原,乙类铜剑先在辽东地区盛行之后,逐渐传到了吉长地区、朝鲜半岛以及日本列岛等地①。该文以研磨为标准,将短剑区分为甲类实用器与乙类非实用器,虽有新意,恐显绝对,两类铜剑的差异可能不仅是研磨这方面,如真为用途迥异的两类铜剑,从铸造开始,就应该有所区别,但这两类铜剑仅凭研磨还是难以完全区分的。另,文中没有提到祭器与明器的区别,恐怕二者也是难以区分的。所以,对遗存的研究还应该从整体形态入手全面考察,仅靠一两项属性,直接与用途联系,进而进行型式分类的做法还需慎重。

方殿春与华玉冰撰文,从"萨满"的角度指出春秋战国时期的短茎式铜剑应是萨满的法器。众所周知,短茎式铜剑最大的特点就是剑身与剑柄分别铸造,组合成型,因其剑柄部分常有柄盘,推测其手握使用不便。相反,以此为证据,推测短茎式铜剑应为刃部竖直插地、借柄部构造以"通天地"的神器②。这种说法目前处于逻辑推测阶段,无论是春秋战国时期萨满存在与否,萨满为何种活动方式等问题,还是对于短剑实用性的断然否定,都有很多深入分析讨论的必要。

笔者曾以辽东半岛南端出土的短茎式铜剑为研究对象,从铜剑形态、使用痕迹以及组成成分等多方面,分析其功能,结论虽有待进一步深入,但还可以判断绝大部分铜剑主要还是以刺杀为用途的实用武器③。

不仅在辽东半岛南端,综合考察中国东北地区以及朝鲜半岛出土的短茎式铜剑,依据笔者的实物观察分析,绝大部分铜剑可以确认自锋部到刃部的研磨痕迹,还有不少铜剑可以确认豁口、卷刃、崩痕以及刮擦痕等使用痕迹。也正是通过对铸造后的铜剑进行刃部研磨,导致铜剑的柱脊中央形成脊棱线,并且脊棱线的长度与研磨的程度密切相关。因此,许多学者在对短茎式铜剑进行型式分类时,也将脊棱线的长度以及脊棱线的终止位置作为重要的参考标准。

---

① 王建新:《东北亚系青铜剑分类研究》,《考古学报》2002年第2期。

② 方殿春、华玉冰:《辽西区几种考古学文化中萨满式的遗存(上)——萨满教溯源》,《辽宁省博物馆馆刊》2,辽海出版社,2007年。

③ 成璟瑭:《对辽东地区南端出土青铜的几点认识》,《旅顺博物馆馆刊·学苑》3,吉林文史出版社,2008年。

　　李殿福在报道建平大拉罕沟遗址与炮手营子遗址出土的短茎式铜剑时指出，在铜剑剑身可以确认"锉磨"痕迹[1]。李康承在介绍韩国忠清南道扶余九凤里遗址出土的铜剑时指出，在铜剑剑身可以确认与脊棱线垂直相交的研磨痕迹[2]。以上两个研究实例说明，无论是中国东北地区还是朝鲜半岛，无论是琵琶形短茎式铜剑还是细形短茎式铜剑，均可以观察到非常明显的研磨痕迹，研磨应该是铜剑铸造后的重要加工程序。

　　王建新曾指出普兰店双房6号墓葬以及西丰诚信村遗址出土的铜剑不存在研磨痕迹，进而判断其为非实用的乙类铜剑[3]，这可能是因报道材料的图面而被误导了。2007年，笔者在旅顺博物馆的库房仔细观察了双房6号墓出土的铜剑，可以确认自锋部至基部均有明显的研磨痕迹，并且还很锋利。同年笔者也在铁岭博物馆库房观察了诚信村石棺墓出土的铜剑，虽然其基部锈蚀严重，不好判断是否存在研磨，但锋部至刃部的研磨痕迹还是比较明显的；同时，该墓葬中出土有砺石，中间略凹，应该是长期研磨导致的，因此推测诚信村出土的铜剑存在研磨的可能性很大。

　　据笔者观察，中国东北地区300余件短茎式铜剑中，完全没有研磨的铜剑只有辽东半岛南端旅顺郭家村遗址一例。郭家村出土的铜剑下半部已经缺失，观察缺失部分的剖面，可见刃部相对圆钝，考虑到该铜剑茎部完整存在，推测应该不是使用过程或后期埋藏过程中形成的缺失，似为铸造时铜液受阻或铜液不足导致的，属于没有成型的残次产品。此外，尽管没有进行铜剑的成分分析，仅从表面观察，剑身相对较薄，整体质量偏轻，剑身通体不见研磨痕迹，当为残次品。

　　残次品毕竟是少数，大部分短茎式铜剑的实用价值可以通过多方面线索得以确认。依据考古发掘简报，辽宁建平大拉罕沟M851内出土的人骨，其第七节脊椎骨上插有短茎式铜剑的锋部[4]。由此可见，短茎式铜剑在当时应该是具有实用性的武器，并且杀伤力还很大。

　　不仅研磨可以反映短茎式铜剑的实用功能，短茎式铜剑的重心位置变化也能反映其实用功能。

　　赵镇先曾以朝鲜半岛出土的细形短茎式铜剑为研究对象，分析研究了剑身

---

　　① 李殿福：《建平孤山子、榆树林子青铜时代墓葬》，《辽海文物学刊》1991年第2期。

　　② 李康承：(韩)《扶余九凤里出土青铜器一括遗物》，《三佛金元龙教授停年退任纪念论丛》，一志社，1987年。

　　③ 王建新：《东北亚系青铜剑分类研究》，《考古学报》2002年第2期。

　　④ 李殿福：《建平孤山子、榆树林子青铜时代墓葬》，《辽海文物学刊》1991年第2期。

重心位置的变化与剑把头饰(含加重器)的关系。参考他的研究成果,大约在公元前 4 世纪左右的细形短茎式铜剑文化成立期,细形短茎式铜剑的剑身重心位置不固定,但一般都位于第一节带上下 3 厘米的范围内。在发展 I 期,第一节带的位置基本不变,但剑身重心的位置有逐渐上移 0.5~1.5 厘米的趋势;在发展 II 期,细形短茎式铜剑的剑身重心位于第一节带以上 1~2 厘米左右,这种情况一直维持到细形短茎式铜剑文化衰退期①。重心位置的变化,反映了铜剑上半段逐渐变沉、杀伤力增强的过程。

与此相关,剑把头饰也在铜剑的各个发展阶段有不同的变化。成立期的剑把头饰相对于剑身比较沉;到了发展期,很多剑把头饰的重量大约相当于剑身重量的 10%~30%;最后到了细形短茎式铜剑文化的衰退期,很多剑把头饰的重量不足铜剑剑身的 10%。结合剑身重心的移动过程,依然可以判断这些变化都应该是铜剑不断提高杀伤力的反映。

经过实验证实,剑身的重心越靠后,铜剑的刺杀功能越强大。随着剑身重心的前移,铜剑的主要功能也逐渐由刺杀扩展到砍杀,这种变化与细形短茎式铜剑剑身脊棱线变长、开刃面积增大、锋部变长等情况相吻合。据此,我们可以假设,如果细形短茎式铜剑不具备实用功能的话,上述各种变化趋势是没必要发生的,无论是祭祀还是明器,或者萨满的法器,这些用途都对剑身及剑把头饰的形态及重量变化无所要求,以上变化正是细形短茎式铜剑实用功能增强的体现。

以上我们通过研磨痕迹、剑身重心变化以及剑把头饰重量的变化等,基本可以推测细形铜剑的实用功能,接下来我们再通过成分检测分析一下铜剑的功能。

众所周知,青铜是一种铜、锡、铅的合金,这三种金属具有不同的物理、化学性质,因此其比例的不同,形成青铜的硬度、韧度以及锋利度等物理、化学性质也就不同。

韩国学者李健茂整理了部分朝鲜半岛出土的短茎式铜剑的合金比例,通过表 17 可以看出,短茎式铜剑中铜的比例约为 70%~80%,锡的比例约为 14%~20%,铅的比例约为 4%~15%②。根据这些金属的性质,可以判断细形短茎式铜剑具有很强的硬度,并具有一定的韧度。

---

① 赵镇先:(韩)《细形铜剑的制作与机能变迁》,《湖南考古学报》13,2001 年。
② 李健茂:(韩)《韩国青铜器的制作技术》,《韩国的青铜器文化特别展》,汎友社,1992 年。

表 17 朝鲜半岛出土部分短茎式铜剑的成分比例

序号	遗址	Cu	Sn	Pb	Zn	Fe	Sb	Ag	Bi	Co	Ni	合计
1	传全南1	73.4	18.7	6.86		0.016	0.096				0.13	
2	传全南2	74.0	14.4	10.6		0.053	0.12	0.13	0.03		0.17	
3	传全南3	71.0	13.6	15.7								
4	传朝鲜1	78.20	17.12	4.32		0.05						
5	顺天细形1	73.14	19.77	6.39								99.30
6	顺天细形2	70.30	14.84	14.22								99.36
7	平壤细形1	78.09	14.30	8.39								100.78
8	平壤细形2	75.94	15.08	9.45								100.47
9	益山龙堤	75.3	17.1	6.80		0.001	0.001		0.01			99.212
10	信川石塘	83.33	10.0	6.4		0.09	0.01		0.05	0.05	0.065	99.995
11	稳城江仁	96.96	0.25	2.0	0.009	0.55	0.09		0.02	0.05	0.07	99.999
12	信川	83.6	12.0	4.0		0.13	0.15		0.08		0.04	100.00
13	黄州天柱	84.7	8.0	5.2		0.1	0.35	1.4	0.08		0.09	100.00
14	白川日谷	88.88	11.0			0.025	0.04	0.045		0.01		100.00
15	黄州	78.87	8.5	11.0		0.01	0.19	1.2	0.07	0.025	0.035	99.9
16	燕滩	92.64	4.0	3.1		0.11	0.01		0.02	0.06	0.06	100.00
17	寺里院市	76.47	12.0	7.0		3.0	1.2		0.025	0.1	0.1	99.895
18	咸州	73.05	20.0	5.0	0.06	0.9	0.2		0.04	0.05	0.1	99.40
19	咸州朝阳	67.28	25.0	7.0		0.09	0.15		0.04	0.02	0.02	99.60
20	北青下细洞	67.02	25.0	7.0	0.04	0.45	0.3		0.05	0.05	0.09	100.00
21	乐浪7#	77.64	8.0	11.0			0.15	1.0	0.04	0.07	0.1	98.00
22	信川郡	82.69	13.5	3.5	0.01	0.10	0.17		0.009		0.02	99.999
23	新坪仙岩	86.75	6.0	7.0		0.11	0.01		0.06		0.025	
24	义州郡	81.97	13.5	4.5					0.03			
25	大田飞来洞	75.9	19.5	0.48			0.09	0.11				

中国东北地区的短茎式铜剑没有做过系统的成分分析,只是辽东半岛南端发现的部分短茎式铜剑做过比较粗的成分检测。有关数据详见表18。此外,为

了进行比较研究,我们也查找了上海博物馆对中国中原地区出土的中原式铜剑的成分分析①,以便参考,详见表 19。

表 18　辽东地区与下辽河流域部分短茎式铜剑的成分比例

序号	遗物编号	Cu	Sn	Pb	备注
1	双坨子 M1：1	98.19	0.19	0.72	
2	岗上 M17：1	80.70	9.44	9.24	破片
3	岗上 M18：1	73.98	18.44	6.38	
4	岗上 M19：1	84.61	10.36	2.30	
5	楼上 M3	93.89	3.97	1.48	茎部
6	卧龙泉 02	72.80	14.56	16.16	
7	卧龙泉 03	69.61	14.56	16.16	
8	郑家洼子 M2：1	70.41	17.03	13.15	

表 19　中国东周时期部分中原式铜剑的成分比例

序号	Cu	Sn	Pb	单位
1	84.40	12.32	1.96	上海博物馆
2	83.30	14.61	0.72	上海博物馆
3	78.96	19.78	0.29	上海博物馆
4	77.62	20.50	0.83	上海博物馆
5	74.27	14.57	7.54	上海博物馆
6	74.00	12.40	10.37	上海博物馆
7	73.85	17.48	6.84	上海博物馆
8	73.72	19.01	6.97	上海博物馆
9	73.70	12.36	12.46	上海博物馆
10	72.26	19.65	7.14	上海博物馆
11	72.15	15.78	10.71	上海博物馆
12	72.12	15.92	11.24	上海博物馆
13	71.59	17.14	10.40	上海博物馆

① 马承源：《各时期的青铜合金成分》,《中国青铜器》,上海古籍出版社,1992 年。

通过以上三张表可以看出,虽然没有对所有的铜剑进行成分检测,但我们从中国东北地区、朝鲜半岛以及中国中原地区选取了部分铜剑的成分检测数据,基本上可以涵盖研究涉及的区域,具有一定的代表性。我们将以上三个区域的铜剑成分检测数据中的铜、锡、铅三种主要金属的比例作为统计对象,具体分析合金成分之间的异同,详见图一七。

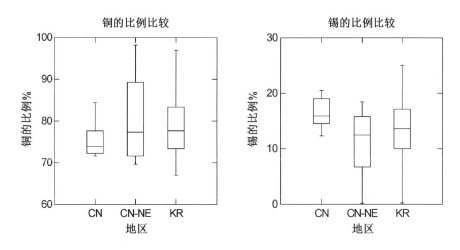

图一七 中国中原地区、东北地区与朝鲜半岛发现铜剑成分统计分析

(CN: 中国中原地区;CN-NE: 中国东北地区;KR: 朝鲜半岛)

通过上表可以看出,朝鲜半岛与以辽东半岛为代表的中国东北地区发现的短茎式铜剑成分的分布范围虽有差异,但它们的平均值还是比较接近的。也就是说,两地铜剑在制作过程中虽有差别,但对这些金属理化性质的认识以及制作铜剑的功能追求是一致的。同时,中原式铜剑的成分比例也与短茎式铜剑的比例略有差异,但这种差异还不足以完全影响产品的硬度、韧度等。

后文在分析中原式铜剑时会涉及,但从目前的材料来看,有关中原式铜剑的功能讨论,基本还在实用武器范围内。由此可见,中国东北地区以及朝鲜半岛发现的短茎式铜剑的成分接近作为实用武器的中原式铜剑,说明这两类青铜武器的理化性质接近,功能用途也大同小异。

中国东周时期成书的《考工记》是一部有关当时手工业生产的重要参考文献,与铜剑有关的文献记载摘录如下:

金有六齐:六分其金而锡居其一,谓之钟鼎之齐;五分其金而锡居其

一,谓之斧斤之齐;四分其金而锡居其一,谓之戈戟之齐;三分其金而锡居其
一,谓之大刃之齐;五分其金而锡居二,谓之削杀矢之齐;金锡半,谓之鉴燧
之齐。①

虽然学者们对以上内容的理解还有一些争议,但无论将"金"理解为合金或
是理解为"铜",在砍伐功能为主的"斧斤类"工具中,其含锡比例为 16.67% ~
20%。同时具备砍杀功能与刺杀功能的"戈戟类"武器中,其含锡比例为 20% ~
25%。综合这两方面的数据,短茎式铜剑的含锡比例介于"斧斤类"与"戈戟类"
之间,可以说明铜剑的功能也是砍杀与刺杀功能兼备,甚至更接近单纯砍杀功能
的斧斤类。这一点与前文分析只具有刺杀功能的琵琶形短茎式铜剑逐渐向砍杀
与刺杀功能兼备的细形短茎式铜剑转变的过程一致,也是短茎式铜剑具有实用
功能的重要证据。

近年,赵镇先结合日本列岛发现的考古学材料,再次深入探讨了短茎式
铜剑的功能问题②。参考他的研究,琵琶型短茎式铜剑与细形短茎式铜剑并
不是与宗教、祭祀相关的法器,而都是具有杀伤力的实用武器,并且还结合
研磨以及使用微痕等的观察,综合推测了各种短茎式铜剑的使用模式(参见
图一八),与本书的研究结论基本一致。同时,还有部分学者复原了短茎式
铜剑各种刺杀的模式及部位(参见图一九),对本书的研究具有重要的参考
价值。

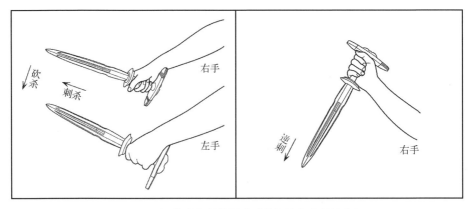

图一八　短茎式铜剑使用方法推测(参考赵镇先)

①　闻人军译注:《考工记译注》,上海古籍出版社,1993 年。
②　赵镇先:(韩)《细形铜剑的机能及其意味》,《韩国考古学报》105,2017 年。

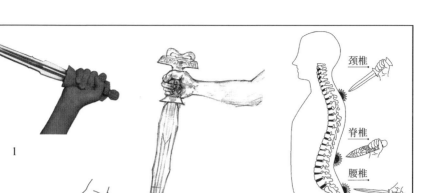

图一九　短茎式铜剑使用模式及刺杀部位

1. 国立历史民俗博物馆:（日）《倭国乱る》,朝日新闻社,1996 年。
2. 宫本一夫:（日）《古式辽宁铜剑の地域性とその社会》,《史渊》135,1998 年。
3. 金邱军:（韩）《对于辽宁式铜剑的一研究》,庆北大学校硕士学位论文,2006 年。
4. 藤原哲:（日）:《弥生时代の战斗战术》,《日本考古学》11～18,2004 年。

通过以上多方面的分析,充分说明无论是中国东北地区还是朝鲜半岛,无论是琵琶形短茎式铜剑还是细形短茎式铜剑,其功能还是以实用的刺杀与砍杀为主,具体使用方式,还有待于材料的丰富以及研究的深入。

二、中原式铜剑

前文已有提及,学术界对中国中原式铜剑功能的认识比较一致,基本都判断其为具有实用功能的武器。朝鲜半岛的青铜武器,除完州上林里遗址出土大量尚未开刃的中原式铜剑之外,从报道情况来看,其余中国式铜剑基本可以判断为具有杀伤力的实用武器。

无论是中国东北地区还是朝鲜半岛,暂时没有发现中原式铜剑的铸范或其他与生产有关的材料,所以,这些铜剑从中国中原地区输入的可能性很大。赵镇先曾指出上林里遗址出土的铜剑可能是朝鲜半岛当地生产的仿制品①,前文我们对仿制说也作了分析,希望以后出土的资料或充实或否定这一推测。

---

① 赵镇先著,成璟瑭译:《中国式铜剑在朝鲜半岛出现的背景》,《边疆考古研究》5,科学出版社,2006 年。

三、短内式铜戈

有关短内式铜戈的功能问题,暂时还没有专门研究,只是在一些综合研究中对其使用方法等有所提及。

金载元与尹武炳分析了日本学术界提出的短内式铜戈从属的"Kriss铜剑"等用语,指出这是一种不太妥当的术语,主要理由是朝鲜半岛以及日本列岛等地发现的短内式铜戈已经超出了实用武器的范围,有充分的证据显示这种青铜器的主要功能已经转化为礼仪用器[①]。

崔梦龙将短内式铜戈大体分为三个类型,其中,只有Ⅰ式铜戈具有实用功能,Ⅱ式铜戈的实用功能非常有限,可视为过渡期的类型,Ⅲ式铜戈已经完全丧失了实用功能,成为礼仪用器[②]。

许俊亮对有纹铜戈做了专题研究,他指出:有纹铜戈与无纹铜戈不同,相对于实用武器的功能,它们的功能更多的应该是祭祀、礼仪时使用[③]。

井中伟指出,短内式铜戈在中国辽西地区产生时,还有可能是对东北土著的短茎式铜剑使用功能的一种改良,喀左梁家营子遗址出土的短内式铜戈[④]带有明显的燕式了刺也支持这一推论,但这种铜戈传到朝鲜半岛以及日本列岛之后,逐步走上了武器形祭祀用具的发展道路[⑤]。

通过以上分析,短内式铜戈的用途基本可以判定为祭祀礼仪用具,至少在朝鲜半岛以及日本列岛发现的大量短内式铜戈都具有这类功能。这一点,我们通过朝鲜半岛短内式铜戈在发展过程中戈援的宽大化以及内部的细小化等都可以得到印证。需要讨论的是中国东北地区的短内式铜戈,因为之前这类铜戈大多为采集品,只能通过其形态来分析功能。井中伟的推测有一定的合理性,从短内式铜戈的起源过程来看,应该就是短茎式铜剑的长大化过程,绝大多数短茎式铜剑具有实用功能,这种长大化的短内式铜戈理应具有实用功能。

---

① 金载元:(韩)《扶余、庆州、燕岐出土的青铜遗物》,《震檀学报》25－27合,1964年;尹武炳:(韩)《韩国青铜短剑型式分类》,《震檀学报》29、30合,1966年。

② 崔梦龙:(韩)《有关韩国铜戈——以型式分类为中心》,《首尔大文理大学报》18,首尔大学校,1972年。

③ 许俊亮:(韩)《有关韩国东南部地域有纹铜戈的研究》,庆州大学校大学院硕士学位论文,2008年。

④ 王成生:《辽宁出土铜戈及相关问题的研究》,《辽宁考古文集》,辽宁民族出版社,2010年。

⑤ 井中伟:《早期中国青铜戈、戟研究》,科学出版社,2011年。

　　近年来笔者在整理东大杖子墓地出土资料时,特意关注了这类铜戈的出土位置,因为只有东大杖子墓地的短内式铜戈是出土品,其墓葬结构、共存遗物以及出土位置、出土状态都是清晰的。东大杖子墓地的 M11、M20 以及 M45 共出土 3 件短内式铜戈①,这 3 座墓葬的特点首先是都有大量陶器、青铜器等遗物出土,从出土遗物角度分析,墓主人可能具备一定的身份与地位(图二〇)。其次,这 3 座墓葬中均有青铜武器出土,或为琵琶形短茎式铜剑,或为中原式铜戈及铜矛,也就是说短内式铜戈的出现并未取代其他任何青铜武器。第三,从出土位置看,M11 以及 M45 的墓葬均带有头厢,短内式铜戈均出自头厢内,M20 的葬具不甚明显,无法确认是否具有头厢,但短内式铜戈出土在墓内头侧东南角上(如果有头厢的话,也应是头厢位置)。这样看来,短内式铜戈在下葬时,应该只下葬了戈头,并不是连柄下葬的,而头厢里随葬的多为铜鼎、铜壶、铜豆等容器以及玛瑙环、铜环等装饰品,M11 与 M45 的头厢一侧还发现大量动物骨骼。种种证据表明,相对于棺内出土的短茎式铜剑、铜镞、铜带钩等遗物,头厢的遗物应该更具有礼仪及象征意味。因此,辽西地区的短内式铜戈一开始可能就具有非实用的礼仪象征性质,并不一定是改良武器。此外,笔者通过观察东大杖子墓地、于道沟墓地以及伞金沟、双山子等遗址出土的短内式铜戈实物,几乎没有确认其上下援的开刃及使用痕迹,并且锋部及柱脊均为铸造成型,并无研磨痕迹,双山子铜戈柱脊两侧的血槽内也铸有纹饰,当与朝鲜半岛发现的有纹铜戈同类,由此印证笔者对辽西地区出土短内式铜戈性质及用途的分析。当然,正如井中伟指出的一样,喀左梁家营子发现的短内式铜戈具有“彳刺”等燕式特征,推测这类构造主要还是加大杀伤力的,因笔者暂时没有看到这件实物,有关其用途的判断暂时同意井中伟的分析。

　　此外,中国中原地区自商代开始盛行车马战,铜戈、铜矛以及弓箭等是车马战时的重要武器,中原地区发现的大部分这类武器无疑为实用武器。但中国东北地区的辽东地区以及朝鲜半岛等地,均为比较发达的山地地形,基本不可能进行车马战,因此这类武器并不发达,也不实用,作为礼仪用器的可能性很大。

---

　　①　辽宁省文物考古研究所等:《辽宁建昌东大杖子墓地 2000 年发掘简报》,《文物》2015 年第 11 期;辽宁省文物考古研究所等:《辽宁建昌东大杖子墓地 2001 年发掘简报》,《考古》2014 年第 12 期;辽宁省文物考古研究所等:《辽宁建昌东大杖子墓地 2003 年发掘简报》,《边疆考古研究》18,科学出版社,2015 年。

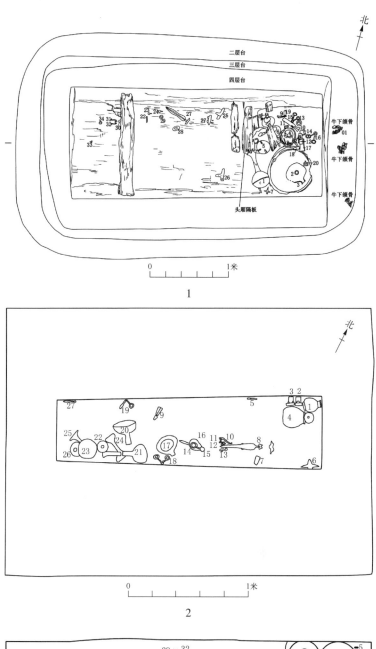

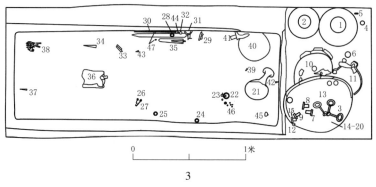

图二〇　东大杖子墓地 M11、M20、M45 中短内式铜戈出土位置

1. M11 平面图（M11：7 短内式铜戈）　　2. M20 平面图（M20：6 短内式铜戈）　　3. M45 平面图
（M45：17 短内式铜戈）

关于短内式铜戈戈头与戈柄的结绑方式,崔梦龙曾做过分析[1],笔者充分考虑了援阑角、内阑角的关系,并结合中原式铜戈等长武器的结绑方式后,对以上方案做了修正,相关示意请参考图二二-4。

以上我们分析了短内式铜戈的功能问题,概括来讲,无论是中国东北地区还是朝鲜半岛地区,这类青铜武器的主要功能应为礼仪、祭祀所用,因此,虽然我们将其当作青铜武器做整体分析研究,但严格来讲,称这类青铜器为武器形祭祀用具也无不可。

四、中原式铜戈

前文已经提到,中国中原地区的中原式铜戈基本都为实用武器,具体来讲,主要通过对铜戈锋部、上下援、胡部以及内部等开刃的部位实施刺、勾、推、砍、劈等功能的观察,说明其是一种杀伤力比较大的实用武器。当然,并不是所有的铜戈都同时具备以上功能,铜戈也是在发展过程中逐渐完善其各种功能的,其中内部开刃的铜戈出现得相对较晚。

我们分析了之前整理的中国东北地区及朝鲜半岛出土的各类型中原式铜戈的援阑角与内阑角的统计数据(图二一),发现 A 型铜戈的援阑角与内阑角之和为 180°左右,也就是说上援与上内是基本平行的关系。这种型式的铜戈主要以

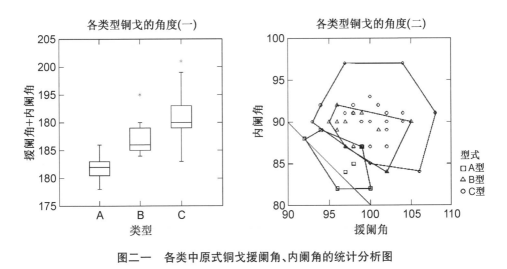

图二一 各类中原式铜戈援阑角、内阑角的统计分析图

---

① 崔梦龙:(韩)《有关韩国铜戈——以型式分类为中心》,《首尔大文理大学报》18,首尔大学校,1972 年。

刺杀为主,因此其戈援锋部基本呈三角形或其他比较尖的型式。B 型与 C 型铜戈的援阑角与内阑角之和都超过了180°,这两类铜戈主要实施勾刺或劈砍的功能,也是由 A 型铜戈的单一功能逐渐向多功能转化的重要形态变化。部分 C 型铜戈的内部也有研磨开刀痕迹,内阑角也逐渐变大,因此其杀伤面积增大,是一种功能更为完善的类型。以上三类铜戈的功能变化导致它们的形态发生了变化,我们也正是抓住了这些重要的变化因素,才得以分析出其功能的逐渐发展与完善。

铜戈作为中国中原地区重要的实用武器,当时社会对它的开发与研究也越来越规范,《考工记》中就有铜戈制作的相关记载:

> 戈,广二寸,内倍之,胡三之,援四之,已倨则不入,已句则不决。长内则折前,短内则不疾,是故倨句外博,重三锊。戟广寸有半寸,内三之,胡四之,援五之,倨句中矩,与刺重三锊[①]。

通过以上记录,朝鲜江界发现的那件铜戈,其实际尺寸基本符合铜戟的规制,应该还有铜矛与之配套使用,此类形制的武器年代也相对较晚[②]。铜戟的使用方法应该与铜戈类似,只是矛头的出现使其直接的刺杀功能进一步加强。

有关中原式铜戈的结绑方式以及使用方式,中国中原地区出土的资料多有体现,可以通过图二二[③]加以了解。

五、铜矛

一般认为,铜矛是单纯的刺杀武器[④]。所以,我们对铜矛生产过程的分析主要考虑以下三方面:首先是锋部是否锐利,是否可以达到刺杀效果;其次,铜矛的硬度与韧度,是否不易折弯;最后还有铜矛的结绑方式,是否可以牢固固定。需要指出的是,如短内式铜戈一样,铜矛在晚期阶段基本成为一种礼仪用器,不需要通过以上问题判断其生产过程。

---

①　闻人军译注:《考工记译注》,上海古籍出版社,1993 年。
②　陈平:《试论战国型秦兵的年代及有关问题》,《中国考古学研究论集——纪念夏鼐先生考古五十周年》,三秦出版社,1987 年。
③　插图出处:1.(清)程瑶田:《通艺录·勾兵实录》;2~3:杨泓:《战车与车战》,《中国古代兵器论丛》,文物出版社,1980 年;4:崔梦龙:(韩)《有关韩国铜戈——以型式分类为中心》,《首尔大文理大学报》18,首尔大学校,1972 年(改编);5:河南汲山县出土铜鉴展开图。
④　沈融:《商与西周青铜矛研究》,《考古学报》1998 年第 4 期。

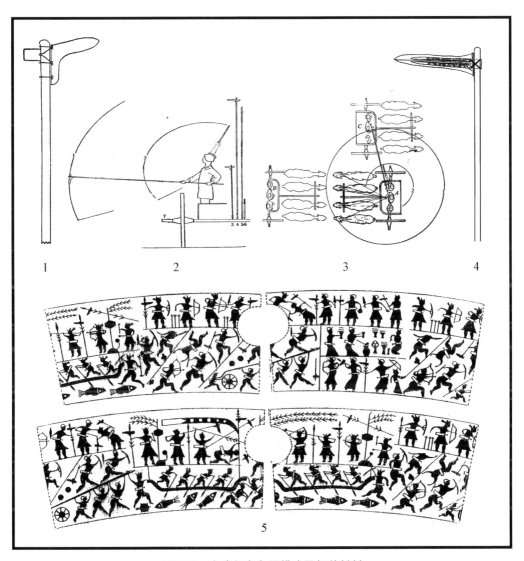

图二二　各类铜戈复原模式及相关材料

1. 中原式铜戈复原模式　2~3. 车马战复原模式　4. 短内式铜戈复原模式　5.战争场面纹饰

　　为了将矛头与柄部牢固结绑,一般在铜矛的柄部有穿孔、耳、箍等构造。穿孔是通过钉或者楔类构件,将矛头与柄部牢固地结绑在一起。根据耳的数量,又可以分为单耳式或双耳式,通过耳也可以将矛头与柄部结绑在一起。箍的作用一般有两个,一是加大柄部的厚度,使其与柄部结合时不至于撑裂,二是便于绳索等将矛头与柄部结绑在一起。

　　虽然都是长兵器,但铜矛的使用方法与铜戈的使用方法略有区别。铜矛只

有单纯的刺杀功能,不像铜戈还有劈杀、勾杀等功能,所以使用铜矛时,方向要求
并不高,其柄部多为圆形或近圆形。铜矛柄部的型式是否与时空范围有关暂时
还未有明确的证据,有待进一步分析。中国中原地区的铜矛基本都是实用武器,
所以为使矛头不易脱落,不少铜矛的柄部都不是规整的圆形①。

　　中国中原地区的铜矛产生比较早,但由于只有刺杀功能,杀伤力有限,所以
在大规模的车战盛行时,铜矛的作用就逐渐被铜戈所取代,并且逐渐产生了铜矛
与铜戈结合的新型武器——戟。

　　中国东北地区与朝鲜半岛出土的铜矛可能礼仪性功能更为强烈,尽管不能
完全排除所有的铜矛都只是礼仪用器,但至少中晚期阶段出现的中广形铜矛等,
其礼仪功能还是相对明确的。

　　有学者复原了中国中原地区各类铜矛的结绑方式②,对中国东北地区以及
朝鲜半岛出土的铜矛具有参考意义,详见图二三。

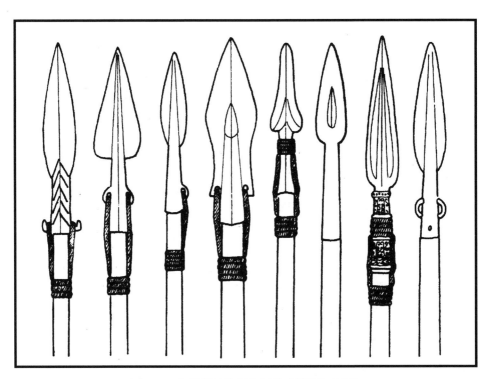

图二三　各类铜矛结绑复原模式(沈融,1998)

---

① 沈融:《商与西周青铜矛研究》,《考古学报》1998 年第 4 期。
② 沈融:《商与西周青铜矛研究》,《考古学报》1998 年第 4 期。

六、铜镞

有关铜镞的功能研究目前基本还是空白,暂时没有专题研究。但无论是出土的状况,还是对实物的观察,绝大多数学者可能都认为铜镞是实用武器。同时,笔者也通过观察实物并结合简单的实验分析,不同型式的铜镞射程、杀伤力应该有所不同[1]。但由于各种条件限制,目前此项研究只限于理论推测,还无法从实证角度得到检验。

石岩结合历史文献曾指出,铜镞的两大功能,一是射杀,一是礼仪。射杀用镞又可细分为狩猎和战争[2],但不同功用的铜镞与其形制的对应关系,则语焉不详,可能也是囿于只可观察,无法验证,结论具有局限性。

作为礼仪用镞,应该也是可以成立的。东大杖子墓地出土的铜镞中,两翼有茎镞上明显具有凤鸟纹、勾连纹、变形回纹等纹饰[3],显然装饰作用多于实用功能,而这种装饰功能很可能与礼仪活动等有关。此外,东大杖子墓地还出土一种不具杀伤力的圆柱平头或三棱平头镞。这种镞在河北迁西大黑汀 M5 中也有出土[4],按照丛文俊的研究,这种镞应该是弋射用矢[5],也非射杀实用器。

当然,更多的铜镞还应该是杀伤力较强的实用武器。就目前观察中国东北地区与朝鲜半岛出土的铜镞,其在构造上有共同点,不少铜镞尤其是三翼有銎镞各面的血槽非常明显,应与短茎式铜剑上的血槽功能类似,也是铜镞为实用武器的重要佐证。

---

① 成璟瑭、徐韶钢:《东大杖子墓地出土铜镞研究》,《边疆考古研究》21,科学出版社,2017 年。
② 石岩:《中国北方先秦时期青铜镞研究》,黑龙江大学出版社,2008 年。
③ 辽宁省文物考古研究所等:《辽宁建昌东大杖子墓地 2002 年发掘简报》,《考古》2014 年第 12 期;成璟瑭等:《葫芦岛市博物馆藏东大杖子墓地出土器物研究》,《文物》2015 年第 11 期。
④ 顾铁山、郭景斌:《河北省迁西县大黑汀战国墓》,《文物》1996 年第 3 期。
⑤ 丛文俊:《弋射考》,《青果集》,知识出版社,1993 年。

第四章 朝鲜半岛青铜武器的
发展历程

从第二章的内容可以看出,朝鲜半岛出土青铜武器的整个发展过程经历了1 000年以上的时间。在这么长的时间里,朝鲜半岛的青铜武器也有型式多样的变化,与此相关的青铜武器出现背景、发展动力、衰退原因等问题都有必要进行深入讨论。而且,与青铜武器相关的生产、传播、路线、相互关系等问题也都有必要充分考虑。因此,接下来将从琵琶形短茎式铜剑的流入问题入手考虑朝鲜半岛青铜武器的起源问题;从向细形短茎式铜剑的变化以及短内式铜戈与铜矛等相关武器的流入问题入手考虑朝鲜半岛青铜武器的发展问题;最后将从中国中原系统铁质武器的传播问题入手考虑朝鲜半岛青铜武器的衰退问题。

第一节 起 源 背 景

众所周知,包括青铜武器在内的朝鲜半岛的青铜器文化与中国,尤其是中国东北地区紧密相关。这两个地区由于水陆相连,自旧石器时代开始就有密切的交流与联系[1],到新石器时代这种交流更加频繁[2],青铜器时代则达到一个交流高峰。

前文第二章已经分析,朝鲜半岛的青铜武器大致可分为两个发展阶段,其中

---

[1] 李有骞等:《朝鲜半岛旧石器材料及工业类型的初步研究:兼谈吉林省东部地区旧石器研究的几点认识》,《边疆考古研究》7,科学出版社,2008年;王春雪等:《试析东北地区东部与朝鲜半岛旧石器时代晚期细石叶工业之间的文化关系》,《内蒙古文物考古》2009年第2期。

[2] 赵宾福:《东北新石器文化格局及其与周边文化的关系》,《中国边疆史地研究》2006年第16卷第2期。

第一个阶段是琵琶形短茎式铜剑文化阶段,第二个阶段是细形短茎式铜剑文化阶段。第一个阶段代表性的遗物就是琵琶形短茎式铜剑,在其发展约500年之后,逐渐转化为细形短茎式铜剑,并达到了朝鲜半岛青铜武器文化的高峰阶段。本书在讨论朝鲜半岛青铜武器的出现时,着重以琵琶形短茎式铜剑的出现为主要内容展开分析。

前文我们已经讨论过,朝鲜半岛的青铜武器至晚在公元前8世纪已经出现,晚于中国东北的辽西地区,相当于或略晚于辽东地区、吉长地区等。琵琶形短茎式铜剑文化的下限年代可以通过载宁孤山里遗址等出土的B型琵琶形短茎式铜剑与战国时期武器共存的例子来推测,大约为公元前4~前3世纪。本章的主要内容是以此时间节点为研究出发点,着重探讨朝鲜半岛琵琶形短茎式铜剑的传播与流入等相关问题。

从琵琶形短茎式铜剑的分类方案中可以看出,朝鲜半岛发现的琵琶形短茎式铜剑大致可以分为两大类型,除此之外还有一类性质不太明确的其他类型。因为其他类型的铜剑铸造之后的使用及埋藏过程形态变化太大,对其的编年把握不好,而且其他类型的铜剑其原型也应该是A型或B型铜剑,所以,本书对其的起源及传播问题从略,着重讨论A型与B型铜剑的起源及传播问题。

A型铜剑的特征为突起部与脊突相对明显,下端部的形态比较丰满,代表的铜剑有扶余松菊里遗址出土的铜剑、清道礼田洞遗址出土的铜剑等。此外,学者们指出的西浦洞式铜剑及琴谷洞式铜剑[1],本书认为其基本具备A型铜剑特征,但与典型的A型铜剑略有差异,相对于时间上的早晚差异,更有可能体现的是地域间的差异性。我们探讨朝鲜半岛A型铜剑的起源,主要考虑典型A型琵琶形短茎式铜剑的问题,传播到朝鲜半岛后各地区的差异将在下一节中讨论。

中国东北地区出土的与朝鲜半岛典型A型琵琶形短茎式铜剑最为接近的是清原门脸遗址、李家堡遗址、辽阳二道河子遗址、大连双坨子遗址、赵王村遗址等地出土的琵琶形短茎式铜剑,剑身下半部相对肥硕。其中,报告者根据辽阳二道河子遗址、朝阳十二台营子遗址等的年代,推断门脸遗址、李家堡遗址的年代与之相似,大体为春秋时期或稍早一点[2]。而赵宾福则认为门脸遗址、李家堡遗

---

[1]　姜仁旭:(韩)《对于朝鲜半岛出土琵琶形铜剑的登场与地域性》,《韩国上古史学报》49,2005年。
[2]　抚顺市博物馆考古队:《抚顺地区早晚两类青铜文化遗存》,《文物》1983年第9期。

址等都属于广义的"双房文化",并且都在早期阶段,这一阶段的大体年代为西周时期①。二者的观点似有差异,但与我们在前文做出的不晚于春秋早期的编年判断基本一致,门脸遗址与李家堡遗址等的年代大致可以判断为公元前 9 世纪末到前 8 世纪初这一阶段。

吕军依据辽阳二道河子墓地出土的铜镞铸范,判断其年代大致为春秋早期②。从陶器来看,二道河子墓地发现的陶壶相对瘦长,最大腹径位于陶壶上半段,在该类陶壶的整体编年中,应该比矮胖型的李家堡遗址出土的陶壶稍晚一些,据此,我们推测二道河子遗址的上限年代为春秋早期前后,即公元前 8 世纪后半这一阶段(参考图二四)。

双坨子遗址的报告者判断该遗址的年代为公元前 8～前 7 世纪③,笔者基本认可这个年代判断,并根据出土陶器,认为其与赵王村的年代大体相当。

相对肥硕的典型 A 型琵琶形短茎式铜剑主要有两个集中分布区域,一是辽东北部地区的抚顺、清原一带,二是朝鲜半岛的锦江流域及以南地区。就目前发现的资料,这两个区域之间的本溪、丹东一带以及朝鲜半岛北部地区暂时未发现此类铜剑。如果本溪、丹东及朝鲜半岛北部确实不是典型 A 型琵琶形短茎式铜剑的分布区域,那么从辽东地区北部到朝鲜半岛中部的传播路线只有海路存在可能性,当然,这一推论还需要今后的考古发现进一步检验。

B 型琵琶形短茎式铜剑的特点是突起部与脊突不明显,剑身下半部逐渐变瘦,这类型式铜剑的代表有大雅里遗址、仙岩里遗址以及松竹里遗址等出土的琵琶形短茎式铜剑。

中国东北地区与 B 型铜剑形态相似的也有不少。朝阳小波赤遗址出土的铜剑与大雅里遗址出土的铜剑形态类似,并且共出的铜镞也都是两翼有茎式铜镞,都有血槽,非常相近。庄河当铺村遗址、金州曲屯遗址等出土的琵琶形短茎式铜剑与仙岩里遗址出土的铜剑也在形态上比较接近;松竹里遗址出土的铜剑与仙岩里遗址出土的铜剑同为 B 型琵琶形短茎式铜剑。所以,综合考察以上铜剑的形态,朝鲜半岛北部的大雅里遗址可以与辽西地区做比较,而辽东地区的铜剑可与朝鲜半岛南部、北部出土的铜剑做比较。

参考发掘者的意见,小波赤遗址的年代与朝阳十二台营子遗址的年代类似,

---

① 赵宾福:《中国东北地区夏至战国时期的考古学文化研究》,科学出版社,2009 年。

② 吕军:《中国东北系青铜短剑研究》,吉林大学博士学位论文,2006 年。

③ 中国社会科学院考古研究所:《双坨子》,《双坨子与岗上——辽东史前文化的发现与研究》,科学出版社,1996 年。

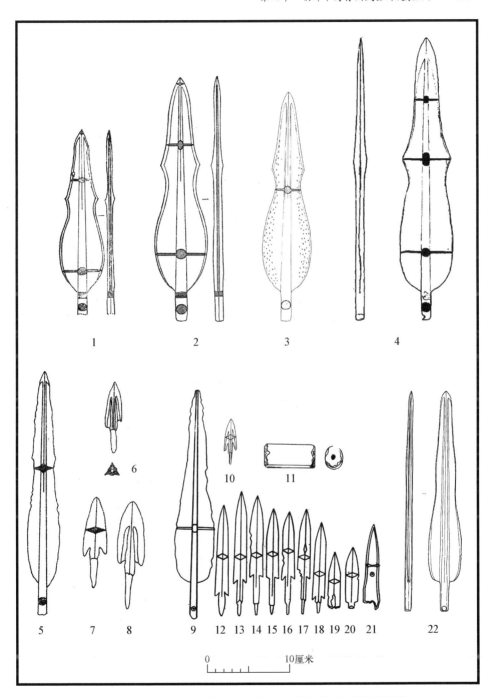

图二四 中国东北地区与朝鲜半岛出土琵琶形短茎式铜剑比较

　　1. 门脸遗址 2. 二道河子遗址 3. 双坨子遗址 4. 松菊里遗址 5~8. 小波赤遗址 9~21. 大雅里遗址 22. 松竹里遗址

或较之稍晚一些,大致可以判断为春秋中晚期阶段,其主要的证据是两遗址出土的琵琶形短茎式铜剑虽比较接近,但小波赤遗址出土的三翼有茎式铜镞可能要略晚于十二台营子遗址出土的铜镞①。后文会专题讨论,根据已有的研究成果,三翼形铜镞大概从商代开始出现,在中原地区主要流行于春秋中期之后②。吕军也以铜镞的研究成果为基础,推测小波赤遗址的年代为春秋早期或更早③。笔者从整个东北地区琵琶形短茎式铜剑的发展编年来看,辽西地区的小波赤遗址的年代应该属于较早阶段,综合考虑,该遗址的年代大致为春秋早期前后。如果大雅里遗址出土的铜剑与小波赤出土的铜剑年代相当,并且合理考虑文化传播所需的时间,那大雅里遗址的年代也可以推测为春秋早中期,即公元前 7 世纪左右。

报告者判断庄河当铺村遗址与金州曲屯遗址的年代大致为战国中晚期④。笔者认为曲屯遗址出土的琵琶形铜剑的剑柄与金州卧龙泉遗址出土的剑柄类似,二者的年代应该相去不远,抑或曲屯遗址的稍早一些,大致可以判断为公元前 5 世纪左右。

综合来看,B 型琵琶形短茎式铜剑在中国东北的辽西地区与辽东地区南端都有发现,年代跨度也相对较大,大致为春秋中期到战国早中期,即公元前 8～前 5 世纪。朝鲜半岛的大雅里遗址以及仙岩里遗址的年代也在此范围左右,以此来看,B型铜剑很有可能是从辽西地区经辽东半岛南端传播到朝鲜半岛北部的。

通过以上分析我们看出,A 型琵琶形短剑与 B 型琵琶形短茎式铜剑的传播路线并不完全一致,由此可见,朝鲜半岛的琵琶形短茎式铜剑虽起源于中国地区,但其起源地、传播时间与传播路线很可能为 2 组。第一组年代较早,大约在公元前 9 世纪左右,辽东北部地区的抚顺、清原一带的 A 型琵琶形短茎式铜剑文化在公元前 8 世纪前半到达辽阳,并迅速传播到辽东半岛南端的大连、旅顺一带,经此由海路传到朝鲜半岛西部的锦江流域,并由锦江流域逐渐向朝鲜半岛南北扩散。第二组年代稍晚一些,由 B 型短茎式铜剑文化为主体完成,大致在公元前 8 世纪末从以朝阳为中心的大凌河流域,逐渐扩散到以大连、旅顺为中心的辽

---

① 张静等:《朝阳小波赤青铜短剑墓》,《辽海文物学刊》1993 年第 2 期。

② 朱凤瀚:《论中国东北地区与朝鲜半岛出土的短茎曲刃青铜短剑》,《中国历史博物馆考古部纪念文集》,科学出版社,2000 年;石岩:《青铜三棱镞与三翼镞出现年代考》,《北方文物》2005 年第 1 期。

③ 吕军:《中国东北系青铜短剑研究》,吉林大学博士学位论文,2006 年。

④ 许明纲:《大连市近年来发现青铜短剑及相关的新资料》,《辽海文物学刊》1993 年第 1 期;刘俊勇:《大连地区曲刃青铜短剑遗存研究》,《辽海文物学刊》1993 年第 2 期。

东半岛南端,中间的路线尚不明朗,到达辽东半岛南端后,沿陆路向北传播到朝鲜半岛北部的大同江流域,并逐渐变形后,由朝鲜半岛北部传向朝鲜半岛南部地区。

朝鲜半岛发现的琵琶形铜矛虽然不多,但由于同琵琶形短茎式铜剑具有一样明显的突起部,銎部也相对较长,我们在编年时大体推测其年代相对较早。与这几件琵琶形铜矛相似型式的铜矛在中国东北地区暂时还未发现,有学者指出,这类铜矛如同茎部形成沟槽的琵琶形短茎式铜剑一样,是朝鲜半岛的地域特色[1]。由于比较材料太少,我们还无法检验这种观点的妥切性,还需依靠以后更多有明确出土遗迹以及共存关系组合的遗存来从整体考虑。

朝鲜半岛琵琶形短茎式铜剑文化期中,与铜剑共存的遗物有石剑、石镞、石斧、石刀等石器,铜镞、铜刀、铜凿等青铜器,以及素面陶器、红陶等陶器。通过这些共存的遗物来看,石剑、石刀等在中国东北地区出土琵琶形短茎式铜剑的遗存中暂未发现,可视为具有特色的朝鲜半岛青铜器时代发达的磨制石器文化。铜镞、铜刀、铜凿、石镞等在中国东北地区出土的琵琶形短茎式铜剑文化中可见,但石镞的数量及型式远不如朝鲜半岛丰富。如前文所言,小波赤遗址中出土的琵琶形短茎式铜剑与大雅里遗址出土的类似,并且两遗址中出土的两翼镞的型式也比较接近,学术界在讨论朝鲜半岛两翼铜镞起源时也会考虑中国中原地区经中国东北地区到达朝鲜半岛的路线[2],与我们推测的 A 型琵琶形短茎式铜剑文化的传播路线有一定的重合。

表 20　与朝鲜半岛琵琶形短茎式铜剑共存的遗物一览表

遗　址	青　铜　器			石　器		玉器	其他
	铜刀	铜凿	铜斧	石剑	石镞		
价川龙兴里	1						
白川大雅里					10	管玉 1	
载宁孤山里		1					
江陵浦南洞					1		
扶余松菊里		1		1	11	曲玉 2, 管玉 17	

---

① 李健茂:(韩)《有关辽宁式铜矛》,《李基白先生古稀纪念韩国史学论丛》,日潮阁,1994 年。

② 韩修英:(韩)《青铜镞小考》,《湖南文化研究》4,湖南文化财研究院,2004 年。

续　表

遗　址	青铜器			石器		玉器	其他
	铜刀	铜凿	铜斧	石剑	石镞		
金海茂溪里				1			
新坪仙岩里					5	管玉 2	
兴川芳良里					6		
大田飞来洞					1		陶器 1
顺天牛山里 8 号							
丽水积良洞 2 号						管玉 5	
丽水凤溪洞 10 号						小玉 1，管玉 15	
丽水五林洞 8 号					1		
丽水五林洞 6 号						管玉 2	
宝城宝陵里				1			
宝城德峙里				1	29		
昌原镇东里				1	2		

　　上表是朝鲜半岛与青铜武器共存的遗物统计表，从这张表中可以看出，朝鲜半岛出土磨制石剑与琵琶形短茎式铜剑共存的遗址有扶余松菊里遗址、昌原镇东里遗址、宝城德峙里遗址以及金海茂溪里遗址等。这些遗址出土的琵琶形短茎式铜剑基本为 A 型铜剑以及可能为再加工的其他型铜剑，石剑的型式主要是有柄式石剑，学者们推测这种型式石剑的功能，相对于实用武器，很可能是专门随葬用的明器类遗物[①]。中国东北的辽东地区以及吉长地区也有磨制石剑的出土，但并没有磨制石剑与琵琶形短茎式铜剑一起出土的遗址，因此根据共存关系判断二者的早晚关系还存在困难。但笔者却认为，正因为中国东北地区没有磨制石剑与铜剑共存的例子，而朝鲜半岛，尤其是南部却很多，说明以磨制石剑为代表的文化要素是朝鲜半岛的特色。正是由于这种文化要素的存在，短茎式琵琶形铜剑文化在朝鲜半岛并没有像之后的细形短茎式铜剑文化那样繁荣，仅仅是朝鲜半岛青铜武器的起源，它的作用可能仅限于引领与示范。

---

　　①　李荣文：(韩)《关于全南地方出土磨制石剑的研究》，《韩国上古史学报》24，1997 年。

虽然与朝鲜半岛青铜武器起源相关的历史背景暂时还无法确认,但文献材料中有如下记录可供参考:

> 韩侯受命,王亲命之……溥彼韩城,燕师所完,以先祖受命,因时百蛮,王锡韩侯,以追其貊,奄受北国,因以其伯。
>
> 《诗经·韩奕》①

> (周)王使詹恒伯辞于晋曰:"……及武王克商……肃慎、燕、亳(貊),吾北土也。"
>
> 《左传·昭公九年》②

> 史伯对曰:"……当成周者……北有卫,燕,狄,鲜虞,潞,洛,泉,徐,蒲(貊)……"
>
> 《国语·郑语》③

按照林沄的研究,貊主要是在西周初年,活动于大、小凌河一带,与燕国等接壤的古代部族。而且,韩侯的先祖受"王"的命令,去攻击貊④。后文也将讨论到这个问题,目前学术界倾向于貊由辽西地区逃亡到辽东及辽南地区的意见。如果这条记录可信,那貊的移动可能就是当时考古学文化交流和融合的重要历史背景,也与琵琶形短茎式铜剑文化的扩散有关。前文在讨论中国东北地区琵琶形短茎式铜剑起源时,提到辽西的老哈河流域以及辽东北部地区都出土有年代相对较早的铜剑,并且辽西地区的琵琶形短茎式铜剑文化还有经辽东传到朝鲜半岛的可能性,这种推论也与文献记载的人群移动方向大体一致,而这些移动及交流发生的时间大致也是我们推测的西周晚期到春秋早中期。

此外,郭大顺主张琵琶形短茎式铜剑最早起源于辽东地区,并且,从新石器时代晚期开始,辽东半岛就与山东半岛有密切的联系,这种琵琶形短茎式铜剑文化也与山东半岛的龙山文化、岳石文化等具有密切联系⑤。而环渤海的海路交流自新石器时代就很频繁,在这种背景下,由辽东半岛向朝鲜半岛的文化传播也

① 王秀梅译注:《诗经(下)·雅颂》,中华书局,2015年。
② 杨伯峻注:《春秋左传注(修订本)》,中华书局,2009年。
③ 陈桐生译注:《国语》,中华书局,2013年。
④ 林沄:《说貊》,《史学集刊》1999年第4期。
⑤ 郭大顺、张星德:《西周到春秋战国之际燕北地区的三大文化集团》,《东北文化与幽燕文明》,江苏教育出版社,2005年。

就容易理解。

但毕竟，有关记载东北地区考古学文化背后人群集团的文献还是太少，我们只能通过已有成果间接地推导、勾勒出一幅三千年前的历史画面，画面的很多细节还需要更多的考古发现以及研究慢慢充实。

简要概括，朝鲜半岛青铜武器文化的起源问题主要与中国东北地区琵琶形短茎式铜剑文化的传播有关，大约在西周晚期到春秋早中期阶段，随着貊人集团的移动，老哈河流域以及辽东北部的考古学文化逐渐向辽东半岛南端以及朝鲜半岛流动，在这种背景下，朝鲜半岛进入了以琵琶形短茎式铜剑为代表的新阶段。

第二节　发 展 过 程

中国东北地区的琵琶形短茎式铜剑等标志性文化因素传到朝鲜半岛之后，逐渐融入当地以支石墓、磨制石器为代表的考古学文化中，并获得了本土化发展，产生了茎部带有沟槽的特殊形制，后又逐渐向细形短茎式铜剑转变。与此同时，短内式铜戈、铜矛等长兵器也逐渐传到朝鲜半岛，朝鲜半岛的青铜武器文化因此得到了充分发展。

但是关于朝鲜半岛细形短茎式铜剑的起源问题，学术界还有多种意见。有学者主张，朝鲜半岛的细形短茎式铜剑是在之前的琵琶形短茎式铜剑文化中自发变化发展的[①]；也有学者认为中国东北地区的琵琶形短茎式铜剑文化中，已经出现了细形短茎式铜剑文化的因素，这些要素传播到朝鲜半岛后发展成为细形短茎式铜剑文化[②]；还有学者主张，新的细形短茎式铜剑文化导致在朝鲜半岛南部地区出现了马韩等初期国家[③]；当然，也有与以上都不同的主张，提出琵琶形短茎式铜剑文化与细形短茎式铜剑文化是不同的文化系统，具体为斯基泰游牧文化南进，分别形成了鄂尔多斯—西北朝鲜系统与辽东—西南朝鲜系统，两个系统完全不同[④]。

---

① 李荣文：(韩)《韩半岛出土琵琶形铜剑型式分类试论》，檀国大学校《博物馆纪要》7，1991 年；李清圭：(韩)《通过青铜器看古朝鲜》，《国史馆论丛》42，1993 年。

② 李健茂：(韩)《韩国式铜剑文化的性格——有关成立背景》，《东亚细亚的青铜器文化》，韩国国立文化财研究所，1994 年。

③ 林永珍：(韩)《对于马韩的形成与变迁的考古学考察》，《韩国古代史研究》10，1995 年；林永珍：《马韩形成期与中国北方的关系》，《北方民族文化新论》，哈尔滨出版社，2001 年。

④ 李钟宣：(韩)《细形铜剑文化的地域特性》，《韩国上古史学报》3，1990 年。

　　抉入部与节带是细形短茎式铜剑的重要特征,它们的有无也是其与琵琶形短茎式铜剑的重要区别。韩国学术界一般将与礼山东西里遗址①出土的细形短茎式铜剑类似的型式判断为细形短茎式铜剑文化成立期由琵琶形短茎式铜剑到细形短茎式铜剑的过渡型式。这种型式的铜剑,抉入部的上下节带或只生成一对,或还不甚明显,类似这种特征的铜剑,中国的辽东地区以及鸭绿江流域等地也有发现。东港大房身遗址出土的短茎式铜剑②,全长、锋部长、突起部(抉入部)的位置都与礼山东西里遗址出土的 1 号铜剑类似;鸭绿江流域的集安五道岭沟门遗址③也出土此类型式的短茎式铜剑。目前辽西地区还未发现此类型式铜剑,只有与中原式铜剑类似的锋部增长,突起部与脊突不明显的 B 型琵琶形短茎式铜剑。因此可以大致推测,典型的 A 型琵琶形短茎式铜剑在辽西地区受到强烈的中原文化影响,形成 B 型琵琶形短茎式铜剑,而在辽东地区及鸭绿江流域,除了在战国晚期受中原文化影响,类似在尹家村遗址④等形成更为细长化的 B 型琵琶形短茎式铜剑之外,也产生了类似礼山东西里遗址出土的由琵琶形短茎式铜剑向细形短茎式铜剑过渡的型式。由此可见,李健茂的主张更为适切,与我们的推测基本一致。当然,中国东北地区出现的只是细形短茎式铜剑文化的要素,更为波澜壮阔的发展过程应当还是在朝鲜半岛完成的(图二五)。

　　通过以上分析,我们知道中国东北地区在战国时期受中原燕文化的影响非常强烈。除了铜剑的型式等发生明显变化之外,有些遗址还出土了完全的燕式陶器,出现燕式陶器与土著文化陶器共存的现象,其中代表性遗址有老哈河流域的铁营子遗址⑤,大凌河流域的袁台子遗址⑥、东大杖子遗址⑦等。朝鲜半岛的情

　　①　池健吉:(韩)《礼山东西里石棺墓出土青铜一括遗物》,《百济研究》9,1978 年。

　　②　许玉林、王连春:《丹东地区出土的青铜短剑》,《考古》1984 年第 8 期。

　　③　集安县文物保管所:《集安发现青铜短剑墓》,《考古》1981 年第 5 期。

　　④　中国社会科学院考古研究所:《尹家村》,《双坨子与岗上——辽东史前文化的发现与研究》,科学出版社,1996 年。

　　⑤　赵国栋:《赤峰古代墓葬》,内蒙古出版集团、内蒙古文化出版社,2014 年。

　　⑥　辽宁省文物考古研究所等:《朝阳袁台子——战国西汉遗址和西周至十六国时期墓葬》,文物出版社,2010 年。

　　⑦　辽宁省文物考古研究所等:《辽宁建昌东大杖子墓地 2000 年发掘简报》,《文物》2015 年第 11 期;辽宁省文物考古研究所等:《辽宁建昌东大杖子墓地 2001 年发掘简报》,《考古》2014 年第 12 期;辽宁省文物考古研究所等:《辽宁建昌东大杖子墓地 2002 年发掘简报》,《考古》2014 年第 12 期;辽宁省文物考古研究所等:《辽宁建昌东大杖子墓地 2003 年发掘简报》,《边疆考古研究》18,科学出版社,2015 年;辽宁省文物考古研究所等:《辽宁建昌东大杖子墓地 M40 的发掘》,《考古》2014 年第 12 期;辽宁省文物考古研究所等:《辽宁建昌东大杖子墓地 M47 的发掘》,《考古》2014 年第 12 期;成璟瑭等:《葫芦岛市博物馆藏东大杖子墓地出土器物研究》,《文物》2015 年第 11 期。

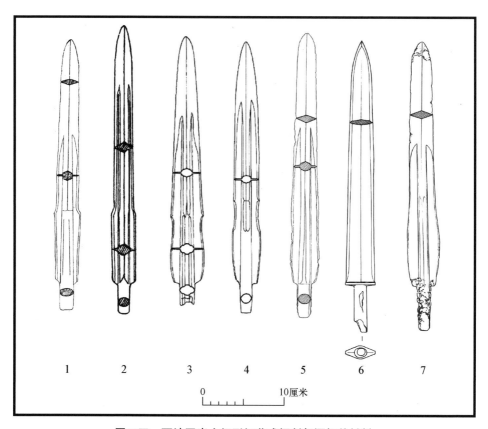

图二五　两地区出土细形短茎式铜剑起源相关材料

1. 大房身遗址　2. 五道岭沟门遗址　3~4. 东西里遗址　5. 尹家村遗址　6~7. 于道沟遗址

况也基本类似,尽管琵琶形短茎式铜剑文化在朝鲜半岛逐渐转化为细形短茎式铜剑文化,形成朝鲜半岛青铜武器的繁荣期,但随之而来的战国燕文化、汉文化等,波浪式地席卷了朝鲜半岛,细形短茎式铜剑文化逐渐收缩到东南部地区,并跨海波及日本列岛,而朝鲜半岛细形短茎式铜剑文化晚期遗址中则已出现了铁制遗物,成为朝鲜半岛继青铜器时代之后的初期铁器时代,有关这一过程将在下一节中详述。

　　在细形短茎式铜剑文化成立期末期,即公元前 3 世纪前后,中国东北地区的短内式铜戈、铜矛、铜镞以及中原地区的青铜器文化等逐渐传到朝鲜半岛,与已经土著化的细形短茎式铜剑文化一道经历了几乎相同的发展变迁过程。

　　目前在朝鲜半岛发现的短内式铜戈约有 70 件,主要集中分布在朝鲜半岛西部、南部,北部地区分布不多,东部地区几乎没有。按照前文的分析,朝鲜半岛的短内式铜戈是从细形短茎式铜剑文化的发展期开始出现的,目前还没有发现属于短茎式铜剑文化成立期的短内式铜戈。并且,这种铜戈应该起源于中国辽西地区,后来经辽东地区逐渐传播到朝鲜半岛[1]。虽然也是通过陆路传播的可能性比较大,但是由于目前在辽东半岛南端没有发现这种铜戈,所以,很有可能是由辽西地区直接通过鸭绿江流域传到朝鲜半岛的,这种传播路线与之前分析的琵琶形短茎式铜剑的传播略有不同,相反,这种传播路线与之前提到的"貊人"的移动路线[2]比较接近。

虽然中原式铜戈在朝鲜半岛仅发现4件,但通过中国东北地区发现的大量中原式铜戈,这种武器由中国东北地区传播到朝鲜半岛的路线相对比较清晰。前文业已分析,这种铜戈大致分三个阶段由中国中原地区传播到东北地区及朝鲜半岛,其中传到朝鲜半岛应该是第三阶段,由辽西地区经辽东北部逐渐经陆路传播到朝鲜半岛,时间大致为战国晚期阶段。众所周知,战国晚期随着秦统一六国的进程,燕国等势力向东北迁徙,并且在秦统一后,对东北地区实施有效管理[3]。

中国东北地区发现的铜矛约有40件,大致可以分为三大类型,其中,宁城南山根遗址M101出土铜矛为代表的型式数量相对较少,大部分铜矛是形成柱脊、带有血槽的属于东北系青铜武器的型式[4]。就目前的发现来看,这种型式的铜矛集中分布在辽东地区以及吉长地区,而不是之前琵琶形短茎式铜剑密集分布的辽西地区,而且下辽河流域也基本不见分布。

中国东北地区与朝鲜半岛发现的铜矛在型式上虽有共性,但也有差异。中国东北地区出土的细形铜矛多为有孔式,朝鲜半岛北部地区出土的细形铜矛大部分是銎口具有突带的有箍式。参考有关铜矛的专题研究,有孔式铜矛出现的时间相对较早,有箍式与有耳式铜矛出现的时间相对较晚[5]。而且通过共存遗物来看,中国东北地区没有发现铜矛与短茎式铜剑共存的情况,而在朝鲜半岛北部有孔式铜矛与细形短茎式铜剑共存的情况相对较多。所以,通过以上分析,中

① 成璟瑭、高振海:《关于短内式铜戈的起源与年代问题》,《庆祝魏存成先生七十岁论文集》,科学出版社,2015年。

② 林沄:《说貊》,《史学集刊》1999年第4期。

③ 辽宁省文物考古研究所:《姜女石——秦行宫遗址发掘报告》,文物出版社,2010年。

④ 成璟瑭:《东北系青铜武器初步研究》,《鄂尔多斯青铜器文化国际学术会议论文集》,科学出版社,2009年。

⑤ 沈融:《商与西周青铜矛研究》,《考古学报》1998年第4期。

国东北地区发现的细形铜矛虽在形态上与朝鲜半岛出土的铜矛具有相似性,但从铜矛的细节以及共存遗物来看,东北地区的铜矛较朝鲜半岛出土的铜矛年代要早一些。

如果以上的分析无误,我们可以大体判断铜矛的传播路线。从更广阔的时空范围来看,大约在公元前 10~前 9 世纪,以欧亚草原的"山字脊顶叶矛"为代表的文化要素传播到中国东北地区,但并没有得到充分的发展。几乎同时或略晚一些的阶段,中原地区的南山根式铜矛传播到老哈河流域,随后在大凌河流域以及辽东北部地区都有发现,这也许是"山字脊顶叶矛"没有充分发展的原因之一。再稍晚的阶段,出现了与琵琶形短茎式铜剑形制类似的琵琶形铜矛,但可能因为有发达的琵琶形短茎式铜剑文化存在,这种铜矛也没有得到充分发展,而是变形为细形铜矛传播到了周边区域。大约在公元前 300 年前后,细形铜矛与短内式铜戈等一起传入朝鲜半岛,成为朝鲜半岛细形短茎式铜剑文化的重要组成部分。

综合以上,在公元前 300 年以前的阶段,中国东北地区盛行琵琶形短茎式铜剑,这种铜剑在晚期阶段出现了一些细形短茎式铜剑的文化要素,但并没有变形为细形短茎式铜剑,而是在传入朝鲜半岛后,发展为细形短茎式铜剑,并与稍后传入朝鲜半岛的短内式铜戈、细形铜矛等一起到达青铜武器文化发展的高峰阶段。中原式铜剑、中原式铜戈以及铜镞等,虽在朝鲜半岛也多有发现,毕竟不是主流,而是作为共存遗物见证了朝鲜半岛青铜武器文化的发展。

接下来,我们再着重分析一下与细形短茎式铜剑密切相关的粘土带陶器。

粘土带陶器是韩国学术界的称谓,是指罐类陶器的口沿折叠成型的技法,中国的考古文献中多称"叠唇罐"、"叠沿罐"等。目前中国东北地区发现这种陶器的遗址有很多,其中代表性的遗址有西拉木伦流域的林西井沟子遗址,老哈河流域的喀喇沁旗铁营子遗址,大凌河流域的敖汉水泉遗址、乌兰宝拉格遗址、山湾子遗址、喀左园林处遗址、建昌东大杖子遗址,下辽河流域的沈阳郑家洼子遗址以及辽东地区北部的辽阳亮甲山遗址、本溪上堡遗址、朴堡遗址等①。这些遗址当中,井沟子遗址发现的铜剑为"匕首式"直刃短剑,朴堡遗址发现的铜剑为触角式铜剑,铁营子遗址暂时没有发现青铜短剑,其余遗址均有琵琶形短茎式铜剑

---

① 详见附表 2 以及内蒙古文物考古研究所等:《林西井沟子——晚期青铜时代墓地的发掘与综合研究》,科学出版社,2010 年;梁志龙、魏海波:《辽宁本溪县朴堡发现青铜短剑墓》,《文物》2005 年第 10 期。

出土。水泉遗址虽有琵琶形短茎式铜剑与粘土带陶器共存,但发掘者考虑它们在遗址的南北两个区域出土,分别以"水泉文化"与"凌河文化"展开讨论研究①。乌兰宝拉格遗址、山湾子遗址、郑家洼子遗址、亮甲山遗址、东大杖子遗址等粘土带陶器与琵琶形短茎式铜剑并不在同一遗迹中共存,在同一遗迹共存的只有本溪上堡遗址。

根据本溪上堡遗址出土的陶器以及青铜器编年,发掘者主张其年代大致为战国晚期到西汉初期②。李清圭考虑上堡遗址出土的粘土带陶器与朝鲜半岛出土的粘土带陶器类似,并考虑由辽东地区传入朝鲜半岛的时间,推测上堡遗址的年代约为公元前4世纪初,属于细形短茎式铜剑文化的成立期或是琵琶形短茎式铜剑文化向细形短茎式铜剑文化过渡的阶段③。

朴淳发将辽宁地区的粘土带陶器文化大致分为三个发展阶段,其中第二阶段又可以细分为早晚两个阶段。其中,第一阶段大致相当于公元前800~前600年,是与琵琶形短茎式铜剑文化并行的阶段,主要分布在鸭绿江流域与大同江流域,该阶段的特征为剖面为圆形的粘土带陶器与鼓腹小口小底素面的美松里式陶器共存。第二阶段大致相当于公元前600~前300年,以辽东北部以及辽中地区的"凉泉文化④"为代表,重要的遗物组合为高柄豆、环形或组合牛角把手壶、磨光黑陶壶等。这一阶段又可分为公元前600~前400年的2-1阶段与公元前400~前300年间的2-2阶段,其中在2-2阶段末期的公元前300年前后,由于复杂的社会历史背景,推测有燕、秦、汉等长城地带的居民移居朝鲜半岛的过程。参考目前发现的考古资料,这种移居路线大致有沿西海岸南下的陆路与经由鸭绿江—清川江—元山湾的海路两种可能,其中朝鲜半岛东部的江原、岭东及岭南地区可能是通过海路传播的。第三阶段的年代大致为公元前300~前200年,受战国燕文化的影响,圆形粘土带陶器逐渐变化为三角形粘土带陶器,并且打捺纹陶器与铁器也在朝鲜半岛基本普及⑤。

李成载也以中国东北地区发现的粘土带陶器为研究对象进行了系统考察。他将东北地区发现的粘土带陶器分为七个区域,其中粘土带陶器最早是约公元

---

①　郭治中:《水泉墓地及相关问题之探索》,《中国考古学跨世纪的回顾与前瞻》,科学出版社,2000年。

②　魏海波、梁志龙:《辽宁本溪县上堡青铜短剑墓》,《文物》1998年第6期。

③　李清圭:(韩)《对于辽宁本溪县上堡村出土铜剑与土器》,《历史考古学志》16,2000年。

④　韩国学者以在中国辽宁铁岭凉泉遗址采集的粘土带陶器命名的考古学文化。

⑤　朴淳发:(韩)《辽宁粘土带陶文化的韩半岛定着过程》,《锦江考古》创刊号,2004年。

前 6~前 5 世纪在辽西地区出现,然后向辽河中游地区扩散,再逐渐传播到辽东北部与辽东半岛。与燕文化东进有关的是第三轮扩散,其主要路线也有陆路与海路两种可能性,如果考虑鸭绿江流域的粘土带陶器文化的话,通过陆路传播到西北朝鲜的可能性很大①。

综合以上意见,粘土带陶器文化在公元前 400~前 300 年左右由辽东地区传播到朝鲜半岛。笔者经过系统考察,也认为朝鲜半岛出现的粘土带陶器技法与中国东北地区有密切关系,但是以西拉木伦、老哈河、大凌河为中心的辽西地区,以太子河、浑河、鸭绿江等为中心的辽东地区以及朝鲜半岛的这些陶器背后的考古学文化可能不尽相同。大凌河流域水泉文化出土的粘土带陶器主要是双耳(单耳)小罐,陶色多为灰黑陶系;而辽东地区与朝鲜半岛出土的粘土带陶器基本为素面无耳小罐,陶色以黄褐陶系为主。所以,如果从陶器角度来看,朝鲜半岛与辽东地区更为接近,而这种陶器的起源可能要从辽西等地探索端倪。在本溪上堡遗址,粘土带陶器与燕式陶器共存,从燕式陶器的编年来看,该遗址的上限年代可能为战国晚期,即公元前 300 年左右。上堡遗址出土的短茎式铜剑与东港大房身遗址、集安五道岭沟门遗址等出土的铜剑类似,这些遗址的上限年代可能均为战国晚期或者更晚。由此来看,我们通过粘土带陶器对遗址的编年与通过铜剑对遗址的编年方案基本一致。

集安五道岭沟门位于鸭绿江流域,从该流域在战国晚期出土的青铜武器来看,很多与朝鲜半岛出土的同类器非常相似。该区域应该是沟通朝鲜半岛的重要通道,也是我们推测晚期东北地区的青铜武器文化通过陆路传播到朝鲜半岛的重要理由。

通过以上分析可知,琵琶形短茎式铜剑文化向细形短茎式铜剑文化转变,短内式铜戈、细形铜矛以及中原式武器、粘土带陶器等向朝鲜半岛传播,都反映了朝鲜半岛青铜武器文化的发展。其中,短剑型式及文化的转变应该是在东北地区出现趋势,最终在朝鲜半岛完成的;其余几种文化要素的传播相对于第一阶段海路、陆路两种路线,集中体现为陆路传播。遗憾的是朝鲜半岛北部的考古工作相对较少,我们的结论还处于目前掌握资料基础上的推测阶段。

虽然在朝鲜半岛青铜武器文化的发展阶段,多种青铜武器共存,构成了百花齐放的局面,但是,受地形环境以及文化传统的影响,相对于细形短茎式铜剑,短

---

① 李成载:(韩)《中国东北地域粘土带陶器文化的展开过程研究》,崇实大学校硕士学位论文,2007 年。

内式铜戈、中原式铜戈以及铜矛等长武器与铜镞的远射武器都没有得到充分的发展，而是在朝鲜半岛早期国家形成过程中充当了具有礼仪色彩的武器形器具，并在朝鲜半岛青铜器时代晚期将这种文化特色传播到了日本列岛。当然，朝鲜半岛青铜武器文化的衰落是以中国大量铁器文化的传播为背景的，有关这方面的内容将在下一节详述。

如果前文推测无误，短茎式铜剑文化的传播趋势与貊人集团的移动路线吻合的话，那么战国晚期短茎式铜剑文化的扩散又是什么历史背景呢？林沄检索大量文献记录后认为，由于燕国势力不断向东北地区扩散，先前凌河流域的貊人逐渐移住到辽东及鸭绿江流域①，当然，也有可能进一步扩散到朝鲜半岛，像朴淳发推测的一样，有东、西两条路线②。有关燕文化北进的背景，也可以参考出土陶器的分析，至晚在战国中期已经有明显的线索③。

此外，研究战国时期燕与东北的关系还有一条重要史料。《三国志·魏志·东夷传》注引《魏略》中记载："昔箕子之后朝鲜侯，见周衰，燕自尊为王，欲东略地，朝鲜侯亦自称为王，欲兴兵逆击燕以尊周室。……后子孙稍骄虐，燕乃遣将秦开攻其西方，取地二千余里，至满番汗为界，朝鲜遂弱……"④不少韩国学者据此判断，短茎式铜剑文化代表的人群集团是"箕子朝鲜"⑤。这样问题就集中到"貊"与"箕子朝鲜"的关系，也就是说，到底这群人是貊还是箕子朝鲜。

本书不做文献材料的深度解读，但以成书的背景及时间来看，《魏略》为私撰，史料价值有限，与《左传》《国语》等无法比拟。并且也有韩国学者主张，大凌河流域发现的西周时期的中原式青铜器窖藏遗存应与"箕子朝鲜"有关⑥，西周时期的窖藏遗存与本书讨论的东北地区青铜武器文化的编年范围存在很大差异，倒是与"箕子"出现的商末周初年代接近。所以，本书认为"箕子朝鲜"目前还属于史学界围绕文献讨论的问题，不宜与目前东北地区以及朝鲜半岛发现的

---

① 林沄：《说貊》，《史学集刊》1999年第4期。

② 朴淳发：（韩）《辽宁粘土带陶文化的韩半岛定着过程》，《锦江考古》创刊号，2004年。

③ 郑君雷：《战国时期燕墓陶器的初步分析》，《考古学报》2001年第3期。

④ 陈寿：《三国志》，中华书局，2006年。

⑤ 徐荣洙：（韩）《古朝鲜的对外关系与疆域的变动》，《东洋学》29，1999年；李清圭：（韩）《通过青铜器看古朝鲜与周边社会》，《北方史论丛》6，2012年；吴江原：（韩）《青铜器—铁器时代辽宁、西北朝鲜地区物质文化的展开与古朝鲜》，《东亚细亚的铁器文化与古朝鲜》，学研文化社，2013年；赵镇先：（韩）《中国东北地域的青铜器文化与古朝鲜的位置变动》，《东洋学》56，2014年；李厚锡：（韩）《通过考古学材料看满番汗——战国时代古朝鲜与燕的境界变化》，《东北亚历史论丛》57，2017年。

⑥ 宋镐晸：（韩）《大凌河流域殷周青铜礼器的使用集团与箕子朝鲜》，《韩国古代史研究》38，2005年。

青铜武器文化简单比附。

关于燕文化东进的进程,已有分析表明中原地区的灰陶进入辽东地区的时间应该是在战国晚期之前①。同时,我们可以通过辽宁沈阳热闹街战国墓葬②、吉林梨树二龙湖古城址③以及辽宁辽阳新城战国墓④等了解,至晚在战国晚期阶段,燕文化已经全面抵达东北地区腹地,而"貉人"文化则缩小移动到辽东地区南部、鸭绿江流域及其南部的朝鲜半岛。

除燕文化之外,位于山东半岛的齐文化也与朝鲜半岛青铜文化的发展繁荣有关。前文在分析韩国完州上林里遗址出土中原式铜剑的性质时,我们倾向于这种铜剑与中国山东半岛出土的铜剑更为接近的观点⑤。同时有学者指出,朝鲜半岛发现的铜鼎、水晶珠等可能都与山东半岛的齐文化有关⑥。我们不排除山东半岛的齐文化,甚至以南区域的长江流域等在青铜器时代都与朝鲜半岛存在物质文化交流的可能性,只是从目前的出土资料来看,除了中原式铜剑外,其他青铜武器体现不甚明显。这些交流也可以通过以下文献记录确认,只是交流的年代可能要更晚一些,大致相当于秦末汉初阶段,基本进入朝鲜半岛青铜武器文化的衰落阶段。

> 陈胜等起,天下叛秦,燕、齐、赵民避地朝鲜数万口。
>
> 《史记·朝鲜列传》⑦

第三节 衰 退 原 因

朝鲜半岛的青铜武器文化,以中国东北地区琵琶形短茎式铜剑文化的流入为出现契机,以细形短茎式铜剑文化的转变以及短内式铜戈、细形铜矛与中原式武器、粘土带陶器等的流入为发展,在公元前 400~前 300 年左右达到了

---

① 李盛周:(韩)《青铜器时代东亚细亚世界体系与韩半岛的文化变动》,《青铜器、铁器时代社会变动论》,学研文化社,2007 年。

② 金殿士:《沈阳市南市区发现战国墓》,《文物》1959 年第 4 期。

③ 朱永刚:《吉林省梨树县二龙湖古城址调查简报》,《考古》1988 年第 6 期;吉林省文物考古研究所等:《四平市二龙湖古城遗址 2009 年抢救性发掘》,《北方文物》2012 年第 4 期;吉林省文物考古研究所等:《吉林省四平市二龙湖古城址发掘报告》,《边疆考古研究》12,科学出版社,2012 年。

④ 辽宁省博物馆等:《辽阳市新城战国墓》,《中国考古学年鉴》1983,文物出版社,1984 年。

⑤ 王青:《山东发现的几把东北系青铜短剑及相关问题》,《考古》2007 年第 8 期。

⑥ 李慧竹:《山东与朝鲜半岛南部的交往》,《北方文物》2004 年第 1 期。

⑦ 司马迁:《史记》,中华书局,2000 年。

一个高峰阶段。公元前300年前后的战国晚期阶段,随着秦统一六国的进程以及燕文化的北进,中原地区的铁器文化急速向东北地区扩散,新的物质材料很快替代了青铜器,朝鲜半岛的青铜武器文化在这个社会历史背景下,逐渐走向衰落。

首先介绍有关朝鲜半岛铁器文化起源的几个代表性观点。

郑白云主张朝鲜半岛铁器的生产与使用应该在汉四郡设置之前,与燕文化中铁器生产及使用的时间大体相当,为公元前5世纪左右。他通过对燕文化区域、中国东北地区以及朝鲜半岛北部区域发现的铁器进行比较,认为铸造铁器比锻造铁器的年代要早。在汉文化到来之前,朝鲜半岛与燕文化已经有密切的交流,并出土有铸造铁斧的铸范①。

西谷正认为,朝鲜半岛通过与中国燕文化的接触出现铸造铁器,并且经过燕文化的渗透,朝鲜半岛开始出现与铸造等有关的铁器制作技术。正是因为这种物质文化基础的存在,成为汉代在朝鲜半岛设置包括乐浪在内的四个郡县的重要契机,并且开始了朝鲜半岛铁资源开发、铁器生产制作的历程②。

李南圭将朝鲜半岛北部区域的铁器文化区分为三个阶段。第一阶段是战国晚期,为公元前3世纪初;第二阶段是汉初,为公元前2世纪初;第三阶段是乐浪郡设置前后,为公元前108年前后。第一阶段以燕将秦开进出东北地区为契机,大量铁器文化涌入东北地区。第二阶段因为西汉建立,铁器文化的内容与性质均发生了较大的变化。朝鲜半岛南部地区的铁器大致是从第二阶段开始出现,并逐步发展繁荣③。

根据卢泰天的研究,朝鲜半岛铁器的生产技术大约是在公元前3世纪,从清川江以北的朝鲜半岛西北部开始出现的。至战国晚期的公元前3世纪末,铸造技术通过战国的遗民逐渐传到中国东北地区与朝鲜半岛,在公元前2世纪左右,又经过大同江与黄海道地区,进入朝鲜半岛中西部地区。最后在公元前1世纪左右,到达朝鲜半岛东南部地区,完成了朝鲜半岛的铁器化过程。朝鲜半岛当地开始生产铸造铁器是在公元前2世纪左右,首先在朝鲜半岛北部地区开始,然后在公元前1世纪左右逐渐扩散到包括南部地区在内的整个朝鲜半岛④。

---

① 郑白云:(朝)《关于朝鲜金属文化起源的考古学资料》,科学院出版社,1957年。
② 西谷正:(日)《朝鲜における初期铁制品の问题》,《日本制铁史论》,たたら研究会,1970年。
③ 李南圭:(韩)《韩半岛铁器文化的开始与由来》,《钢铁报》21(2),韩国钢铁协会,1995年。
④ 卢泰天:(韩)《韩国古代冶金技术研究》,学研文化社,2000年。

当然,全面考察铁器文化的传入还应考虑与之共存的陶器文化,按照目前对陶器的研究结果,与铁器文化流入有关的考古学文化的体现是灰色绳席纹陶器上打捺技术的扩散以及铁制农具的普及等①。

通过以上分析可以看出,朝鲜半岛的铁器文化与中国有密切关系,尤其是与燕文化、汉文化等中原地区文化关系紧密,学者们基本都认为是中原地区的铁器文化经过东北地区传入朝鲜半岛的,只是传入的时间节点以及过程路线等略有差异。考察中国东北地区与铁器相关的材料,可以为这个问题的深入讨论提供有益线索。

东北地区出土典型燕式陶器与铁器的遗址比较多,充分体现了铁器文化与燕文化的密切关系。同时,朝鲜半岛也有不少包含青铜武器文化的遗址出土铁器,按对各遗址大体年代的判断,我们将东北地区与朝鲜半岛出土铁器,并与青铜武器文化相关、年代相对争议不大的遗址整理如表21。

表21　中国东北地区与朝鲜半岛出土铁器遗址统计②

区域	阶段	第一阶段(—公元前4世纪末)	第二阶段(公元前3世纪初—公元前1世纪左右)	第三阶段(公元前1世纪—)
中国东北地区	辽西地区	袁台子,十二台营子	眉眼沟	
	下辽河流域	热闹街		
	辽东地区		翟家村,莲花堡,上堡,大甸子,后元台,曲屯,卧龙泉,尹家村,双坨子,岗上,楼上,双山子	
	吉长地区		西荒山屯,万发拔子	
朝鲜半岛	西北部		龙渊洞,细竹里,石岩里	土城洞,贞柏洞,乐浪洞
	东北部		梨花洞	
	北部地区		松山谷,天柱里,金石里	
	中部地区			

---

① 李盛周:(韩)《青铜器时代东亚细亚世界体系与韩半岛的文化变动》,《青铜器、铁器时代社会变动论》,学研文化社,2007年。

② 本表相关遗址年代的判定主要参考:a. 郑君雷:《战国时期燕墓陶器的初步分析》,《考古学报》2001年第3期;b. 卢泰天:(韩)《韩国古代冶金技术研究》,学研文化社,2000年。

续　表

区域 \ 阶段		第一阶段 （—公元前 4世纪末）	第二阶段 （公元前3世纪初— 公元前1世纪左右）	第三阶段 （公元前 1世纪—）
朝鲜半岛	西部地区		合松里,素素里,院北里	
	西南部		南阳里,新洞里,官院里,葛洞,白岩里	
	东南部			舍罗里,入室里,九政洞,龙田里,八达洞,茶户里

通过上表可以看出,包含青铜武器文化并出土铁器的遗址分布在辽西地区、下辽河流域、辽东地区、吉长地区以及朝鲜半岛各个区域,基本全面覆盖青铜武器文化的分布区域。

但也有学者指出,中国中原地区的铁器文化通过东北地区向朝鲜半岛传播的过程,存在由铁制农具为主向铁质武器为主转变的趋势。我们认可这个观点,并结合朝鲜半岛属于初期铁器时代的遗址资料,考虑到燕将秦开在东北地区扩张以及汉代在朝鲜半岛设置乐浪郡等重要的历史事件,建议将与朝鲜半岛青铜武器文化衰退紧密相连的铁器扩散过程分为三个阶段。

流入期：中原地区的铁器传入朝鲜半岛的上限年代暂时还不甚明确,但至迟在公元前4世纪末的战国中期晚段开始,中国东北地区的个别遗址陆续出现铁器。虽然这一阶段朝鲜半岛还没有发现明确的出土铁器的遗址,中国东北地区也仅有辽西地区个别遗址发现铁器,但我们也认为随着新的物质材料发生转变,朝鲜半岛的青铜武器文化从这一阶段开始逐渐走向衰落。

变革期：第二阶段经历时间相对较长,大约有300年的时间,基本持续到西汉中期在朝鲜半岛设置四郡。这一时期的特点有三个：一是除东南部以外朝鲜半岛几乎全域出现铁器,铁器的种类开始以农具、工具为主,间或有少量武器；二是朝鲜半岛这些出土铁器的遗址大部分仍与青铜武器文化共存,甚至不少遗址都是以青铜器文化为主,铁器的种类发展到以铁质武器为主的阶段后,朝鲜半岛全面进入铁器化时代；三是中原的燕文化与汉文化交替影响朝鲜半岛的物质文化,并且使朝鲜半岛包括陶器在内的整体文化面貌发生根本性的变化。

定型期：第三阶段的上限年代大致为公元前108年,下限年代不甚明确,但从这一时间节点开始,朝鲜半岛的青铜武器文化很快终结,全面进入铁器时代的定型阶段。也就是从这一时期开始,朝鲜半岛南部地区全面进入了国家阶段,以马韩、弁韩、辰韩为代表的三个政权,构成朝鲜半岛的"三韩时期",又称原三国时代,也有学者从物质文化资料角度,称其为"初期铁器时代"。本书以朝鲜半岛的青铜武器文化为研究对象与着眼点,同意学术界的以上看法,但考虑到青铜武器文化的完整性,仍将其视为朝鲜半岛青铜武器文化衰退阶段的定型期,即全面定型为铁器文化的时代,零星出土的青铜武器成为新时代的间奏。

有关以上三个阶段的划分,还有两点需要补充说明。一是学者们通过对第二阶段材料的深入分析,将相关遗址分为"燕系"与"汉系"两大系统,并进一步指出,朝鲜半岛北部的梨花洞遗址、石山里遗址、松山谷遗址等和朝鲜半岛南部素素里遗址、合松里遗址、南阳里遗址等出土的铁器都与青铜器共存,说明维护当地青铜器制作技术的群体容纳、接受了战国燕系铁器铸造技术,其本质为燕系铁器文化[①]。而以平壤为中心的大同江流域出现的青铜器则是全面汉化之后,对先前青铜制品的保留,从出土的铁斧来看,已经是完全成熟的汉代锻造技术,其余的铁制品也在制作技术上与朝鲜半岛出现的战国燕系制品具有明显的差异[②],可视为汉系铁器文化。第二,平壤一带推测应为汉文化郡县据点,以其为中心,汉文化逐渐向周边扩散,形成朝鲜半岛战国燕系铁器文化与汉系铁器文化共存的繁荣局面。表 22 是李南圭整理的朝鲜半岛北部地区出土锻造技术制品的统计表,由此可见铁器文化在朝鲜半岛扩散的速度与范围。

表 22　朝鲜半岛北部地区出土锻造技术铁器制品的遗址一览表[③]

遗址	大同上里	南浦江西台城里	乐浪地区		黄州顺天里	银波葛岘里	银波金大里	殷栗云城里	安岳望岩洞	载宁富德里
遗迹	木棺	木棺	土圹	木棺	木棺	土圹	土圹	木棺	土圹	土圹
长剑	2	5	42	42	1	1		4	1	1
大刀			7	7				1		

---

①　卢泰天.(韩)《韩国古代冶金技术研究》,学研文化社,2000 年。

②　村上恭通:(日)《倭人と铁の考古学》,青木书店,1998 年。

③　李南圭:(韩)《1~3 世纪乐浪地域的金属器文化》,《韩国古代史论丛》5,1993 年。

续　表

遗址	大同上里	南浦江西台城里	乐浪地区		黄州顺天里	银波葛岘里	银波金大里	殷栗云城里	安岳望岩洞	载宁富德里
小刀		1	6	3					1	
矛	2	6	33	10		2		3	1	
戟	2		9	9	1					
镞			5+	10			5			
其他			1+	3+						

在铁器文化扩散的过程中,青铜武器文化中各类青铜武器的形态以及功能都发生了变化,出现了新的铸造方式以及研磨方式。这一阶段的细形短茎式铜剑剑身的抉入部与节带都非常弱化,短剑基本直刃化,同时出现对整个剑身通体研磨的技术①。而且,出现在铜剑上的以上变化由铁剑继承,并由铁剑的形态以及属性反映出来,之前铜剑所具有的刺与砍的功能得到充分发挥,通过铁剑继续发展。朝鲜半岛的铁器文化也受中国中原地区的影响,但朝鲜半岛南北部与中国的交流逐渐繁荣,交流的途径也多样,结合朝鲜半岛土著的文化因素,在朝鲜半岛形成了具有自身特色的铁器文化。

前文已经多次提到,朝鲜半岛的地形环境不适合车马战,所以,铜矛、铜戈等长兵器礼仪化倾向明显。在朝鲜半岛青铜武器文化逐渐衰落的过程中,这些武器集中在朝鲜半岛东南部地区,形态也发展为中形、广形,强化了礼仪用具的色彩,并且这种文化扩散到日本列岛继续发展。铜镞虽仍保持武器的基本功能,但由于其始终在青铜武器序列中不占主导地位,当整个青铜武器文化走向衰落时,铜镞的实用功能转移到铁镞,继续缓慢发展。

总结以上内容,朝鲜半岛的青铜武器文化从公元前4世纪末开始,随着战国燕文化的扩散,逐渐出现衰退趋势;到公元前2世纪末,铁器已经在朝鲜半岛非常普遍,青铜器文化走向尾声;大约在公元前后,只有个别遗址还零星出土青铜武器,而整个社会面貌早已成为初期铁器时代。

最后还有一点补充分析,铁器文化在流入朝鲜半岛的过程中,相对于铁质武器,铁农具出现的时间相对较早,频率也比较高,这可能与秦末汉初移居朝鲜半

---

① 赵镇先:(韩)《细形铜剑文化研究》,学研文化社,2005年。

岛的中原各国平民有关,可通过《史记》的记录加以说明。

　　陈胜等起,天下叛秦,燕、齐、赵民避地朝鲜数万口。

《史记·朝鲜列传》①

---

① 司马迁:《史记》,中华书局,2000 年。

第五章　结　　语

　　之前有关朝鲜半岛青铜武器的研究主要是或按种类,或按地区,或按时间展开的,各种武器以及各地区的武器研究进展并不平衡。有关短茎式铜剑的研究最为活跃,并且讨论也最多。目前缺乏以朝鲜半岛青铜武器整体为研究对象的综合研究。本书以对朝鲜半岛各地区、各时段、各类青铜武器文化此消彼长、融合发展趋势综合把握为目标,全面收集相关资料,并与中国东北地区的资料展开系统比较,以期客观理解朝鲜半岛青铜武器文化的起源、发展及衰退过程。

　　从目前的材料来看,朝鲜半岛发现的琵琶形短茎式约有 40 件,细形短茎式铜剑的数量最多,接近 300 件,中原式铜剑的数量超过 30 件,其中完州上林里遗址一次性出土 26 件,短内式铜戈大约有 70 件,中原式铜戈的数量最少,只有 4 件,各种铜矛合计约为 100 件,铜镞的数量也达到 160 余件,不过铜镞出土相对集中,最多的平壤石岩里遗址出土 33 件铜镞。朝鲜半岛出土青铜武器的遗迹大部分为各类墓葬,地层或居住类遗址、窖藏类遗址、祭祀类遗址等几乎没有出土青铜武器。

　　从分布范围来看,短茎式铜剑的分布范围最广,在朝鲜半岛的西北部、北部、东北部、中部、西部以及西南部、东南部等地区都有发现,基本遍布朝鲜半岛全域。中原式铜剑的分布比较规律,主要分布在与中国位置相对较近的朝鲜半岛西半部的西北部与西南部地区。短内式铜戈集中分布在朝鲜半岛西部地区,其中发现较多的区域为西北部、西南部以及东南部地区。铜矛集中分布在朝鲜半岛西北部,其余地区均为零星发现。铜镞也主要集中在朝鲜半岛西北部,以平壤为中心的汉江流域,其余地区出土的铜镞数量相对较少。此外,在资料整理过程中,我们还注意到与青铜武器相关的铸范、鞘等遗物也有发现,因其数量较少,未能展开深入研究。

　　根据琵琶形短茎式铜剑是否存在再加工的痕迹,将其分为"定型"与"其他型"两大类。其中,定型琵琶形短茎式铜剑又按照其整体形态分为剑身突起部与隆起部都非常明显的"A 型"与相对不甚明显的"B 型"。A 型铜剑中,Aa 型铜剑的茎部具有沟槽,是朝鲜半岛琵琶形短茎式铜剑的特色,Ab 型铜剑基本与 Aa 型铜剑形态一样,只是茎部没有沟槽。其他型的琵琶形短茎式铜剑形态各异,虽具备琵琶形短茎式铜剑的特征,但由于使用过程中的研磨或其他原因,导致其变形严重,无法归入"定型"铜剑中分析讨论。

　　细形短茎式铜剑按照其锋部长度、下端部形态、抉入部形态等铸型属性以及研磨角、节带形态等研磨属性,参考已有的分类方案,将其分为 22 种型式,并整合为四个大的发展阶段,每个阶段均有若干种不同的型式。概括这四个发展阶段的特征:第一阶段成立期的细形短茎式铜剑仍然保留琵琶形短茎式铜剑的部分特征,过渡性质相对明显;第二阶段为发展Ⅰ期,铜剑与前一阶段保持了同样的铸型,但其研磨方式发生了明显变化,使其形态逐渐定型;第三阶段为发展Ⅱ期,铜剑虽维持了与发展Ⅰ期中逐渐定型的研磨方式,但铜剑为了扩大其使用功能,铸型又有新的变化,导致铜剑形态发生变化;最后一个阶段是衰落期,铜剑受中原地区铁器文化的影响,在细长化的道路上发展得更为充分,并且这些特征通过铁剑继续发展。

　　朝鲜半岛发现的中原式铜剑虽然不多,但参考中国东周时期的铜剑分类方案,根据剑身与柄部的比例,还是将其区分为两期。这两期可能在时间大体相当,只是从形态发展的角度,推测其可能存在相对早晚关系。

　　根据短内式铜戈的援部平面形态、内部的大小等,将其分为细形宽内戈、细形狭内戈、广形狭内戈三大类。其中,部分细形狭内戈与广形狭内戈柱脊两侧的血槽内还有纹饰,体现其作为礼仪用具的装饰色彩。如果按照援阑角的大小,也可以将短内式铜戈分为仰式与抑式两大类,因为不具备实用价值,这样的两类铜戈可能随着时空的变化其功能变化并不大,仅是作为礼仪或祭祀用具而存在。

　　中原式铜戈只在朝鲜半岛北部地区发现,其中一件阑部有四个穿孔的戈也有可能是青铜戟的组成部分而区别于其他型式的铜戈。通过具有铭文的铜戈我们可以大体分析,这些铜戈的存续年代大约为战国晚期到秦汉之际。

　　根据矛头的形态,将铜矛分为琵琶形铜矛、细形铜矛以及中广形铜矛三大类。其中,由于琵琶形铜矛均非出土遗物或形态残缺,不具备进一步分类以及构建时空框架的条件,而中广形铜矛数量较少,集中分布于朝鲜半岛东南部地区,因此,本书主要以细形铜矛为研究对象。根据细形铜矛的全长、锋部长度等要素,将其细分为短锋小形铜矛、短锋中形铜矛以及长锋中形铜矛等。除这些要素外,铜矛的銎口部还存在有耳式、有箍式、有孔式等型式,富于变化,年代也可能存在早晚差异。但由于各类型式的铜矛相对较少,本书并没展开深入讨论,希望以后通过更多的出土资料,对其进行系统考察。

朝鲜半岛发现的铜镞数量虽然不少,但遗址相对集中,并且多种形态的铜镞存在共存关系,给深入研究造成一定困难。参考中国东北地区出土铜镞的分类体系,我们根据铜镞与箭杆的组合方式区分为有銎式与有茎式两大类,再根据镞身形态分为两翼、三翼、圆柱、三棱等形态。这些形态各异的铜镞,有可能长期共存,而其形态的差异则可能与射杀对象与射程等有关,有待于结合微痕分析、实验考古等对其进行专题研究。

结合出土遗迹、共存遗物,并参考中国东北地区相关青铜武器的出土与编年,我们初步判断朝鲜半岛的琵琶形短茎式铜剑与琵琶形铜矛出现时间最早,即春秋早期的公元前8世纪左右,到公元前4世纪末或者3世纪初,琵琶形短茎式铜剑逐渐变形为细形短茎式铜剑,成为朝鲜半岛青铜武器繁盛阶段的标志性遗物。细形短茎式铜剑存续的时间与琵琶形短茎式铜剑的存续时间大体都为500年左右,战国中期晚段到战国晚期阶段出现以后,经历四个发展阶段,大约到西汉末年,彻底被铁质武器取代。相对于细形铜剑的出现年代稍晚一些,至迟在公元前3世纪中叶前后,短内式铜戈、细形铜矛等明显具有礼仪、祭祀性质的武器形青铜器传播到朝鲜半岛,并与少量的中原式铜剑、中原式铜戈以及铜镞等成为青铜武器文化的重要组成内容,直到战国燕系、汉系等铁器文化的扩散,才最终退出历史舞台。

朝鲜半岛的青铜武器与中国东北地区的青铜武器具有密切的联系。从起源及扩散的角度分析,除中原式铜剑、中原式铜戈以及铜镞等中原或北方系统的青铜武器之外,其余短茎式铜剑、短内式铜戈以及细形铜矛等,都属于广义的中国东北系青铜武器的范畴,都起源于中国东北地区。尽管有关细形短茎式铜剑的起源问题还存在一些争议,但即使承认其是在朝鲜半岛完成的由琵琶形短茎式铜剑到细形短茎式铜剑的转化过程,也不能排除琵琶形短茎式铜剑从中国东北的辽西地区通过海路与陆路两条渠道传入朝鲜半岛的可能性。文化的传播应是表现形式,其本质还应是物资交流、文化碰撞以及人群移动等,结合历史文献资料的分析,这种物质资料为载体的文化传播,基本可以复原与之相关的社会历史背景。

通过形态分析、成分检测、出土状况以及微痕观察等多种手段,我们对朝鲜半岛出土各类青铜武器的功能也做了分析。琵琶形与细形两类短茎式铜剑的实用功能基本可以确认,而短内式铜戈、细形铜矛等很有可能为武器形礼仪祭祀用具。其他中原式铜剑、中原式铜戈以及铜镞等,因数量不多,初步可以判断为从中原地区直接或间接传入的实用性武器,只有上林里的 26 把中原式铜剑,因没有开刃与使用痕迹,其实际埋藏意义有待进一步分析。

通过琵琶形短茎式铜剑向朝鲜半岛的传播、细形短茎式铜剑文化的成立以及中原铁器文化传入朝鲜半岛,我们将朝鲜半岛的青铜武器文化大致分为起源、发展与衰退三个阶段。我们不否认韩国学者主张素面陶器的出现为韩国青铜器时代开始的标志,但经历了较长的“先铜剑期”①,到琵琶形短茎式铜剑文化在朝鲜半岛的扩散才标志着青铜武器文化的形成。而扩散的路线,结合 A 型与 B 型两类琵琶形短茎式铜剑,可能存在不同的路线,但这种结论只是基于现有材料的客观分析,今后还需要更多出土材料,尤其是朝鲜半岛北部地区的材料进行验证。青铜武器文化的发展体现在青铜武器数量激增、型式多变、功能完善等多方面,中国东北系青铜武器文化为其注入了新鲜内容,同时从粘土带陶器的扩散过程来看,应该还是与人群的移居关系密切。同样,朝鲜半岛青铜武器文化的衰退也与两个不同系统的铁器文化波浪式的席卷有关,物质文化的更替促进了社会的发展,也导致了历史的变革,朝鲜半岛结束了青铜器时代,进入一个崭新的发展阶段。

本书的分析力求面面俱到,但受材料的限制,以及笔者研究能力的制约,很多问题只能抛砖引玉,无法深入展开。但由此带来的研究线索,是未来学术发展的生长点,方法的改进以及理论的完善,都将使朝鲜半岛青铜武器的研究成为接近历史真实的有效途径。

---

① 朴淳发:(韩)《汉江流域的青铜器、初期铁器文化》,《汉江流域史》,民音社,1993 年。

附表一　朝鲜半岛发现青铜武器一览表

（"○"表示有）

序号	区域	遗址	青铜器 武器类 铜剑 短茎式 琵琶形	细形	中原式	铜戈 短内式	中原式	铜矛	铜镞	其他	铁器	石器	玉器	陶器	其他	备注
1	朝鲜半岛西北部地区	传江界一带			1											
2		价川龙兴里	1							○		○	○			
3		大同砚谷里		1			1									
4		大同美林里		4						○						采细剑2
5		大同上里		2						○	○			○		
6		大同反川里		1？						○						
7		大同将泉里		范												
8		平原新松里		1	1					○				○		
9		南浦江西台城		1			1			○	○		○	○	○	
10		成川百源劳动者区域		1						○				○		
11		江西台城里		1						○	○		○	○		
12		南浦水山里				1										
13		南浦德兴里		1												
14		平城庆新里				1										

续　表

序号	区域	遗址	青铜器 武器类 铜剑 短茎式 琵琶形	细形	铜剑 中原式	铜戈 短内式	铜戈 中原式	铜矛	铜镞	青铜器 其他	铁器	石器	玉器	陶器	其他	备注
15		平壤湖南里标台						1						○		
16		平壤乐浪土城洞 4号	1						20	○	○			○		
		99号						1								
		112号	1					1		○	○		○	○		
		486号	7		1			1	17	○	○	○	○			
		936号						1								
		938号	1					1		○	○		○	○		
17	朝鲜半岛西北部地区	平壤乐浪贞柏洞 1号	1					1	15	○	○		○	○		
		2号	1							○	○		○	○		
		3号						1		○	○		○	○		
		37号	1						4	○	○		○			
		88号	1							○	○		○			
		96号	1					1		○	○		○			
		185号	1			1		1		○						
		200号							21	○	○		○			
		217号						1								
		259号	1					1		○	○		○	○		
		325号	1					1		○	○					
		369号	1					1		○	○	○	○	○		
		375号	1					1		○	○					
		381号	1													
		547号	1					1		○	○	○	○	○		
		其他				1			8							

续　表

序号	区域	遗址	青铜器								铁器	石器	玉器	陶器	其他	备注
			武器类													
			铜剑			铜戈		铜矛	铜镞	其他						
			短茎式		中原式	短内式	中原式									
			琵琶形	细形												
18	朝鲜半岛西北部地区	平壤乐浪洞		3			1			○				○		
19		平壤石岩里		1	1		1			○	○					
20		平壤西浦洞	1													
21		平壤道德里		1												
22		平壤贞梧里		1												
23		平壤猿岩里		1												
24		平壤龙跃里		1												
25		平壤文化工事场		1												
26		平壤长川里		1								○				
27		平壤梨岘里		1				1	9	○	○					
28		平壤火车站		1												
29		平壤东井里		1												
30		平壤金山里						1								
31		平壤夫租岁君墓		1				1	15	○				○		
32		传平壤府				1	1		○							
33	朝鲜半岛东北部地区	清津		1												
34		钟城潼关里		1	1											
35		咸兴梨花洞		2	1			2		○	○			○		
36		咸兴驰马洞		1	1											
37		咸兴湖上洞		2?												
38		咸兴松海里			1											
39		咸兴智将洞		1												
40		北青下细洞里		1	1			1		○						

续　表

序号	区域	遗址	青铜器								铁器	石器	玉器	陶器	其他	备注
			武器类													
			铜剑			铜戈		铜矛	铜镞	其他						
			短茎式		中原式	短内式	中原式									
			琵琶形	细形												
41	朝鲜半岛东北部地区	北青青海土城		1												
42		金野龙山里		2		1		1		○						
43		金野莲洞里		1												
44		金野镇戍里		1												
45		金野所罗里							14	○	○					
46		咸州大成里		3												
47		咸州云洞里		1												
48	朝鲜半岛中北部地区	瑞兴泉谷里		1								○				
49		寺里院上梅里							1			○				
50		黄州天柱里		1							○	○		○	○	
51		黄州东方里		1		1					○					
52		黄州金石里		1							○					
53		黄州黑桥里		1		1					○				○	
54		凤山松山里		1							○	○				
55		载宁水驿洞		1		1					○	○				
56		载宁孤山里	1		2						○					
57		新溪丁峰里		1		1					○	○				
58		新坪仙岩里	1								○					
59		殷栗云城里		1		1					○					
60		殷栗九月山一带		1												
61		延安小雅里		1		1										
62		延安梧玄里		2				1								
63		延安延安邑		1				1								

续 表

序号	区域	遗址	青铜器								铁器	石器	玉器	陶器	其他	备注
			武器类													
			铜剑			铜戈		铜矛	铜镞	其他						
			短茎式		中原式	短内式	中原式									
			琵琶形	细形												
64	朝鲜半岛中北部地区	延安复兴里金谷洞	1					1					○			
65		白川石山里		1	1						○					
66		白川大雅里	1						1		○	○				
67		白川日谷里		1												
68		白川红岘里							1				○			
69		信川青山里		2												
70		信川龙山里		3							○					
71		信川石塘里		1	1											
72		金川两合里		1												
73		开城大莲里				1										
74		开城月亭里		1												
75		开城三峰里		1												
76		开丰开丰邑		1												
77		长丰国花里			1											
78		文川南昌里		1	2											
79		银波葛岘里		1				1			○	○		○	○	
80		银泉药寺洞							1			○				
81		陞户矿井里		1												
82	朝鲜半岛中部地区	杨平上紫浦里		1									○			
83		杨州四老里		1						○						
84		龙仁草关里		范3												
85		高阳月塘洞						范								

续　表

序号	区域	遗址	青铜器								铁器	石器	玉器	陶器	其他	备注
			武器类													
			铜剑			铜戈		铜矛	铜镞	其他						
			短茎式		中原式	短内式	中原式									
			琵琶形	细形												
86	朝鲜半岛中部地区	华城南阳里			1											
87		平泽高德面			1											
88		水原饼店里		1												
89		首尔九老洞		1						○						
90		首尔永登浦		1												
91		首尔汝矣岛			1											
92		首尔鹰岩洞						1								
93		仁川鹤翼洞		1												
94		横城讲林里		2						○						
95		江陵浦南洞	1						1	○		○				
96		束草朝阳洞	1							○						
97		洪川方良里	1													
98		襄阳钉岩里		1						○						
99		安城万井里		1					2							
100		广州驿洞	1							○		○			○	
101		乌山水清洞						1			○			○		
102		坡州云井	1													
103		坡州云井新都市		1								○		○		
104		春川牛头洞		1					2			○	○			
105		清州飞下洞		1										○		
106		牙山南城里		9						○			○	○		
107		牙山宫坪里		1		1				○						
108		牙山屯浦里		1		1										

序号	区域	遗址	青铜器								铁器	石器	玉器	陶器	其他	备注
			武器类													
			铜剑			铜戈		铜矛	铜镞	其他						
			短茎式		中原式	短内式	中原式									
			琵琶形	细形												
109	朝鲜半岛中西部地区	礼山东西里		9						○		○	○	○		
110		舒川乌石里	1?									○	○			
111		瑞山东门洞		1		1					○	○		○		
112		扶余莲花里		4						○				○		
113		扶余九凤里		11		2		1		○		○		○		
114		扶余合松里		2		1				○	○			○		
115		扶余青松里		1		1?		4								
116		扶余松菊里	1							○						
117		扶余罗福里		1												
118		扶余窥岩面		1												
119		扶余内山面					1									
120		扶余石东里		1												
121		扶余元门里				1										
122		扶余笠浦里		1												
123		扶余阁谷里		1												
124		扶余岩树里		1												
125		扶余桧洞里				1										
126		唐津素素里		1		1				○	○	○		○		
127		唐津柿谷里	1													
128		公州凤安里		1		1										
129		公州水村里		1					1	○						
130		燕岐凤岩里		1		1										
131		大田槐亭洞		1						○		○	○	○		

续　表

序号	区域	遗址		青铜器								铁器	石器	玉器	陶器	其他	备注
				武器类													
				铜剑			铜戈		铜矛	铜镞	其他						
				短茎式		中原式	短内式	中原式									
				琵琶形	细形												
132	朝鲜半岛中西部地区	大田炭坊洞			1			1			○						
133		大田文化洞			1												
134		大田飞来洞			1									○	○		
135		论山院北里	乙6号		1						○						
			乙10号		1												
			丙1号		1						○		○		○		
136		论山青铜里			1												
137		论山恩津面					1										
138		论山连山			1												
139		传论山					1										
140		传忠南					1										
141	朝鲜半岛西南部地区	长水南阳里			3				3		○	○	○		○		
142		益山平章里			2		1		1		○						
143		益山新洞里			1							○			○		
144		益山新龙里				1											
145		益山长善蓄水池			1												
146		益山龙华山			1												
147		益山五金山			2												
148		益山龙堤里			1		1				○				○		
149		益山龟坪里			1										○		
150		群山官院里							1			○			○		
151		完州葛洞			1				1	3	○	○		○	○		细形剑与短内式范2件

序号	区域	遗址		青铜器							铁器	石器	玉器	陶器	其他	备注
				武器类												
				铜剑			铜戈		铜矛	铜镞	其他						
				短茎式		中原式	短内式	中原式									
				琵琶形	细形												
152		完州德洞	D－1		1												
			F－2			1					○						
			G－1		1												
			G－2		1												
153	朝鲜半岛西南部地区	完州新丰	甲22		1							○					
			甲47		1							○					
			甲53		1		1				○		○		○		
			乙4		1										○		
			乙23		1		1				○				○		
154		完州南峰里			1												
155		完州上云里			1												
156		完州上林里				26											
157		全州孝子洞4			1						○			○	○	
158		全州孝子洞							1		○			○		
159		全州院长洞	1号		5	1					○			○		
			2号		1									○		
			3号		1						○	○		○		
			5号		1						○			○		
160		全州中仁洞			1											
161		全州中华山洞			1											2片
162		南原细田里		1				1								
163		高敞松龙里			1											
164		长城北二面			1											

序号	区域	遗址		青铜器								铁器	石器	玉器	陶器	其他	备注
				武器类													
				铜剑		铜戈			铜矛	铜镞	其他						
			短茎式		中原式	短内式	中原式										
			琵琶形	细形													
165		咸平草浦里		4	1	3		2		○		○	○			
166		咸平长年里堂下山		1												
167		咸平月山里				1										
168		和顺大谷里		5					○							
169		和顺白岩里		2		1					○		○	○		
170		和顺节山里		1												
171		灵岩长川里		1									○			
172		灵岩新燕里						1							○	
173		光州柳德洞		1												
174	朝鲜半岛西南部地区	光州新昌洞							1							
175		顺天牛山里内牛	8 号	1									○	○		
			38 号	1												
176		顺天平中里平地		1									○			
177		丽水凤溪洞		1												只存锋部
178		丽水禾长洞		1									○		○	
179		丽水积良洞	2 号	1				1					○	○	○	
			4 号	1									○			
			7 号	1												
			9 号	1									○		○	
			13 号	1												
			18 号	1												
			21 号	1											○	
			22 号	1									○			
180			92 号	1												

续　表

序号	区域	遗址		青铜器									铁器	石器	玉器	陶器	其他	备注
				武器类														
				铜剑			铜戈		铜矛	铜镞	其他							
				短茎式		中原式	短内式	中原式										
				琵琶形	细形													
180	朝鲜半岛西南部地区	丽水月内洞上村	115号	1														
			116号	1														
181		丽水五林洞	5号	1										○	○		
			8号	1											○		
182		丽水平吕洞山本		1													
183		高兴云岱里		1										○	○		
184		宝城德峙里		1											○		
185		宝城凤陵里		1			1							○			
186		宝城熊峙		1													
187		长兴鹤松里				1											
188		长兴松亭里				1											
189		济州三阳洞		1?						1				○		○	
190		传全北			1						○			○			
191		传灵岩铸范			1		1		1		○						
192	朝鲜半岛东南部地区	清道礼田洞			2												
193		庆州舍罗里			2						○				○		
194		庆州佛国寺站			1												
195		庆州安溪里						3									
196		庆州入室里			5				1		○	○			○		
197		庆州竹洞里			1		1		1		○						
198		庆州九政洞			3		3		4		○			○			
199		庆州塔洞21-3,4番地			2						○	○			○	○	
200		金泉松竹里		1							○			○			

序号	区域	遗址		青铜器								铁器	石器	玉器	陶器	其他	备注
				武器类							其他						
				铜剑			铜戈		铜矛	铜镞							
				短茎式		中原式	短内式	中原式									
				琵琶形	细形												
201		金泉文唐洞		1									○	○	○		
202	朝鲜半岛东南部地区	永川龙田里	出土				1				○	○			○		
			收集				1				○	○				○	
			申报							1		○					
203		永川新宁面			1		1										
204		永川莲溪里			1		1										
205		大邱八达洞	45号	1								○	○		○		
			90号				1		1			○			○		
			100号	1					2			○			○		
			120号						1			○					
206		大邱晚村洞			3		1										
207		大邱新川洞			2		2				○						
208		大邱飞山洞			2		3				○						
209		大邱坪里洞			1		鞘				○					○	
210		庆山林堂			3							○	○		○		
211		庆山林堂环壕			1							○			○		
212		昌原茶户里	1号		2				1		○	○	○		○		
			6号		1						○	○		○			
			19号		1						○	○					
			24号						1					○	○		
			63号		1						○	○		○			
213		昌原镇东里		1								○		○			
214		昌原三东洞								2	○			○			

序号	区域	遗址		青铜器								铁器	石器	玉器	陶器	其他	备注
				武器类													
				铜剑			铜戈		铜矛	铜镞	其他						
			短茎式		中原式	短内式	中原式										
			琵琶形	细形													
215	朝鲜半岛东南部地区	昌原德川里	1												○		
216		金海良洞里 90 号						1		○	○			○		
		金海良洞里 200 号						1		○	○			○		
		金海良洞里 427 号		1						○		○		○	○	
217		金海内德里		1				1		○				○		
218		金海内洞牛岩里		1										○		
219		金海会岘里		2						○						
220		金海栗下里		1							○					
221		金海明法洞						1		○						
222		金海礼安里		1												
223		金海茂溪里							3		○	○				
224		马山架浦洞		1	1			1		○				○		
225		山清白云里		4				1		○						
226		陕川盈仓里		1								○		○		
227		陕川林北里		1												
228		固城石地里		1												
229		善山洛山洞		1												
230		镇海县洞		1												
231		泗川马岛洞		1				1		○				○	○	
232		盈德沙川里		1												
233		蔚州校洞里		1		1		1		○	○			○	○	
234		居济鹅州洞							1		○					
235		传尚州洛东里		1				2								

续 表

序号	区域	遗址	青铜器								铁器	石器	玉器	陶器	其他	备注
			武器类													
			铜剑			铜戈		铜矛	铜镞	其他						
			短茎式		中原式	短内式	中原式									
			琵琶形	细形												
236	朝鲜半岛东南部地区	传洛东江流域						1								
237		传永川		4				1								
238		传金海出土						1								
239		传金海良洞						1								
240		传固城贝塚						1								
241		传昌原出土				1										
242		传尚州出土			1			2		○				○		
243		传晋州	1													
244		传庆北出土				1										
245	其他	富光永太郎收藏		1												
246		国民大学博物馆				1										
247		平壤府立博物馆收藏		2				2								
248		总督府博物馆收藏		1				6?								

参考文献：

1. 梅原末治、藤田亮策：(日)《朝鲜古文化综鉴》(第一卷)，养德社，1947 年。

2. 韩炳三：(韩)《价川龙兴里出土青铜剑与伴出遗物》，《考古学》1，1968 年。

3. 宋纯卓：(朝)《新所知的古代时期遗物》，《朝鲜考古研究》104，1997 年。

4~5. 梅原末治、藤田亮策：(日)《朝鲜古文化综鉴》(第一卷)，养德社，1947 年。

6~7. 朝鲜遗迹遗物图鉴编撰委员会：(朝)《朝鲜遗迹遗物图鉴 2——古朝鲜、夫余、辰国篇》，1989 年。

8. 宋纯卓：(朝)《新所知的古代时期遗物》，《朝鲜考古研究》104，1997 年。

9. 田畴浓：(朝)《台城里蓄水池建设场发现遗迹的整理概报(1)》，《文化遗产》1，1958 年；

考古学及民俗学研究所考古学研究室：（朝）《台城里古坟群发掘报告》（遗址发掘报告5），科学院出版社，1958年。

10. 成铁：（朝）《百源劳动者区域9号支石墓发掘报告》，《朝鲜考古研究》132，2004年。

11~14. 社会科学院考古研究所：（朝）《各地古代遗址调查报告》，《考古学资料集》6，科学百科事典出版社，1983年。

15. 金宗赫：（朝）《关于标台（音译）部落的遗址》，《朝鲜考古研究》99，1996年。

16. 金宗赫：（朝）《土城洞M4发掘报告》，《考古学资料集》4，科学院出版社，1974年；尹光洙：（朝）《土城洞486号木椁墓发掘报告》，《朝鲜考古研究》5，1994年。

17. 社会科学院考古研究所：（朝）《乐浪区域一带的古坟发掘报告》，《考古学资料集》6，科学百科事典出版社，1983年；梅原末治、藤田亮策：（日）《朝鲜古文化综鉴》（第一卷），养德社，1947年。

18. 宋纯卓：《新所知的古代时期遗物》，《朝鲜考古研究》104，1997年。

19. 梅原末治、藤田亮策：（日）《朝鲜古文化综鉴》（第一卷），养德社，1947年；白连亨：（朝）《石岩里出土的古朝鲜遗物》，《考古民俗》4，1965年。

20. 黄基德：（朝）《最近新见的琵琶形短剑与细形铜剑相关的遗址与遗物》，《考古学资料集》4，科学院出版社，1974年。

21~25. 社会科学院考古研究所：（朝）《各地古代遗址调查报告》，《考古学资料集》6，科学百科事典出版社，1983年。

26. 梅原末治、藤田亮策：（日）《朝鲜古文化综鉴》（第一卷），养德社，1947年。

27. 朝鲜遗迹遗物图鉴编撰委员会：（朝）《朝鲜遗迹遗物图鉴2——古朝鲜、夫余、辰国篇》，1989年。

28~30. 社会科学院考古研究所：（朝）《各地古代遗址调查报告》，《考古学资料集》6，科学百科事典出版社，1983年。

31. 李荣文、姜振表：（韩）《新近出土琵琶形铜剑的遗址——以丽水半岛为中心》，《第四届韩国青铜器学术会议论文集》，2010年。

32. 梅原末治、藤田亮策：（日）《朝鲜古文化综鉴》（第一卷），养德社，1947年。

33. 朝鲜遗迹遗物图鉴编撰委员会：（朝）《朝鲜遗迹遗物图鉴2——古朝鲜、夫余、辰国篇》，1989年。

34~43. 朴镇煜：（朝）《咸镜南道一带的古代遗址调查报告》，《考古学资料集》4，科学院出版社，1974年。

44~45. 朝鲜遗迹遗物图鉴编撰委员会：（朝）《朝鲜遗迹遗物图鉴2——古朝鲜、夫余、辰国篇》，1989年。

46~47. 朴镇煜：（朝）《咸镜南道一带的古代遗址调查报告》，《考古学资料集》4，科学院出版社，1974年。

48. 白莲源：（朝）《泉谷里石棺墓》，《文化遗产》1，1966年。

49. 科学院出版社:（朝）《黄海北道寺院里市上梅里石箱墓调查报告》,《考古学资料集》2辑,科学院出版社,1958 年。

50. 科学院考古学及民俗学研究所:（朝）《黄海北道黄州郡土圹墓调查报告》,《考古学资料集》1,科学院出版社,1959 年。

51. 梅原末治、藤田亮策:（日）《朝鲜古文化综鉴》（第一卷）,养德社,1947 年。

52. 社会科学院考古研究所:（朝）《各地古代遗址调查报告》,《考古学资料集》6,科学百科事典出版社,1983 年。

53. 梅原末治、藤田亮策:（日）《朝鲜古文化综鉴》（第一卷）,养德社,1947 年。

54. 黄基德:（朝）《1958 年春夏御池洞地区灌溉工程区域遗址整理简报》,《文化遗产》1,科学院出版社,1959 年。

55. 李淳镇:（朝）《载宁郡富德里水驿洞土圹墓》,《考古学资料集》3,科学院出版社,1963 年。

56. 黄基德:（朝）《最近新见的琵琶形短剑与细形铜剑相关的遗址与遗物》,《考古学资料集》4,科学院出版社,1974 年。

57~58. 科学院考古学及民俗学研究所考古学研究室:（朝）《各地古代遗址调查报告》,《考古学资料集》6,科学百科事典出版社,1983 年。

59. 科学院考古学及民俗学研究所考古学研究室:（朝）《黄海南道殷栗郡云城里土圹墓发掘报告》,《考古学资料集》1,科学院出版社,1958 年;李淳镇:（朝）《云城里遗址发掘报告》,《考古学资料集》4,科学院出版社,1974 年。

60. 梅原末治、藤田亮策:（日）《朝鲜古文化综鉴》（第一卷）,养德社,1947 年。

61. 黄基德:（朝）《最近新见的琵琶形短剑与细形铜剑相关的遗址与遗物》,《考古学资料集》4,科学院出版社,1974 年。

62. 科学院考古学及民俗学研究所考古学研究室:（朝）《各地古代遗址调查报告》,《考古学资料集 6》,科学百科事典出版社,1983 年。

63. 李圭泰:（朝）《最近在黄海南道发现的与细形短剑有关的遗物》,《朝鲜考古研究》75,1990 年。

64~65. 黄基德:（朝）《最近新见的琵琶形短剑与细形铜剑相关的遗址与遗物》,《考古学资料集》4,科学院出版社,1974 年。

66. 李圭泰:（朝）《白川郡大雅里石棺墓》,《考古学资料集》6,科学百科事典出版社,1983 年。

67. 李圭泰:（朝）《最近在黄海南道发现的与细形短剑有关的遗物》,《朝鲜考古研究》75,1990 年。

68. 李圭泰:（朝）《白川红岘里石棺墓》,《朝鲜考古研究》,1987 年。

69. 黄基德:（朝）《最近新见的琵琶形短剑与细形铜剑相关的遗址与遗物》,《考古学资料集》4,科学院出版社,1974 年。

70~71. 李圭泰:（朝）《最近在黄海南道发现的与细形短剑有关的遗物》,《朝鲜考古研究》75,1990 年。

72. 王盛泺:（朝）《开城附近发现的与琵琶形铜剑和细形铜剑的相关遗物》,《考古学资料集》6,科学百科事典出版社,1983 年。

73. 黄基德:（朝）《最近新见的琵琶形短剑与细形铜剑相关的遗址与遗物》,《考古学资料集》4,科学院出版社,1974 年。

74. 朝鲜遗迹遗物图鉴编撰委员会:（朝）《朝鲜遗迹遗物图鉴 2——古朝鲜、夫余、辰国篇》,1989 年。

75~76. 王盛泺:（朝）《开城附近出土的古朝鲜相关遗物》,《朝鲜考古研究》1,1988 年。

77. 王盛泺:（朝）《开城附近发现的与琵琶形铜剑和细形铜剑的相关遗物》,《考古学资料集》6,科学百科事典出版社,1983 年。

78. 朴镇煜:（朝）《咸镜南道一带的古代遗址调查报告》,《考古学资料集》4,科学院出版社,1974 年;科学院考古学及民俗学研究所考古学研究室:（朝）《各地古代遗址调查报告》,《考古学资料集》6,科学百科事典出版社,1983 年。

79. 科学院考古学及民俗学研究所:（朝）《黄海北道银波郡葛岘里下石洞土圹墓遗址调查报告》,《考古学资料集》1,科学院出版社,1958 年。

80. 罗明官:（朝）《药寺洞支石墓发掘报告》,《朝鲜考古研究》,1988 年;朝鲜遗迹遗物图鉴编撰委员会:（朝）《朝鲜遗迹遗物图鉴 2——古朝鲜、夫余、辰国篇》,1989 年。

81. 李明哲(音译):（朝）《黄海北道陉户郡矿井里新发现的细形铜剑》,《朝鲜考古研究》105,2016 年。

82. 秦弘燮、崔淑卿:（韩）《杨平郡上紫浦里支石墓》,《八堂、昭阳水库水没地区遗址发掘综合调查报告》,文化财管理局,1974 年。

83. 金钟一:（韩）《韩国中西部地域青铜遗址、遗物的分布与祭仪圈》,首尔大学硕士学位论文,1994 年。

84. 金载元:（韩）《龙仁出土细形铜剑铸范》,《李崇宁博士颂寿纪念论丛》,1968 年。

85. 郭东哲:（韩）《韩国青铜遗物地名表》,《考古历史学志》13、14 合,东亚大学校博物馆,1998 年。

86~88. 金钟一:（韩）《韩国中西部地域青铜遗址、遗物的分布与祭仪圈》,首尔大学硕士学位论文,1994 年。

89. 郭东哲:（韩）《韩国青铜遗物地名表》,《考古历史学志》13、14 合,东亚大学校博物馆,1998 年。

90. 梅原末治、藤田亮策:（日）《朝鲜古文化综鉴》(第一卷),养德社,1947 年。

91. 金钟一:（韩）《韩国中西部地域青铜遗址、遗物的分布与祭仪圈》,首尔大学硕士学位论文,1994 年。

92. 国立中央博物馆、国立光州博物馆:（韩）《韩国的青铜器文化特别展》,汎友社,1992 年。

93. 金钟一:(韩)《韩国中西部地域青铜遗址、遗物的分布与祭仪圈》,首尔大学硕士学位论文,1994年。

94. 李康承:(韩)《横城讲林里出土一括遗物》,《考古学》4,1977年。

95~96. 国立中央博物馆、国立光州博物馆:(韩)《韩国的青铜器文化特别展》,汎友社,1992年。

97. 翰林大学校亚细亚文化研究所:(韩)《江原道的先史文化》,翰林大学校出版部,1989年。

98. 金元龙:(韩)《益山五金山出土多钮细纹镜与细形铜剑》,《考古美术》80,韩国美术史学会,1967年。

99. 金盛泰等:(韩)《安城万井里新基遗址》,京畿文化财团、京畿文化财研究院、京畿都市公社,2009年。

100. 朴川泽等:(韩)《广州驿洞遗址》,宇宙文化遗产研究院,2012年。

101. 金盛泰等:(韩)《乌山水清洞百济坟墓群——乌山细桥宅地开发地区内文化遗址(4、5地点)发掘调查报告书Ⅰ、Ⅴ》(全5卷),京畿文化财团、京畿文化财研究院、京畿都市公社,2012年。

102. 金恩贞等:(韩)《坡州云井(1)宅地开发地区文化遗址试掘调查报告书》,京畿文化财研究院、大韩住宅公社,2009年。

103. 赵祥纪等:(韩)《坡州云井(2)宅地开发地区内—坡州云井新都市遗址Ⅰ》,中央文化财研究院、韩国土地公社,2011年。

104. 洪周熙:(韩)《春川牛头洞遗址Ⅰ》,江原文化财研究所,2011年。

105. 韩国考古学会:(韩)《考古学》3,1974年。

106. 韩炳三、李健茂:(韩)《南城里石棺墓》,国立中央博物馆,1977年。

107. 李健茂:(韩)《牙山宫坪里出土一括遗物》,《考古学志》1,1989年。

108. 金钟一:(韩)《韩国中西部地域青铜遗址、遗物的分布与祭仪圈》,首尔大学硕士学位论文,1994年。

109. 池健吉:(韩)《礼山东西里石棺墓出土青铜一括遗物》,《百济研究》9,1978年。

110. 朴亨顺:(韩)《舒川乌石里遗址》,忠清文化财研究院,2008年。

111. 忠清文化财研究院:(韩)《东门洞住宅开发用地内遗址发掘略报告书》,忠清南道文化财研究院(内部资料),2015年。

112. 金载元:(韩)《扶余、庆州、燕岐出土的青铜遗物》,《震檀学报》25~27合,1964年。

113. 李康承:(韩)《扶余九凤里出土青铜器一括遗物》,《三佛金元龙教授停年退任纪念论丛》,一志社,1987年。

114. 李健茂:(韩)《扶余合松里遗址出土一括遗物》,《考古学志》2,1990年。

115. 国立扶余文化财研究所:(韩)《扶余世道面青松里35—42番地紧急发掘调查略报告书》(内部材料),国立扶余文化财研究所,2015年。

116. 韩国考古学会：（韩）《扶余松菊里出土一括遗物》,《考古学》3,1974 年;金永培、安承周：（韩）《扶余松菊里辽宁式铜剑出土石棺墓》,《百济文化》7、8 合,1975 年。

117. 金钟一：（韩）《韩国中西部地域青铜遗址、遗物的分布与祭仪圈》,首尔大学硕士学位论文,1994 年。

118. 梅原末治、藤田亮策：（日）《朝鲜古文化综鉴》（第一卷）,养德社,1947 年。

119. 金钟一：（韩）《韩国中西部地域青铜遗址、遗物的分布与祭仪圈》,首尔大学硕士学位论文,1994 年。

120~123. 国立中央博物馆、国立光州博物馆：（韩）《韩国的青铜器文化特别展》,汎友社,1992 年。

124. 金钟一：（韩）《韩国中西部地域青铜遗址、遗物的分布与祭仪圈》,首尔大学硕士学位论文,1994 年。

125. 韩国考古学会：（韩）《考古学》2,1969 年。

126. 李健茂：（韩）《唐津素素里遗址出土一括遗物》,《考古学志》3,1991 年。

127. 金钟一：（韩）《韩国中西部地域青铜遗址、遗物的分布与祭仪圈》,首尔大学硕士学位论文,1994 年。

128. 安承周：（韩）《公州凤安出土铜剑、铜戈》,《考古美术》136、137 合,1978 年。

129. 赵镇先：（韩）《细形铜剑文化研究》,学研文化社,2005 年（再引用）。

130. 金载元：（韩）《扶余、庆州、燕岐出土的青铜遗物》,《震檀学报》25~27 合,1964 年。

131. 李殷昌：（韩）《大田槐亭洞青铜器文化的研究》,《亚细亚研究》30,1968 年;忠清南道大田市：（韩）《大田槐亭洞出土一括遗物》,《考古学》2,1969 年。

132~133. 成周铎：（韩）《大田地方出土青铜遗物》,《百济研究》5,1974 年。

134. 成正镛：（韩）《大田新岱洞、飞来洞青铜时代遗址》,《湖南考古学的诸问题——第 21 回韩国考古学全国大会发表要旨》,1997 年。

135. 赵镇先：（韩）《细形铜剑文化研究》,学研文化社,2005 年（再引用）。

136. 公州大学校百济文化研究所：（韩）《连山青铜里出土青铜器》,《百济文化》9,2002 年。

137~140. 国立中央博物馆、国立光州博物馆：（韩）《韩国的青铜器文化特别展》,汎友社,1992 年。

141. 池健吉：（韩）《长水南阳里出土青铜器、铁器一括遗物》,《考古学志》2,1990 年。

142. 全荣来：（韩）《锦江流域青铜器文化圈新资料》,《马韩、百济文化》10,1987 年。

143. 崔完奎、赵仙荣、朴祥善：（韩）《益山新洞里遗址（5、6、7 地区）》,圆光大学校博物馆马韩、百济文化研究所,2005 年。

144. 金贞培：（韩）《准王及辰国与“三韩正统论”的诸问题——与益山的青铜文化相关》,《韩国史研究》13,1976 年。

145. 国立中央博物馆、国立光州博物馆：（韩）《韩国的青铜器文化特别展》,汎友社,1992 年。

146. 金贞培：(韩)《准王及辰国与"三韩正统论"的诸问题——与益山的青铜文化相关》，《韩国史研究》13,1976 年。

147. 金元龙：(韩)《益山五金山出土多钮细纹镜与细形铜剑》，《考古美术》80,韩国美术史学会,1967 年。

148. 金元龙：(韩)《益山郡梨堤出土青铜一括遗物》，《史学研究》20,1968 年。

149. 金奎正等：(韩)《益山一般产业团地组成敷地内(Ⅱ区域)文化遗址发掘调查报告书》，益山市、全北文化财研究院,2013 年。

150. 赵圭泰：(韩)《群山官院里Ⅱ——遗址发掘概报》，《湖南地域文化遗址发掘成果》，湖南考古学会,2003 年。

151. 金建洙、韩修英、陈万江、申元才：(韩)《完州葛洞遗址》，湖南文化财研究院、益山地方国土管理厅,2005 年;湖南文化财研究院：(韩)《完州葛洞遗址发掘调查指导委员会会议资料》，湖南文化财研究院,2007 年;朴秀炫、李真姬：(韩)《完州葛洞遗址(Ⅱ)》，湖南文化财研究院、益山地方国土管理厅,2009 年。

152. 金美兰等：(韩)《完州德洞遗址》，全罗文化财研究院、韩国土地住宅公社,2012 年。

153. 韩修英等：(韩)《完州新丰遗址Ⅰ》，湖南文化财研究院、韩国土地住宅公社,2014 年;韩修英等：(韩)《完州新丰遗址Ⅱ》，湖南文化财研究院、韩国土地住宅公社,2014 年;韩修英等：(韩)《完州新丰遗址Ⅲ》，湖南文化财研究院、韩国土地住宅公社,2014 年。

154. 国立中央博物馆、国立光州博物馆：(韩)《韩国的青铜器文化特别展》，汎友社,1992 年。

155. 赵镇先：(韩)《细形铜剑文化研究》，学研文化社,2005 年(再引用)。

156. 全荣来：(韩)《关于完州上林里出土的中国式铜剑——春秋末战国初中国青铜器文化的南韩流入问题》，《全北遗址调查报告》第 5 辑,1976 年。

157. 金钟文、金奎正、金大圣：(韩)《全州孝子洞 4 遗址》，全北文化财研究院、大韩住宅公社全北地域本部,2007 年。

158. 赵镇先：(韩)《细形铜剑文化研究》，学研文化社,2005 年(再引用)。

159. 金奎正等：(韩)《全州院长洞遗址》，全北文化财研究院、全北开发公社,2013 年。

160. 姜元钟等：(韩)《全州中仁洞遗址》，全北文化财研究院,2008 年。

161. 姜元钟等：(韩)《全州中华山洞土圹墓》，全北文化财研究院,2008 年。

162. 尹德香：(韩)《南原细田里遗址地表收拾遗物报告》，《全罗文化论丛》Ⅰ,全北大学校全罗文化研究所,1986 年。

163. 全荣来：(韩)《高敞松龙里出土铜剑一例》，《全北遗址调查报告 10》，全罗北道博物馆,1979 年。

164. 崔梦龙：(韩)《荣山江流域新发现的先史遗物——荣山江流域的考古学调查研究(8)》，《湖南文化研究》8,全南大学校湖南文化研究所,1976 年。

165. 李健茂、徐声勋：(韩)《咸平草浦里遗址》，国立光州博物馆、全罗南道、咸平郡,

1988 年。

166. 崔盛洛、李宪钟：(韩)《咸平长年里堂下山遗址》，木浦大学校博物馆、韩国道路公社，1984 年。

167. 崔梦龙：(韩)《荣山江流域新发现的先史遗物——荣山江流域的考古学调查研究(8)》，《湖南文化研究》8，全南大学校湖南文化研究所，1976 年。

168. 赵由典：(韩)《全南和顺青铜遗物一括出土遗址》，《尹武炳博士回甲纪念论丛》，尹武炳博士回甲纪念论丛刊行委员会，1984 年；林永珍、赵镇先：(韩)《和顺大谷里遗址》，全南大学校博物馆、和顺郡，2005 年；赵现钟、殷和秀：(韩)《和顺大谷里》，国立光州博物馆、和顺郡，2013 年。

169. 赵现钟、殷和秀：(韩)《和顺白岩里遗址调查报告》，《考古学志》14，2005 年。

170. 崔梦龙：(韩)《荣山江流域新发现的先史遗物——荣山江流域的考古学调查研究(8)》，《湖南文化研究》8，全南大学校湖南文化研究所，1976 年。

171. 崔盛洛：(韩)《灵岩青龙里、长川里支石墓群》，木浦大学校博物馆、灵岩郡，1984 年。

172. 金元龙：(韩)《灵岩出土的铜矛、铜制剑把头饰》，《考古美术》4，1960 年。

173. 崔梦龙：(韩)《荣山江流域新发现的先史遗物——荣山江流域的考古学调查研究(8)》，《湖南文化研究》8，全南大学校湖南文化研究所，1976 年。

174. 申相孝等：(韩)《光州新昌洞低湿地遗址(Ⅲ)》，国立光州博物馆，2001 年。

175. 宋正炫、李荣文：(韩)《住岩水库水没地域文化遗址发掘调查报告书(Ⅱ)——牛山里内牛支石墓》，全南大学校博物馆，1988 年。

176. 林永珍、李荣文：(韩)《湖南高速道路扩张预定地域的考古学遗址》，全南大学校博物馆，1992 年。

177. 李荣文：(韩)《丽川市凤溪洞支石墓》，全南大学校博物馆，1990 年。

178. 崔仁善、李东熙、宋美珍：(韩)《丽水禾长洞遗址》，顺天大学校博物馆，2001 年。

179. 李荣文、郑基镇：(韩)《丽川积良洞上积支石墓》，全南大学校博物馆，1993 年。

180. 李荣文、姜振表：(韩)《新近出土琵琶形铜剑的遗址——以丽水半岛为中心》，《第四回韩国青铜器学术会议论文集》，2010 年。

181. 李荣文、郑基镇：(韩)《丽水五林洞支石墓》，全南大学校博物馆，1992 年。

182. 李荣文、崔仁善、郑基镇：(韩)《丽水平吕洞山本支石墓》，全南大学校博物馆，1993 年。

183. 赵现钟、申相孝、宣在明、尹孝男：(韩)《高兴云岱、安峙支石墓》，国立光州博物馆，2003 年。

184. 尹德香：(韩)《住岩水库水没地域文化遗址发掘调查报告书(Ⅲ)——德峙里新基支石墓》，全南大学校博物馆，1988 年。

185. 国立中央博物馆、国立光州博物馆：(韩)《韩国的青铜器文化特别展》，汎友社，1992 年。

186~187. 崔梦龙：(韩)《荣山江流域新发现的先史遗物——荣山江流域的考古学调查研究

(8)》,《湖南文化研究》8,全南大学校湖南文化研究所,1976 年。

188. 李映澈、梁海雄、文智蝠:《长兴松亭支石墓二群》,湖南文化财研究院、韩国水资源公社,
2005 年。

189. 国立济州博物馆:(韩)《济州的历史与文化》,国立济州博物馆,2001 年

190. 全荣来:(韩)《韩国青铜器文化的系谱与编年——以多钮镜的变迁为中心》,《全北遗址
调查报告》7,1976 年。

191. 林炳泰:(韩)《对于灵岩出土的青铜器铸范》,《三佛金元龙教授停年退任纪念论丛》,
一志社,1987 年。

192. 金钟彻:(日)《庆尚北道清道郡礼田洞出土的辽宁式铜剑》,《冈崎敬先生退官纪念论丛
论文集》,同朋社,1987 年。

193. 岭南文化财研究院:(韩)《庆州舍罗里遗址Ⅱ——木棺墓、住居址》,岭南文化财研究
院,2001 年。

194. 赵镇先:(韩)《细形铜剑文化研究》,学研文化社,2005 年(再引用)。

195. 金钟一:(韩)《韩国中西部地域青铜遗址、遗物的分布与祭仪圈》,首尔大学硕士学位论
文,1994 年。

196. 梅原末治、藤田亮策:(日)《朝鲜古文化综鉴》(第一卷),养德社,1947 年;国立中央博
物馆、国立光州博物馆:(韩)《韩国的青铜器文化特别展》,汛友社,1992 年。

197. 韩炳三:(韩)《月城竹东里出土青铜器一括遗物》,《三佛金元龙教授停年退任纪念论
丛》,一志社,1987 年。

198. 金元龙:(韩)《对于庆州九政里出土的金石并用时期遗物》,《历史学报》1,历史学会,
1952 年。

199. 朴钟燮等:(韩)《庆州塔洞 21-3、4 番地遗址》,韩国文化财保护财团,2011 年。

200. 金权九、裴成赫、金才喆:(韩)《金泉松竹里遗址Ⅱ》,启明大学校行素博物馆,2007 年。

201. 庆尚北道文化财研究院,(韩)《金泉文唐洞遗址》,庆尚北道文化财研究院,2008 年。

202. 国立庆州博物馆:(韩)《永川龙田里遗址》,国立庆州博物馆,2007 年。

203~204. 梅原末治、藤田亮策:(日)《朝鲜古文化综鉴》(第一卷),养德社,1947 年。

205. 岭南文化财研究院:(韩)《大邱八达洞遗址Ⅰ》,岭南文化财研究院,2000 年。

206. 金载元、尹武炳:(韩)《大邱晚村洞出土的铜戈、铜剑》,《震檀学报》29、30 合,1966 年。

207. 金钟一:(韩)《韩国中西部地域青铜遗址、遗物的分布与祭仪圈》,首尔大学硕士学位论
文,1994 年。

208. 金元龙:(韩)《鸟形触角式细形铜剑的问题》,《白山学报》8,白山学会,1970 年。

209. 国立中央博物馆、国立光州博物馆:(韩)《韩国的青铜器文化特别展》,汛友社,
1992 年。

210. 韩国文化财保护财团:(韩)《庆山林堂遗址Ⅰ》,韩国文化财保护财团,1998 年。

211. 禹炳喆等:(韩)《庆山林堂洞环壕遗址》,岭南文化财研究院,2010 年。

212. 李健茂、李荣勋、尹光镇、申大坤:（韩）《义昌茶户里遗址发掘进展报告Ⅰ》,《考古学志》1,1989 年;李健茂、尹光镇、申大坤、金斗喆:（韩）《昌原茶户里遗址发掘进展报告Ⅱ》,《考古学志》3,1991 年;李健茂、尹光镇、申大坤、郑圣喜:（韩）《昌原茶户里遗址发掘进展报告Ⅲ》,《考古学志》5,1993 年;李健茂、宋义政、郑圣喜、韩凤奎:（韩）《昌原茶户里遗址发掘进展报告Ⅳ》,《考古学志》7,1995 年。

213. 沈奉谨:（韩）《庆南地方出土青铜遗物新例》,《釜山史学》4,1980 年。

214. 安春培:（韩）《昌原三东洞瓮棺墓》,釜山女子大学校博物馆,1984 年。

215. 李相吉:（韩）《昌原德川里遗址发掘调查报告》,《第 17 回韩国考古学全国大会:三韩社会与考古学》,1993 年。

216. 林孝泽、郭东哲:（韩）《金海良洞里古坟文化》,东义大学校博物馆,2000 年。

217. 东义大学校博物馆:（韩）《金海内德里古坟群及追加发掘调查》,《岭南考古学报》21,1997 年。

218. 金廷鹤:（韩）《金海内洞支石墓调查概报》,《釜山甘洞古坟群》,釜山大学校博物馆,1983 年。

219. 梅原末治、藤田亮策:（日）《朝鲜古文化综鉴》（第一卷）,养德社,1947 年;国立金海博物馆:（韩）《金海会岘里贝塚》,国立金海博物馆,2014 年。

220. 柳昌焕等:（韩）《金海栗下里遗址Ⅱ》,庆南发展研究院历史文化中心、韩国土地公社庆南支社,2009 年。

221. 沈奉谨:（韩）《对于本校博物馆数例青铜器》,《考古历史学志》,东亚大学校博物馆,1987 年。

222. 赵镇先:（韩）《细形铜剑文化研究》,学研文化社,2005 年（再引用）。

223. 金元龙:（韩）《金海茂溪里支石墓的出土品——伴出青铜器的新例》,《东亚文化》1,1963 年。

224. 李相吉:（韩）《青铜器埋纳的性格与意味——兼为马山架浦洞遗址的报告》,《韩国考古学报》42,2000 年。

225. 赵镇先:（韩）《细形铜剑文化研究》,学研文化社,2005 年（再引用）。

226. 庆南考古学研究所:（韩）《陕川盈仓里无文时代集落》,庆南考古学研究所,2002 年。

227~228. 赵镇先:（韩）《细形铜剑文化研究》,学研文化社,2005 年（再引用）。

229. 金钟一:（韩）《韩国中西部地域青铜遗址、遗物的分布与祭仪圈》,首尔大学硕士学位论文,1994 年。

230. 郑澄元:（韩）《庆南地方的青铜器遗址与遗物》,《韩国考古学报》12 号,1982 年。

231. 李相吉:（韩）《青铜器埋纳的性格与意味——兼为马山架浦洞遗址的报告》,《韩国考古学报》42,2000 年。

232. 国立中央博物馆、国立光州博物馆:（韩）《韩国的青铜文化特别展》,汎友社,1992 年。

233. 郑炫锡等：（韩）《蔚山校洞里遗址Ⅲ》，蔚山文化财研究院、蔚山都市公社，2013 年。

234. 沈奉谨：（韩）《居济鹅州洞支石墓出土青铜镞》，《鹤山金廷鹤博士颂寿纪念论丛·韩国古代史与考古学》，2000 年。

235. 尹武炳：（韩）《传尚州地方出土的异形青铜器》，《考古美术》146、147 合，1980 年。

236. 金钟一：（韩）《韩国中西部地域青铜遗址、遗物的分布与祭仪圈》，首尔大学硕士学位论文，1994 年。

237. 赵镇先：（韩）《细形铜剑文化研究》，学研文化社，2005 年（再引用）。

238~248. 梅原末治、藤田亮策：（日）《朝鲜古文化综鉴》（第一卷），养德社，1947 年。

附表二　中国东北地区等发现
青铜武器一览表

("○"表示有)

序号	区域	遗址	青铜器							铁器	石器	玉器	陶器	其他	备注
			武器类						其他						
			铜剑		铜戈		铜矛	铜镞							
			短茎式		中原式	短内式	中原式									
			琵琶形	细形												
1	老哈河流域	林西大水菠萝牧场					1								
2		宁城南山根东区							3	○		○	○	○	
3		宁城南山根 M101	1				3	3	45	○		○	○		
4		宁城小黑石沟					1			○		○	○		
5		宁城汐子	1												
6		宁城汐子北山嘴	1							○					
7		宁城孙家沟	1							○					
8		宁城瓦房中					1								
9		宁城四道营子	1												
10		宁城王营子	1												
11		宁城甸子镇	1												
12		宁城刘家南沟	1												
13		宁城(土产购入)	1												
14		喀喇沁旗铁营子				1				○			○	○	

续　表

序号	区域	遗址	铜剑 短茎式 琵琶形	铜剑 短茎式 细形	铜剑 中原式	铜戈 短内式	铜戈 中原式	铜矛	铜镞	武器类 其他	铁器	石器	玉器	陶器	其他	备注
15		敖汉山湾子	6							○		○		○		范2
16		敖汉热水汤					1			○						
17		敖汉东井	1							○						
18	老哈河流域	宁城小黑沟 8061							1	○			○			
		宁城小黑沟 8501	2				1		17	○	○	○	○			
		宁城小黑沟 9601	2				1		185	○						
		宁城小黑沟 NDXA I M2					1		7	○						
		宁城小黑沟 NDXA I M3							9	○						
		宁城小黑沟 NDXA I M8							5	○						
		宁城小黑沟 NDXA I M9							4	○						
		宁城小黑沟 NDXA II M1							1	○					○	
		宁城小黑沟 NDXA II M13							1	○				○	○	
		85年征集					2			○						
19		*赤峰(采集)						1								辽所
20	大小凌河流域	敖汉水泉 20号	1							○				○		
		敖汉水泉 79号					1							○		
21		敖汉乌兰宝拉格	1											○		
22		敖汉金厂沟梁(购入)						1								
23		建平大拉罕沟 M751	1							○						
		建平大拉罕沟 M851	1							○		○		○		
24		建平炮手营子	1					1	16	○	○			○		
25		建平栾家营子	1							○	○			○		
26		建平老窝卜	2													

序号	区域	遗址	铜剑·短茎式·琵琶形	铜剑·短茎式·细形	铜剑·中原式	铜戈·短内式	铜戈·中原式	铜矛	铜镞	武器·其他	铁器	石器	玉器	陶器	其他	备注
27		建平喀喇沁村	2													
28		建平河东	1							○						采集
29		建平石营子村	1													采集
30		建平朝阳沟村	1													采集
31		建平万寿乡	1													
32		建平（未详）	2													
33		建平博物馆（收藏）	3													
34		建平四龙沟	1													
35		建平万寿河南	1													
36		＊建平朱碌科乡	1													说明①
37	大小凌河流域	朝阳十二台营子 1号	2						2	○		○		○		
		朝阳十二台营子 2号	2						14	○						
		朝阳十二台营子 3号											○			枕状器1
		朝阳十二台营子 其他	6													采集琵琶形剑3
38		朝阳袁台子79YM1	1						3	○		○		○	○	
39		朝阳木头沟1号	1							○						
40		朝阳东岭岗 1号	1													
		朝阳东岭岗 2号	1													
		朝阳东岭岗 采集	7													
41		朝阳小河南地 1号	1											○		
		朝阳小河南地 2号	1													
		朝阳小河南地 采集	1													
42		朝阳小波赤墓地	1							○						

序号	区域	遗址	青铜器								铁器	石器	玉器	陶器	其他	备注
			武器类							其他						
			铜剑			铜戈		铜矛	铜镞							
			短茎式		中原式	短内式	中原式									
			琵琶形	细形												
43		朝阳西封山墓地	3							○		○			○	
44		朝阳胜利黄花沟														范1
45		朝阳大波罗赤村	1													
46		朝阳孟克	2													收集1
47		朝阳东大道乡	1													
48		朝阳朝阳镇	1													
49		朝阳木头城子	2													收集1
50	大小凌河流域	朝阳花坤头营子	2													
51		朝阳北广富营子	1													
52		朝阳长宝营子	2													收集1
53		朝阳耿台子	1													
54		朝阳娘娘庙	2													收集1
55		朝阳台子乡	1													收集
56		朝阳羊山镇	1													收集
57		朝阳大屯乡	1													收集
58		朝阳上河首村	1													收集
59		朝阳召都巴	1													收集
60		朝阳边杖子	1													
61		朝阳王八盖子地						1							○	
62	大小凌河流域	*朝阳龙湾东坡	2													考古所
63		*朝阳六家子	1													考古所
64		*朝阳(购入)	1													考古所
65		*朝阳柳城	1													博物馆

续　表

序号	区域	遗址	青铜器								铁器	石器	玉器	陶器	其他	备注
			武器类													
			铜剑			铜戈		铜矛	铜镞	其他						
			短茎式		中原式	短内式	中原式									
			琵琶形	细形												
66		＊朝阳十二台营子	1													博物馆
67		＊朝阳袁台子	1													博物馆
68		＊朝阳于杖子	1													
69		＊朝阳(供销社拣选)	1													收集
70		＊朝阳六家子	1													收集
71		北票东官营子					1									
72		北票何家沟7771号	1							○						
73		北票杨树沟	1													
74		北票西沟村	2													
75	大小凌河流域	北票巴图营南沟村	1													手机
76		北票喇嘛洞	1							○		○		○	○	
77		北票丰下	1													考古所
78		北票松树台沟村	1													采集
79		北票十八台村	1													锦博
80		北票(采集)	1													考古所
81		北票(博物馆收藏)	13													采集
82		阜新孤山子村	1													
83		阜新哈朋村	1													
84		阜新王府镇	2									○				
85		阜新毛岭沟屯	1													
86		阜新紫都台乡	3													
87		阜新哈达户稍乡	2													
88		阜新虎掌沟屯			1											

续　表

序号	区域	遗址		青铜器								铁器	石器	玉器	陶器	其他	备注
				武器类							其他						
				铜剑			铜戈		铜矛	铜镞							
				短茎式		中原式	短内式	中原式									
				琵琶形	细形												
89		*阜新胡头沟	2号	1										○			考古所
			5号	1							○						考古所
90		*阜新北八里		1													考古所
91		*阜新(收集)		2													博物馆
92		*阜新七家子乡		5													捐赠4
93	大小凌河流域	凌源五道河子	1号			2		2								○	滦河流域说明②
			2号			1											
			4号			2											
			8号			3	1			1	○			○		○	
			9号			1				1	○			○		○	
			10号			1					○			○		○	
94		凌源三官甸子		4				1		6	○		○		○	○	
95		凌源三道河		1													
96		凌源河汤沟		1				1			○				○		剑遗失
97		凌源县		2													收集
98		凌源范杖子							1								
99		凌源松岭子							1								
100		凌源八里堡							1								
101	大小凌河流域	*凌源四合当乡		1					1								
102		*凌源宋杖子							1								
103		*凌源安杖子		1		2			3								
104		*凌源(废品收购店)				1											购入
105		*凌源(购入)		1													考古所
106		喀左老爷庙		1				1			○				○		

续　表

序号	区域	遗址		青铜器 武器类 铜剑 短茎式 琵琶形	细形	铜剑 中原式	铜戈 短内式	铜戈 中原式	铜矛	铜镞	其他	铁器	石器	玉器	陶器	其他	备注
107	大小凌河流域	喀左和尚沟	B6 号	1											○		
			D13 号	1													
			D17 号	1								○		○	○		
108		喀左南洞沟		1			1					○		○	○	○	
109		喀左南沟门		1											○		
110		喀左桃花池		1													
111		喀左土城子		1											○		
112		喀左园林处		1											○		
113		喀左水泉		1													收集
114		喀左山嘴子		1								○			○		
115		喀左梁家营子					1										
116		喀左采集		1													
117		*喀左博物馆		2				2	1								
118		建昌东大杖子		17			3	14		379	○		○	○	○	○	说明③
119		建昌于道沟	90M1	1		1	1	1			○		○	○		收集
			04M1					1						○		
120		建昌后杖子						1								
121		*建昌汤土沟						1								
122		*建昌(购入)			2											考古所
123		葫芦岛乌金塘		4				1		15	○	○				
124		葫芦岛寺儿堡		1												
125		葫芦岛小荒地		2												收集
126		葫芦岛田九沟村		1												收集

续　表

序号	区域	遗址	青铜器								铁器	石器	玉器	陶器	其他	备注
			武器类													
			铜剑			铜戈		铜矛	铜镞	其他						
			短茎式		中原式	短内式	中原式									
			琵琶形	细形												
127		葫芦岛伞金沟			2											收集
128		*葫芦岛钢屯	1													采集
129		*葫芦岛高家屯	1													
130		*葫芦岛邰集屯					1									采集
131		绥中肖家村	1							范						
132		绥中后矾石村	2													
133		绥中机场部队			1											
134		兴城朱家村	1							○						
135		*兴城郭家	1													锦博
136	大小凌河流域	*兴城狼洞子	1													锦博
137		*兴城兴北村	1													锦博
138		*兴城龙王嘴					1									锦博
139		兴城(购入)	1													博物馆
140		*凌海大碾镇	1													
141		*凌海西团村	1													
142		*凌海砂锅屯	1													捐赠
143		*黑山县	1													采集
144		义县旧陵村	1													
145		义县河夹心	1													
146		义县头台子	1													
147		义县稍户营子	1													
148		义县花儿楼	1													
149		义县(废品收购站)	1													

续 表

序号	区域	遗址		青铜器 武器类 铜剑 短茎式 琵琶形	细形	中原式	铜戈 短内式	中原式	铜矛	铜镞	其他	铁器	石器	玉器	陶器	其他	备注
150	大小凌河流域	*义县(地藏寺)		1													不详
151		*锦州紫荆山		1													采集
152		*锦州徐家沟						1									
153		*锦州(废品收购店)		1													
154		*锦州(购入)		1													考古所
155		*锦州(博物馆收藏)		3				3	3								锦博
156	下辽河流域	沈阳南塔		1													
157		沈阳地区		1													
158		沈阳郑家洼子	1地点	1							○						
			2号墓	1											○		
			M6512	3						169	○		○		○	○	
159		新民北崴		1													
160		辽阳二道河子		1							○				○		斧范
161		辽阳亮甲山	1号	1											○		
			2号	1													遗失
			3号	1											○		
162		辽阳双树子村						1									
163		辽阳沙坨子						1									
164		辽阳韩夹河						1									
165		辽阳三里庄						1									
166		辽阳南文化工地						1									
167		*辽阳三道村		1													
168		*辽阳(购入)		1				1									
169		*辽阳(博物馆收藏)		1					1								

序号	区域	遗　址	青铜器								铁器	石器	玉器	陶器	其他	备注
			武器类													
			铜剑			铜戈		铜矛	铜镞	其他						
			短茎式		中原式	短内式	中原式									
			琵琶形	细形												
170	下辽河流域	台安白城子					1									
171		鞍山旧堡					1			○						
172		海城大屯	1													
173		盖州团山 1 号	1							○				○		
174	辽东北部区域	东辽曲家南山					1									
175		东辽种籽地	1													
176		东辽腰岭子	1													
177		东辽彩岚村			1					○			○			西汉墓
178		怀德大青山	1										○			
179		四平下治水库	1													
180		双辽王吉村	1													
181		西丰诚信村	1					1	3	○		○	○	○		
182		西丰肇兴村	1									○				
183		西丰阜丰村	1					1?		○			○			
184		昌图翟家村	1		2				11	○	○		○			
185		*铁岭柴河沿	1													
186		*铁岭镇西堡					1									
187		*铁岭(购入)	3				1	1								
188		抚顺甲帮村	1							○						
189		抚顺针织厂	1													
190		抚顺丹东路	1													收购
191		抚顺祝家沟 4 号						1		○				○	○	
192		抚顺刘尔屯					1									

序号	区域	遗址	青铜器 武器类 铜剑 短茎式 琵琶形	细形	中原式	铜戈 短内式	中原式	铜矛	铜镞	其他	铁器	石器	玉器	陶器	其他	备注
193		抚顺浑河岸边						1								收购
194		清原门脸	1								○	○		○	○	
195		清原李家堡	1					2			○					
196		*清原（采集）	1													考古所
197		新宾大四平马架子矿	1													
198		新宾东升半拉岭	1													
199		新宾北四平	1													
200		*新宾大四平					1									采集
201		*新宾（文管所收藏）	4					4								
202	辽东北部区域	本溪梁家村 1号	1							○						
		本溪梁家村 2号	1													
203		本溪刘家哨	3					1		○						
204		本溪上堡小学	2								○	○	○		○	
205		本溪南芬火车站	1													
206		本溪沙窝村	1													
207		本溪望城岗子						1								
208		本溪花房沟						1								
209		桓仁大甸子	1							○		○	○			
210		桓仁四河村					1									
211		宽甸赵家堡子	1					1		○						
212		宽甸挂房村					2									
213		*宽甸双山子				1				○						资料另发
214		*宽甸四平街						2						○		

续　表

序号	区域	遗址	青铜器								铁器	石器	玉器	陶器	其他	备注
			武器类							其他						
			铜剑			铜戈		铜矛	铜镞							
			短茎式		中原式	短内式	中原式									
			琵琶形	细形												
215	辽东北部区域	凤城三道湾子					1									
216		*凤城陈家村	1													考古所
217		*凤城采集					1									博物馆
218		岫岩西方身	1							○						
219		东港大房身	1													
220	辽东半岛南端	普兰店双房	1									○		○		斧范
221		普兰店后元台	1				1	1			○	○		○		
222		普兰店马小店	3									○				
223		普兰店快马厂	8													
224		普兰店栾屯水库						1								
225		瓦房店曲屯	3									○				
226		长海徐家沟	1	5						○						
227		长海陈家沟	1													遗失
228		长海上马石村 2号	1													
		3号	1											○		
229		庄河当铺村	1													
230		金州卧龙泉	4							○				○		
231		金州赵王村	2													
232		金州大岭底	1													
233		大连黄嘴子	3													
234		大连双坨子	1									○		○		
235		大连后牧城驿	3？													报道2
236		*大连后牧城驿	1？													吉大藏

序号	区域	遗　址		青铜器							铁器	石器	玉器	陶器	其他	备注
				武器类						其他						
				铜剑		铜戈		铜矛	铜镞							
				短茎式	中原式	短内式	中原式									
				琵琶形	细形											
237	辽东半岛南端	大连岗上	4号	1								○		○		
			5号					1								
			6号	1						○		○				
			18号	1												
			19号	1								○		○		
			其他	2												
238		大连楼上	3号	1												
			6号	1										○		存茎部
239		旅顺尹家村		1								○		○		
240		旅顺赵家村		1	1											
241		旅顺蒋家村		3								○				
242		旅顺龙王庙		1												
243		旅顺潘家村		4												
244		旅顺刘家疃		3						2	○			○		
245		旅顺南山里		3												
246		旅顺刘家村		1							○		○	○		
247		旅顺郭家村		15												
248		旅顺柏岚子		1												
249		旅顺圣周墓		1						○						
250		*旅顺老铁山		1												
251		*旅顺郭家屯		1												
252		*旅顺于家屯		1												
253		*旅顺老铁镇					1									

续　表

序号	区域	遗址	青铜器								铁器	石器	玉器	陶器	其他	备注
			武器类													
			铜剑			铜戈		铜矛	铜镞	其他						
			短茎式		中原式	短内式	中原式									
			琵琶形	细形												
254		永吉星星哨 A19	1					1				○		○		
		D13						1				○		○		
255		永吉杨屯	1									○		○		
256		永吉乌拉街														触角1
257		吉林猴石山 19号						1			○	○		○		
		26号	1													
258	西流松花江及鸭绿江流域	吉林长蛇山	1													
259		桦甸西荒山屯 1号	1						1		○	○	○	○		触角1
		6号	3								○		○			
260		磐石吉昌小西山	1									○				
261		蛟河洋犁地														触角1
262		舒兰(购入)	1?													
263		通化小都岭						范1			○					
264		通化万发拨子	1					1			○	○		○	○	
265		集安高台子			1						○	○		○		
266		集安五道岭沟门	1					3			○	○				
267		长白葫芦套村				1					○			○		蔺相如
268		双城吴家村	1													
269	其他地区	内蒙古伊敏河矿区	1													
270		河北承德531	1													
271		河北承德3066	1													
272		河北青龙	1													
273		河北涿州659	1													

续　表

序号	区域	遗址	青铜器								铁器	石器	玉器	陶器	其他	备注
			武器类													
			铜剑			铜戈		铜矛	铜镞	其他						
			短茎式		中原式	短内式	中原式									
			琵琶形	细形												
274	其他地区	河北高碑店 7108	1													
275		河北高碑店 7109	1													
276		河北高碑店 7110	1													
277		河北望都 4460	1													
278		河北易县辛庄头 M30			○	1	○		○	○	○			○	○	○	短内戈
279		山东栖霞杏家庄 2 号	1													
280		山东栖霞金山	1													采集
281		山东新泰周家庄 13	1?													
282		山东昌乐岳家河 107	1?													
283		山东日照（境内）	1													采集

说明：

① 遗址栏加＊者，为笔者各地现场调研所得材料。

② 凌源五道河子墓地实际属于滦河流域，但因其在凌源市，也多将其与东北地区混谈。

③ 建昌东大杖子墓地的发掘报告书正在整理过程中，目前发表的简报并没有全部的青铜武器信息。表中数据为笔者调研时统计所得。

参考文献：

1. 王刚：《内蒙古林西县出土战国铜戈》,《文物》1996 年第 4 期。

2. 中国科学院考古研究所内蒙古工作队：《宁城南山根遗址发掘报告》,《考古学报》1975 年第 1 期。

3. 辽宁省昭乌达盟文物工作站、中国科学院考古研究所东北工作队：《宁城县南山根的石椁墓》,《考古学报》1973 年第 2 期。

4. 项春松、李义：《宁城小黑石沟石椁墓调查清理报告》,《文物》1995 年第 5 期。

5. 刘冰：《试论夏家店上层文化的青铜短剑》，《内蒙古文物考古》1992 年第 1 期。

6～13. 靳枫毅：《宁城县新发现的夏家店上层文化墓葬及其相关遗物的研究》，《文物资料丛刊》1985 年第 9 期，文物出版社。

14. 赵国栋：《赤峰古代墓葬》，内蒙古出版集团、内蒙古文化出版社，2014 年。

15～17. 邵国田：《内蒙古敖汉旗发现的青铜器及有关遗物》，《北方文物》1993 年第 1 期。

18. 内蒙古文物考古研究所：《小黑石沟：夏家店上层文化遗址发掘报告》，科学出版社，2009 年。

19. 辽宁省文物考古研究所库房实见。

20. 郭治中：《水泉墓地及相关问题之探索》，《中国考古学跨世纪的回顾与前瞻》，科学出版社，2000 年。

21. 邵国田：《敖汉旗乌兰宝拉格战国墓地调查》，《内蒙古文物考古》1996 年第 1 期。

22. 内蒙古敖汉旗博物馆：《敖汉文物精华》，内蒙古文化出版社，2004 年。

23～25. 李殿福：《建平孤山子、榆树林子青铜时代墓葬》，《辽海文物学刊》1991 年第 2 期。

26～28. 建平县文化馆、朝阳地区博物馆：《辽宁建平县的青铜时代墓葬及相关遗物》，《考古》1983 年第 8 期。

29～30. 尚晓波：《辽西青铜曲刃剑的发现与比较分析》（内部资料），辽宁省考古学会第 5 次年会论文，2005 年。

31. 建平县文化馆、朝阳地区博物馆：《辽宁建平县的青铜时代墓葬及相关遗物》，《考古》1983 年第 8 期。

32～33. 尚晓波：《辽西青铜曲刃剑的发现与比较分析》（内部资料），辽宁省考古学会第 5 次年会论文，2005 年。

34. 靳枫毅：《朝阳地区发现的剑柄端加重器及其相关遗物》，《考古》1983 年第 2 期。

35. 靳枫毅：《论东北地区含曲刃青铜短剑的遗存（上）》，《考古学报》1982 年第 4 期。

36. 建平县博物馆库房实见。

37. 朱贵：《辽宁朝阳十二台营子青铜短剑墓》，《考古学报》1960 年第 1 期。

38. 辽宁省文物考古研究所等：《朝阳袁台子——战国西汉遗址和西周至十六国时期墓葬》，文物出版社，2010 年。

39～40. 靳枫毅：《朝阳地区发现的剑柄端加重器及其相关遗物》，《考古》1983 年第 2 期。

41. 朝阳市博物馆：《朝阳历史与文物》，辽宁大学出版社，1996 年。

42. 张静等：《朝阳小波赤青铜短剑墓》，《辽海文物学刊》1993 年第 2 期。

43. 朝阳市博物馆：《朝阳历史与文物》，辽宁大学出版社，1996 年。

44～54. 靳枫毅：《大凌河流域出土的青铜时代遗物》，《文物》1988 年第 11 期。

55～60. 尚晓波：《辽西青铜曲刃剑的发现与比较分析》（内部资料），辽宁省考古学会第 5 次年会论文，2005 年。

61. 朝阳博物馆实见。参见李刚：《中西青铜矛比较研究》，《中国历史文物》2005 年总第

59 期。

62~64. 辽宁省文物考古研究所库房实见。

65~67. 辽宁省博物馆库房实见。

68~70. 朝阳市博物馆库房实见。

71. 张震泽：《燕王职戈考释》，《考古》1973 年第 4 期。

72. 靳枫毅：《朝阳地区发现的剑柄端加重器及其相关遗物》，《考古》1983 年第 2 期；赵志伟：《北票市博物馆藏几件短茎式铜剑的若干问题》，《辽宁省博物馆馆刊》2，辽海出版社，2007 年。

73. 靳枫毅：《朝阳地区发现的剑柄端加重器及其相关遗物》，《考古》1983 年第 2 期。

74~75. 尚晓波：《辽西青铜曲刃剑的发现与比较分析》（内部资料），辽宁省考古学会第 5 次年会论文，2005 年。

76. 辽宁省文物考古研究所等：《辽宁北票喇嘛洞青铜时代墓葬》，《文物》2004 年第 5 期。

77~78. 辽宁省文物考古研究所库房实见。

79. 锦州市博物馆库房实见。

80. 辽宁省博物馆库房实见。

81. 北票市博物馆库房实见。

82. 阜新博物馆库房实见。

83~88. 赵振生、纪兰：《辽宁阜新近年来出土一批青铜短剑及短剑加重器》，《考古》1994 年第 11 期。

89. 方殿春、刘葆华：《辽宁阜新县胡头沟红山文化玉器墓发掘简报》，《文物》1984 年第 6 期。

90. 辽宁省文物考古研究所库房实见。

91. 辽宁省博物馆库房实见。

92. 阜新博物馆库房实见。

93. 辽宁省文物考古研究所：《辽宁凌源县五道河子战国墓发掘简报》，《文物》1989 年第 2 期。

94. 辽宁省博物馆：《辽宁凌源县三官甸子青铜短剑墓》，《考古》1985 年第 2 期。

95. 靳枫毅：《大凌河流域出土的青铜时代遗物》，《文物》1988 年第 11 期。

96~97. 凌源市博物馆库房实见。

98~100. 凌源市博物馆库房实见；参考王成生：《辽宁出土铜戈及相关问题的研究》，《辽宁考古文集》，辽宁民族出版社。

101~104. 凌源市博物馆库房实见。

105. 辽宁省文物考古研究所库房实见。

106. 刘大志、柴贵民：《喀左老爷庙乡青铜短剑墓》，《辽海文物学刊》1993 年第 2 期。

107. 辽宁省文物考古研究所、喀左县博物馆：《喀左和尚沟墓地》，《辽海文物学刊》1989 年第 2 期。

108. 辽宁省博物馆、朝阳地区博物馆:《辽宁喀左南洞沟石椁墓》,《考古》1977 年第 6 期。

109~111. 省文物普查训练班:《一九七九年朝阳地区文物普查发掘的主要收获》,《辽宁文物》1980 年第 1 期。

112. 傅宗德、陈莉:《辽宁喀左县出土战国器物》,《考古》1988 年第 7 期。

113~114. 尚晓波:《辽西青铜曲刃剑的发现与比较分析》(内部资料),辽宁省考古学会第 5 次年会论文,2005 年。

115. 王成生:《辽宁出土铜戈及相关问题的研究》,《辽宁考古文集》,辽宁民族出版社,2010 年。

116. 辽宁省文物考古研究所库房实见。

117. 喀左县博物馆库房实见。

118. 辽宁省文物考古研究所等:《辽宁建昌东大杖子墓地 2000 年发掘简报》,《文物》2015 年第 11 期;辽宁省文物考古研究所等:《辽宁建昌东大杖子墓地 2001 年发掘简报》,《考古》2014 年第 12 期;辽宁省文物考古研究所等:《辽宁建昌东大杖子墓地 2002 年发掘简报》,2014 年第 12 期;辽宁省文物考古研究所等:《辽宁建昌东大杖子墓地 2003 年发掘简报》,《边疆考古研究》18,科学出版社,2015 年;辽宁省文物考古研究所等:《辽宁建昌东大杖子墓地 M40 的发掘》,《考古》2014 年第 12 期;辽宁省文物考古研究所等:《辽宁建昌东大杖子墓地 M47 的发掘》,《考古》2014 年第 12 期;成璟瑭等:《葫芦岛市博物馆藏东大杖子墓地出土器物研究》,《文物》2015 年第 11 期。

119. 辽宁省文物考古研究所等:《辽宁建昌于道沟战国墓地调查发掘简报》,《辽宁省博物馆馆刊》1,辽海出版社,2006 年。

120~121. 王成生:《辽宁出土铜戈及相关问题的研究》,《辽宁考古文集》,辽宁民族出版社,2010 年。

122. 辽宁省文物考古研究所库房实见。

123. 锦州市博物馆:《辽宁锦县乌金塘东周墓调查记》,《考古》1960 年第 5 期。

124. 孙守道、徐秉琨:《辽宁寺儿堡等地青铜短剑墓与大伙房石棺墓》,《考古》1964 年第 6 期。

125~126. 朱永刚:《锦西邰集屯小荒地出土的曲刃青铜短剑与屠何故城》,《文物春秋》2000 年第 1 期。

127. 郭大顺:《辽东青铜文化的新认识》,《东北亚考古学研究—中日考古合作研究报告书》,文物出版社,1998 年。

128~130. 葫芦岛市博物馆库房实见。

131~133. 王云刚:《辽宁绥中县近年发现的青铜剑》,《北方文物》2002 年第 4 期。

134. 辽宁省葫芦岛市博物馆(孟玲执笔):《辽宁兴城市朱家村木棺墓清理简报》,《文物》2019 年第 8 期。

135~138. 锦州市博物馆库房实见。

139. 辽宁省博物馆库房实见。

140~143. 锦州市博物馆库房实见。

144~149. 义县文物管理所:《义县出土青铜短剑》,《辽海文物学刊》1993 年第 1 期。

150~153. 锦州市博物馆库房实见。

154. 辽宁省文物考古研究所库房实见。

155. 锦州市博物馆库房实见。

156~157. 沈阳市文物工作组:《沈阳地区出土的青铜短剑资料》,《考古》1964 年第 1 期。

158. 中国社会科学院考古研究所东北工作队:《沈阳市肇工街和郑家洼子遗址的发掘》,《考古》1989 年第 10 期;沈阳故宫博物馆、沈阳市文物管理办公室:《沈阳郑家洼子的两座青铜时代墓葬》,《考古学报》1975 年第 1 期;沈阳市文物工作组:《沈阳地区出土的青铜短剑资料》,《考古》1964 年第 1 期。

159. 李树义:《新民北崴遗址 2017 年发掘汇报》,《辽宁省 2017 年文物考古汇报会资料集》(内部资料),2018 年。

160. 辽阳市文物管理所:《辽阳二道河子石棺墓》,《考古》1977 年第 5 期。

161. 孙守道、徐秉琨:《辽宁寺儿堡等地青铜短剑墓与大伙房石棺墓》,《考古》1964 年第 6 期。

162~166. 王成生:《辽宁出土铜戈及相关问题的研究》,《辽宁考古文集》,辽宁民族出版社,2010 年。

167~169. 辽阳市博物馆库房实见。

170. 张喜荣:《台安白城子战国遗址出土器物简介》,《辽海文物学刊》1997 年第 1 期。

171. 鞍山市博物馆:《鞍山地区首次出土战国晚期戈》,《辽宁文物》1983 年第 1 期。

172. 孙守道、徐秉琨:《辽宁寺儿堡等地青铜短剑墓与大伙房石棺墓》,《考古》1964 年第 6 期。

173. 吴江原:(韩)《琵琶形铜剑文化与辽宁地域的青铜器文化》,清溪出版社,2006 年(再引用)。

174~175. 金旭东:《东辽河流域的若干种古文化遗存》,《考古》1992 年第 4 期。

176~177. 史吉祥:《东辽县文物志》,吉林省文物志编委会,1986 年。

178. 吉林省文物管理委员会:《吉林怀德大青山发现青铜短剑》,《考古》1974 年第 4 期。

179. 朱永刚:《吉林省及邻近地区出土铜剑的聚类分析——兼论东北系铜剑的区系与流变》,《边疆考古研究》1,科学出版社,2002 年。

180. 金旭东:《东辽河流域的若干种古文化遗存》,《考古》1992 年第 4 期。

181~182. 辽宁省西丰县文物管理所:《辽宁西丰新发现的几座石棺墓》,《考古》1995 年第 2 期。

183. 裴耀军:《西丰和隆的两座石棺墓》,《辽海文物学刊》1986 年第 1 期。

184. 李矛利:《昌图县发现青铜短剑墓》,《辽海文物学刊》1993 年第 1 期。

185~187. 铁岭市博物馆库房实见。

188. 徐家国:《辽宁抚顺市甲帮发现石棺墓》,《文物》1983 年第 5 期。

189~190. 抚顺市博物馆:《辽宁抚顺市发现青铜短剑》,《考古》1981 年第 5 期。

191. 抚顺市博物馆考古队:《抚顺地区早晚两类青铜文化遗存》,《文物》1983 年第 9 期。

192. 王成生:《辽宁出土铜戈及相关问题的研究》,《辽宁考古文集》,辽宁民族出版社,
　　　2010 年。

193. 抚顺市博物馆考古队:《抚顺地区早晚两类青铜文化遗存》,《文物》1983 年第 9 期。

194. 清原县文化馆:《辽宁清原县门脸石棺墓》,《考古》1981 年第 2 期;清原县文化馆等:
　　　《辽宁清原县近年发现一批石棺墓》,《考古》1982 年第 2 期。

195. 清原县文化馆等:《辽宁清原县近年发现一批石棺墓》,《考古》1982 年第 2 期。

196. 辽宁省文物考古研究所库房实见。

197~199. 抚顺市博物馆考古队:《抚顺地区早晚两类青铜文化遗存》,《文物》1983 年第 9 期。

200~201. 新宾县文管所库房实见。

202. 魏海波:《辽宁本溪发现青铜短剑墓》,《考古》1987 年第 2 期。

203. 梁志龙:《辽宁本溪刘家哨发现青铜短剑墓》,《考古》1992 年第 4 期。

204. 魏海波、梁志龙:《辽宁本溪县上堡青铜短剑墓》,《文物》1998 年第 6 期。

205~208. 梁志龙:《辽宁本溪多年发现的石棺墓及其遗物》,《北方文物》2003 年第 1 期。

209. 曾昭藏、齐俊:《桓仁大甸子发现青铜短剑墓》,《辽宁文物》1981 年第 1 期。

210. 王成生:《辽宁出土铜戈及相关问题的研究》,《辽宁考古文集》,辽宁民族出版社,
　　　2010 年。

211. 许玉林、王连春:《丹东地区出土的青铜短剑》,《考古》1984 年第 8 期。

212. 许玉林、王连春:《辽宁宽甸县发现秦石邑戈》,《考古与文物》1983 年第 3 期。

213~214. 宽甸县博物馆库房实见。

215. 许玉林、王连春:《辽宁宽甸县发现秦石邑戈》,《考古与文物》1983 年第 3 期。

216. 辽宁省文物考古研究所库房实见。

217. 辽宁省博物馆库房实见。

218~219. 许玉林、王连春:《丹东地区出土的青铜短剑》,《考古》1984 年第 8 期。

220. 许明纲、许玉林:《辽宁新金县双房石盖石棺墓》,《考古》1983 年第 4 期。

221. 许明纲、于临祥:《辽宁新金县后元台发现铜器》,《考古》1980 年第 5 期。

222. 刘俊勇:《新金县马小店西山曲刃青铜短剑窖藏》,《中国考古学年鉴》1990,文物出版
　　　社,1991 年。

223. 刘俊勇:《大连地区曲刃青铜短剑遗存研究》,《辽海文物学刊》1993 年第 2 期。

224. 旅顺博物馆库房实见。

225. 刘俊勇:《大连地区曲刃青铜短剑遗存研究》,《辽海文物学刊》1993 年第 2 期。

226~227. 许明纲:《大连市近年来发现青铜短剑及相关新资料》,《辽海文物学刊》,1993 年

第 1 期。

228. 旅顺博物馆等：《辽宁长海县上马石青铜时代墓葬》，《考古》1982 年第 6 期。

229. 许明纲：《大连市近年来发现青铜短剑及相关的新资料》，《辽海文物学刊》1993 年第 1 期。

230. 中国社会科学院考古研究所：《卧龙泉》，《双坨子与岗上——辽东史前文化的发现与研究》，科学出版社，1996 年。

231~233. 刘俊勇：《大连地区曲刃青铜短剑遗存研究》，《辽海文物学刊》1993 年第 2 期。

234. 中国社会科学院考古研究所：《双坨子》，《双坨子与岗上——辽东史前文化的发现与研究》，科学出版社，1996 年。

235. 旅顺博物馆：《旅顺口区后牧城驿战国墓清理》，《考古》1960 年第 8 期。

236. 成璟瑭：《吉林大学考古与艺术博物馆收藏短茎式铜剑再考》，《边疆考古研究》19，科学出版社，2016 年。

237. 中国社会科学院考古研究所：《岗上》，《双坨子与岗上——辽东史前文化的发现与研究》，科学出版社，1996 年。

238. 中国社会科学院考古研究所：《楼上》，《双坨子与岗上——辽东史前文化的发现与研究》，科学出版社，1996 年。

239. 中国社会科学院考古研究所：《尹家村》，《双坨子与岗上——辽东史前文化的发现与研究》，科学出版社，1996 年。

240~243. 刘俊勇：《大连地区曲刃青铜短剑遗存研究》，《辽海文物学刊》1993 年第 2 期。

244~249. 吕军：《中国东北系青铜短剑研究》，吉林大学博士学位论文，2006 年（再引用）。

250~253. 旅顺博物馆库房实见。

254. 吉林市博物馆、永吉县文化馆：《吉林永吉星星哨石棺墓第三次发掘》，《考古学集刊》3，中国社会科学出版社，1983 年。

255. 刘振华：《永吉杨屯遗址试掘简报》，《文物》1973 年第 8 期。

256. 陈家槐：《吉林永吉乌拉街出土"触角式剑柄"铜剑》，《考古》1984 年第 2 期。

257. 吉林省文物考古研究所、吉林市博物馆：《吉林市猴石山遗址第二次发掘》，《考古学报》，1993 年第 3 期。

258. 董学增：《吉林市长蛇山出土一件青铜短剑》，《考古》1996 年第 2 期。

259. 吉林省文物工作队、吉林市博物馆：《吉林桦甸西荒山屯青铜短剑墓》，《东北考古与历史》1，文物出版社，1982 年。

260. 吉林省文物工作队：《吉林磐石吉昌小西山石棺墓》，《考古》1984 年第 1 期。

261. 董学增：《吉林蛟河发现"对头双鸟首"铜剑》，《北方文物》1987 年第 3 期。

262. 董学增：《吉林舒兰发现一件青铜剑》，《考古》1987 年第 4 期。

263. 满承志：《通化县小都岭出土大批斧范》，《博物馆研究》1987 年第 3 期。

264. 朱永刚：《吉林省及邻近地区出土铜剑的聚类分析——兼论东北系铜剑的区系与流变》，

《边疆考古研究》1,科学出版社,2002 年。

265. 集安县文物保管所:《吉林集安县发现赵国青铜短剑》,《考古》1982 年第 6 期。

266. 集安县文物保管所:《集安发现青铜短剑墓》,《考古》1981 年第 5 期。

267. 长白朝鲜族自治县文物管理所:《吉林长白朝鲜族自治县发现蔺相如铜戈》,《文物》1998 年第 5 期。

268. 陈家本、范淑贤:《黑龙江省双城市出土曲刃青铜短剑》,《北方文物》1991 年第 1 期。

269. 王成:《内蒙古伊敏河煤矿出土曲刃青铜短剑》,《考古》1996 年第 9 期。

270～277. 郑绍宗:《河北发现的青铜短剑》,《考古》1975 年第 4 期。

278. 河北省文物研究所:《燕下都》,文物出版社,1996 年。

279～283. 王青:《山东发现的几把东北系青铜短剑及相关问题》,《考古》2007 年第 8 期。

后 记

　　《朝鲜半岛青铜武器》即将出版,按惯例,我应该写个后记,就相关情况做个补充说明,但连日来思考再三,却不知如何下笔。

　　2005 年夏天,我以《韩国南西部地域支石墓出土磨制石剑小考》一文在韩国国立全南大学人类学科获得硕士学位。对未来一脸茫然的我,毅然做出了留下来继续攻读博士学位的选择。大学本科、硕士研究生与博士研究生,三个学位一个比一个高,但入学过程却一个比一个容易,和学科的几位教授聊聊留学的收获以及未来的科研规划,我就被录取为博士研究生了。留学前我就固执认为,赴韩国留学一定要研究朝鲜半岛的材料。因此,按照当时的设想,博士论文或者继续整理朝鲜半岛的磨制石器,或者整理朝鲜半岛的青铜短剑,并可与中国材料做比较研究。但入学不久后便知道,当时这两个题目都有学者在做,转眼 2006 年,已经有这两个题目的专著或博士论文公开发表。不得已,我重新规划了自己的博士论文研究主题,在老师们的鼓励下,选择了以整个朝鲜半岛的各种青铜武器作为研究对象,试图做一次全新的整合研究。

　　其实,对于青铜武器的关注,可追溯到在吉林大学本科期间的学习。大三时,主讲《商周考古专题》的王立新老师布置我们学习林沄老师发表的《中国东北系铜剑初论》及《中国东北系铜剑再论》,但对背景知识储备严重不足的我,当时仅记住了这两篇文章的题目。

　　真正的转机出现在 2001 年 8 月,即将升入大四的我,结束了在河北省张北县元中都遗址的发掘实习,径直回到了学校。适逢刚刚成立的边疆考古研究中心在天都大酒店举办第一届国际学术会议,会议的主题是“北方长城地带青铜时代考古”,参会的学界大咖很多,后来成为学界大咖的就更多了。那时,考古学专业的研究生不多,我作为高年级的本科生参与了会务工作,具体任务是给会场内随时举手提问的学者递话筒。于是,我整整旁听了三天的学术会议,因秋山进午、宫本一夫、三宅俊彦、乌恩、郭大顺、林沄、朱永刚、徐光辉等先生的参会,有关青铜短剑的起源就成了一个会议讨论的热点,在跑来跑去满场递话筒的过程中,我也开始了自己对这个问题的思考。

如果说参加 2001 年的学术会议是一粒种子,那么这粒种子在 2007 年开始发芽。因全南大学校人类学科入选韩国教育部 2006～2013 年度的 BK21 (Brain Korea 21 世纪) 计划,研究生的学术活动可获得相对丰厚的资助。于是,我在 2007 年的 7 月至 12 月,回东北进行了为期半年的实地调研。在辽宁省、吉林省以及内蒙古自治区众多师友的协助下,一个人背着行囊赴 40 多个省级、市级、县区级的博物馆、文管所实地观摩了大量出土的青铜武器资料,掌握了很多没有报告或在原报告上了解不到的重要信息。这些信息无疑对我的博士论文写作奠定了重要的材料基础。当然,也正是这次宝贵的调研经历,使我对中国东北地区的青铜武器有了重要的感性认识。这些感性认识经过理性的思考以及逻辑的论证,成为我博士论文的基本观点与主张。

2008 年我集中一年的时间消化、整理前期的调研材料,分析各种统计表格,排卡片、制图等,并利用会议、展览以及现场说明会等机会实地观摩大量韩国出土的青铜武器,材料看的越多,想法就越多,通过与周围的朋友交流、碰撞,朝鲜半岛青铜武器的发展脉络逐渐清晰起来。

2008 年底,我将论文初稿交给林永珍教授,他开始审阅,并联系多位专家、学者帮我把关,提出了很多建设性意见。2009 年第一学期,我严格按照全南大学的博士论文评审程序,历经三次预备答辩、一次正式答辩以及一次公开发表,终于在 6 月下旬正式通过论文审查,8 月底获得博士学位。虽然该论文的作者署名只有我一人,但我深知这个成果背后离不开无数前辈学人的指导与帮助,完全应该看作集体智慧的结晶。从 2001 年第一次听说"青铜短剑"的概念,到"朝鲜半岛青铜武器"研究的完成,经历了将近十年的时间。

从 2009 年 9 月开始,在林永珍教授引荐下,首尔大学博物馆长宋基豪教授同意接收我为客座研究员,在首尔大学校开展研究工作。高丽大学的李弘钟教授与崔钟泽教授、汉阳大学的安信元教授、忠北大学的成正镛教授等,邀请我在上述学校兼职教学工作。我每周都在不同的城市、不同的学校之间奔波。同时,这些学校的图书馆、资料室等也为我课余查检、补充资料提供了很多便利。那一年,罗建柱、金美京、中村大介、李成载、崔庆淑、裴炫俊等年轻朋友自发组织青铜时代考古的学术沙龙。每月一次的沙龙中激烈的讨论也使我受益良多。

　　回国工作后，很多师友建议我将博士论文整理出版，因为大家看不懂韩文，而每次听我"局部汇报"又不过瘾。我也有这个念头，于是，我在紧张的田野考古以及家庭"基本建设"中抽出时间来，一方面继续修改博士论文，另一方面积极申报国家社科基金。很荣幸，同题申请的国家社科基金青年项目于2013年5月正式立项，对督促我完成并保证修改的质量意义很大。立项后的几年内，我也撰写了几篇相关研究论文，分别讨论短茎式铜剑、短内式铜戈以及铜镞等相关问题。这些文章的主要观点，也都体现在本次博士论文的修订本中。刚立项的那段时间，我又协助杨建华教授、华玉冰教授兼顾另两项国家社科基金重大项目的子课题研究工作，青铜武器的研究一度推进迟缓。而此时，韩国又有大量新的发现，令我应接不暇，在金东一、金象晕、张柱倬等同学的协助下，终于在2018年初，完成了初步的修改完善工作，并提交了结项申请。

　　2019年初，结项意见反馈回来，尽管评委们提出了很多尖锐而宝贵的意见。我也知道，有些建议非常中肯，但受材料的限制，短期内却无法彻底实现。只好留有遗憾，让其他有志的朋友接力完成，当然，我也不放弃自己的努力。4月，"良好"的评审结果正式公布后，我又联系上海古籍出版社准备出版。在出版过程中，贾利民编辑费心费力，在此深表谢意。

　　承蒙即将退休的林永珍教授厚爱，给博士论文的修改出版写了热情洋溢又充满激励的序言，我总觉得我的工作离大家的期望还相距太远，但这些差距会变成我前进的动力。

　　十年磨一剑，以前总用这句话激励自己，希望保持持久良好的心态。而2001年到2009年，2009年到2019年，我基本用了两个十年的时间，完成了包括"青铜短剑"在内青铜武器的初步研究。

　　每次完成一项科研工作，哪怕只是一个很小的项目，我都会略感轻松。看似轻松的背后，其间的付出只有自己知道，而下一步的目标，也只有自己知道。

　　夜深人静时，我总在想：在人心浮躁、充斥急功近利的社会背景下，不管我面临的环境多么复杂，为了朝鲜半岛考古三部曲，只有全力奋进。

二○一九年五月

图书在版编目(CIP)数据

朝鲜半岛青铜武器 / 成璟瑭著. —上海:上海古
籍出版社,2019.11
　ISBN 978-7-5325-9309-5

　Ⅰ.①朝… 　Ⅱ.①成… 　Ⅲ.①朝鲜半岛—青铜器(考
古)—武器—研究 　Ⅳ.①K883.126.41

中国版本图书馆 CIP 数据核字(2019)第 171969 号

朝鲜半岛青铜武器

成璟瑭　著

上海古籍出版社出版发行

(上海瑞金二路 272 号　邮政编码 200020)

　(1)网址:www.guji.com.cn
　(2)E-mail:guji1@guji.com.cn
　(3)易文网网址:www.ewen.co
浙江临安曙光印务有限公司印刷
开本 710×1000　1/16　印张 13.5　插页 7　字数 236,000
2019 年 11 月第 1 版　2019 年 11 月第 1 次印刷
ISBN 978-7-5325-9309-5

K·2686　定价:68.00 元
如有质量问题,请与承印公司联系